Einaudi

Dello stesso autore nel catalogo Einaudi

Dura madre
Ferro Recente

Marcello Fois
Meglio morti

Einaudi

© 2000 Giulio Einaudi editore s.p.a., Torino

www.einaudi.it

ISBN 88-06-15202-5

Meglio morti

Parte prima

Pizzinna lassa su ioku,
Si iocas mira kin kie;
In d'unu monte 'e nie
Cheres allugher foku

(Bambina smetti di giocare
e se giochi bada bene con chi lo fai;
in una montagna innevata
vuoi accendere un fuoco)

Capitolo primo

Poco piú avanti si apriva una radura. La vegetazione si faceva meno irta, lasciando intravvedere un ampio spazio sterrato. Il suolo, di terra nera e odorosa, pareva appena smosso da un calpestio concitato.

– Cinghiali, – affermò Elio Parodi accosciandosi per guardare le orme da vicino. Sistemandosi la doppietta sulla spalla invitò i suoi due compagni di caccia a osservare con attenzione.

– Sono fresche, – annunciò con solennità. Poi rivolto al maresciallo Pili: – È ora di far uscire i cani –. Il maresciallo non se lo lasciò ripetere e con la solerzia consueta dei militari si avviò presso il furgoncino poco distante, all'interno del quale i cani, eccitati dall'odore della selvaggina, uggiolavano e scodinzolavano.

– Questa è una zona buona, – rifletté Elio Parodi, invitando Luigi Masuli a guardarsi attorno.

– Non mi sento molto tranquillo, – si lamentò quest'ultimo, – mi succede sempre quando vengo a caccia con te.

– Quando vieni a caccia con me, – ripeté Elio Parodi senza sollevare gli occhi dal suolo, – ci sono volute due settimane per convincerti a venire. Guarda qui: un bestione di almeno ottanta chili, – continuò mostrando una serie di orme particolarmente chiare.

Luigi Masuli annuí senza smettere di guardarsi attorno.

– Fa un freddo maledetto, – imprecò battendo le mani per scaldarsele.

Il sentiero che portava alla statale e quindi al furgoncino era disseminato di spazzatura. Il maresciallo Pili si sollevò il bavero, le querce lasciavano nell'aria gelida un odore come di legna riarsa. Le foglie scricchiolavano sotto i suoi scarponi d'ordinanza, il respiro si trasformava in fumo davanti alla sua faccia. Si era lasciato convincere a fare questa perlustrazione in zona di caccia, ma ora cominciava a pentirsi: si affaticava con niente, i trecento metri che ancora lo separavano dalla strada asfaltata gli parvero ancora piú difficili da percorrere. Si sedette, con entrambe le mani sulle ginocchia e il respiro pesante. Con lo sguardo fisso sul ciglio del sentiero pensò all'*estate maledetta* che pareva appena trascorsa e agli inverni precocissimi che erano seguiti. Fu attratto dalla desolazione silenziosa di quel trattúro, dalla presenza invisibile di quelle persone che avevano abbandonato avanzi di ogni genere fra la boscaglia per testimoniare che c'erano state, che avevano pasteggiato fra gli alberi in una delle ultime giornate calde dell'autunno. Cosí, con una specie di sconforto vicino alla commozione, si alzò per raggiungere quell'area invasa di avanzi.

La voce di Luigi Masuli risuonò alle sue spalle:

– Allora, questi cani? Credevamo che ti fossi perso!

– Sporcano ogni cosa. Sono delle bestie, – tuonò il maresciallo Pili chinandosi a raccogliere una scarpa. – Non rispettano piú niente, guarda: buttano via persino gli indumenti.

Non si voltò neppure, deciso a portare avanti la sua opera di accumulo delle cose abbandonate. Si guardò intorno alla ricerca di una busta o qualcosa che potesse contenerle.

Luigi Masuli restò a guardarlo senza muoversi.

– Che cosa facciamo? Cerchiamo i cinghiali o facciamo notte a pulire? – disse con una nota canzonatoria.

Il maresciallo Pili non parve curarsene. Aveva trovato una scatola di cartone abbastanza capiente e ci infilava piatti, bottiglie, barattoli, indumenti, afferrandoli con la punta delle dita.

PARTE PRIMA

– Io vado a prendere i cani, – avvertí Luigi Masuli. – Quando hai finito, eventualmente, ci raggiungi. Male che vada ci troviamo al furgone tra un paio d'ore.

Abbandonare quell'uomo al suo destino, alla sua chimera di un mondo pulito, gli sembrò una punizione sufficiente. Avanzando verso la statale si voltò ancora una volta a guardarlo mentre chino verso il suolo continuava la sua opera di pulizia.

– Non sei tutto a posto! – gli urlò seccato per l'assenza di reazioni di lui. – Che cavolo c'entra mettersi a fare lo spazzino adesso? Io vado! – ritentò sostando per dargli l'ultima possibilità di raggiungerlo.

– Bestie, – continuava a ripetere il maresciallo Pili, come in preda alla disperazione.

Allora Luigi Masuli si voltò: – Sei esaurito Nicola, – gli disse, – tu non ti sei ripreso. Fai quello che vuoi, io vado a liberare i cani.

Rocki, mezzo bracco e mezzo setter, si avventò sul suo padrone.

– Buono, a cuccia, – ordinò bonario Elio Parodi. Ma l'animale, rimasto troppo a lungo rinchiuso, non smetteva di turbinare e saltare. L'altro cane, un bastardino che tutti chiamavano Groddo, teneva il muso appiccicato al suolo come se una calamita lo obbligasse a restare in quella posizione.

– Ci voleva tanto? – chiese Elio Parodi tentando ancora una volta di calmare il suo cane. Luigi Masuli scrollò le spalle: – Non ha il cervello a posto! L'ho trovato vicino alla strada che raccoglieva la spazzatura.

Elio Parodi strattonò il cane afferrandolo per il collare.

– Ha passato un brutto periodo, – disse lasciandosi trascinare in mezzo allo spiazzo.

– Vorrei vedere te al suo posto. Bisogna lasciarlo fare.

– Nessuno gli ha dato delle colpe, – scandí Luigi Masuli. – Era una situazione che non si poteva prevedere. Chi le ha mai viste cose simili da queste parti?

– Vado a parlarci io, – risolse Elio Parodi. – Controlla i cani, sono molto eccitati. Avevi ragione, questo è un buon posto per i cinghiali.

Seduto sul ciglio della statale con le gambe che pendevano giú dalla cunetta, il maresciallo Pili si assestò il bavero ancora una volta. Si sentiva stanco. Piú stanco di quanto sarebbe stato lecito. Aveva sistemato la cassetta con le cose raccolte vicino al furgoncino. Un vento gelido aveva cominciato a soffiare e il cielo prometteva neve.

Elio Parodi avanzò spuntando dal sentiero, un sigaro spento gli pendeva dalle labbra.

– Che cosa succede? – chiese sistemandosi a sedere affianco al compagno.

– Che cosa succede, – fece eco il maresciallo, – niente succede, cosa vuoi che succeda? Lo sai che la caccia non è una cosa che mi interessi piú di tanto. Sono venuto solo per prendere una boccata d'aria.

– Non c'è male, – ironizzò Elio Parodi, – bei compagni di caccia: uno che viene solo per prendere una boccata d'aria e un altro che conosce gli appostamenti, ma che devo sudare sette camicie per convincerlo a muoversi!

Facendosi schermo con una mano tentò di accendere il sigaro.

– Lascialo spento, – lo rimproverò il maresciallo Pili. – Non vedi che è tutto secco! Se si mette a correre, il fuoco da queste parti non lo ferma nessuno.

– Bevi qualcosa per scaldarti, – propose Elio Parodi, porgendogli una fiaschetta dopo aver cacciato i fiammiferi nella tasca della giacca di fustagno.

– Sei diventato intrattabile Nicola, – disse a mezza voce.

Il maresciallo tranguciò l'acquavite con una smorfia. Era diventato intrattabile.

– Smetto, – disse, – me ne vado dall'arma. È da quell'estate che ci penso. Mi chiedo perché non l'ho fatto subito.

– Nessuno ha pensato che fosse colpa tua. Le cose sono andate come dovevano andare. Chi poteva prevedere quello che è successo?

– Io! Io potevo! Era tutto chiaro fin dal principio: sono stato stupido, mi sono fissato. Solo un cieco poteva agire come me. Non c'era niente che tornasse al suo posto. Allora avrei dovuto pensarci. Già dal suicidio avrei dovuto pensarci!

– Eh, cosí ti davano la patente di indovino! – Elio Parodi si sfilò la doppietta dalla spalla e la poggiò sull'asfalto. – E poi, non aveva capito niente nemmeno il giudice Corona! – concluse.

Il maresciallo sorrise con amarezza.

– Sono due mesi che cerco di parlargli, ma non c'è niente da fare: dicono che ha preso una lunga aspettativa ed è partito per chissà dove. Ma non è cosí: ho visto la luce accesa a casa sua non piú di tre giorni fa.

– Certo che per lui è stato un bel colpo! – ammise Elio Parodi. – Lo capisco se non vuole vedere nessuno.

Il maresciallo balzò in piedi verso la cunetta. Battendo i piedi al suolo cercava di riattivare la circolazione nelle gambe. Schiariva. Un sole pallidissimo si faceva largo nella coltre fittissima delle nubi grigie. Voleva parlare d'altro: – Allora questi cinghiali? Ci sono o non ci sono? – chiese.

Elio Parodi balzò a sua volta.

– Se ce ne sono? Io ti dico che domattina ne prendiamo almeno tre!

Voltandosi verso la statale raggiunse il ciglio della strada per recuperare la doppietta.

Fu allora che si sentí un trambusto: uno scalpiccio come di qualcuno che corresse e l'uggiolare lamentoso dei cani.

Luigi Masuli comparve dal sentiero col fiato mozzato dalla fatica. Aveva trascinato i cani con sé e aveva corso.

– Venite, – disse trafelato. – Venite! – Ripeté amplificando, col viso stravolto.

A una ventina di metri dalla radura i cani avevano trovato qualcosa. C'era un cespuglio di mirto, un cumulo di terra nera e leggera appena smossa, una piccola mano rinsecchita che affiorava dal terreno.

– Bisogna chiamare qualcuno, – scandí il maresciallo Pili. – Allontanate i cani, non toccate nulla e cercate di non camminare lí vicino.

Luigi Masuli fece un giro su se stesso in balía degli animali che lo trascinavano verso il cespuglio. Poi li tirò con violenza tentando di riportarli verso il furgone. Agiva in maniera sconnessa, assecondando il movimento circolare dei cani senza riuscire a spostarli per piú di dieci metri.

Il maresciallo Pili cercò un fazzoletto nella tasca del giaccone e coprí la manina che spuntava dal suolo. La terra smossa non era molto piú scura di quella che aveva ricoperto il cadavere. Una forcina per capelli spuntava dal terriccio. – Bisogna avvertire subito la centrale, – ripeté con un che di meccanico nella voce.

– Che cosa... – tentò di articolare Elio Parodi. Era rimasto per tutto il tempo in piedi accanto al cumulo di terra smossa. Oscillando leggermente sulle gambe guardava in direzione del corpo.

– Chi è? – chiese tentando di immaginare un punto d'appoggio.

Il maresciallo balzò in piedi.

– Prendete la macchina, bisogna avvertire la centrale! Io sto qui ad aspettare!

Elio Parodi ebbe un balzo.

– La centrale, – ripeté. – Certo, tu resti qui ad aspettare...

Si voltò e fece qualche passo verso Luigi Masuli che, non senza fatica, era riuscito a incamminarsi verso il furgone.

– Che cosa devo dire? – ritentò Elio Parodi, tornando indietro.

Il maresciallo Pili respirò profondamente.

– Di' che abbiamo trovato Ines Ledda.

Capitolo secondo

Paolo Sanna aspettò ancora qualche minuto, svegliarsi non significava necessariamente aprire gli occhi. Le voci dalla cucina erano un ponte fra il sonno e la realtà. Il tepore sotto le coperte si opponeva, ostinato, al freddo della stanza e lo convinceva a restare immobile. Nella testa di Paolo il freddo aveva una solidità inusitata. Il freddo è sempre solido. Il caldo invece è morbido. E parla. Seduttore e padre di ogni pigrizia. Cosí Paolo sentiva il suo respiro, lo sentiva irradiarsi nella stanza, impegnato a provocare una breccia, un'onda di calore che potesse creargli un passaggio nel gelo.
Aprí gli occhi.
Le cose consuete apparvero, poi scomparvero. Le voci in cucina si fecero piú chiare, o solo piú identificabili: il rumore del piattino e del bicchiere, le formule sommesse, il silenzio, il responso.

– Eh, figlia mia. Qui c'è qualcuno che ti vuole male veramente.
Chi fa questa affermazione è una donna di settant'anni, minuta come una bambina. Il fazzoletto le pende con due corni sulle spalle. La donna piú giovane che le siede di fronte aggrotta le sopracciglia e scuote il capo. La bambina è compita nonostante i suoi dodici anni. Ha indosso un cappottino marrone con un colletto di pelliccia e una fascia dello stesso colore le mantiene i capelli, scurissimi e lunghi, pettinati di fresco, discostati dalla fronte. È una vera si-

gnorina: non dice una parola e quando la interrogano abbassa il capo.

- Non so chi possa essere, - dice all'improvviso la madre della bambina, guardando il piattino dove l'acqua ha separato la macchia d'olio in mille bollicine. Grossi grani di sale grezzo navigano nel liquido come isole di cristallo.

- Eppure qui c'è malocchio, - rincara la vecchia. - Hai messo la maglia alla rovescia come ti avevo detto?

La donna piú giovane fa cenno di sí e sposta il collo della blusa per mostrare le cuciture a vista della maglia di lana che porta sotto.

- E tu, - insiste la vecchia rivolta alla bambina, - ce l'hai sempre la reliquia?

- Eccome no, - interviene la donna. - Fai vedere a zia Badora che ce l'hai!

La bambina, ubbidiente, si sbottona il cappottino e mostra un sacchetto appeso alla fodera interna con una spilla da balia.

- È inutile, - continua sconsolata la donna, - lo sentivo che c'era qualcosa: questo mal di testa che non mi passa e poi non ne va bene una in casa. Questa creatura ha sempre qualche male addosso, non faccio altro che portarla dal medico: non vedete che si sta riducendo in niente!

Cosí dicendo afferra il braccio della figlia per mostrare alla vecchia un polsicino smunto. La bambina come per confermare i timori della madre sfila un fazzoletto dalla tasca e si comprime le narici con un gesto delicato.

Cosí la vecchia si alza in piedi e intinge le dita nella soluzione di acqua, olio e sale, poi si accosta alla donna, la segna sulla fronte biascicando le orazioni e le dà da bere un sorso del preparato. Lo stesso fa con la bambina.

- Hai portato un indumento? - chiede.

La donna, con pudore, estrae due paia di mutandine candide dalla borsetta che ha tenuto per tutto il tempo sulle ginocchia e le porge.

La vecchia stringe gli indumenti fra le mani mondandoli con nuove oscure formule e li restituisce alla donna.

– Indossateli, – ordina. Poi, rivolta alla donna, – Paga una messa per le anime.

Il tonfo sommesso della porta d'ingresso fece sobbalzare Paolo nel letto. Con un gesto repentino scostò le coperte e lasciò che tutto il peso dell'aria piombasse sul suo corpo. Se si trattava di quello, se cioè il freddo fosse stato cosí pesante, lui non sarebbe riuscito a sollevarsi. Invece si sollevò. Era tutto falso.

Salvatora Fenu, *Badora*, si preparava per la messa mattutina lisciandosi i capelli bianchi e ripiegando i corni del fazzoletto sotto il mento con un nodo largo.

In cucina si stava meglio. C'era un bel tepore. La stufa economica andava a pieno regime. Il pentolino del latte, coperto con un piattino, era al caldo ai bordi della piastra incandescente, il caffè era già nella tazza sul tavolo.

Col viso ancora gonfio dal sonno Paolo Sanna sedette nel posto che solo qualche minuto prima era stato della donna piú giovane.

Allungando la mano verso il cesto del pane *carasau* cominciò a frantumare le sfoglie secche in mille schegge che finirono dentro la tazza.

La vecchia finí di sistemarsi lo scialle sugli òmeri e sistemò gli avambracci tra le frange. Un rosario di grani neri le avvolgeva la mano sinistra. Accostandosi alla cucina economica afferrò il bricco del latte con la mano libera e lo poggiò sul piano di marmo del tavolo fra il cesto del pane e la tazza. Sfiorò la nuca del giovane con la mano che reggeva il rosario e si fece il segno della croce.

– Ti ritrovo quando torno? – chiese.

Paolo rispose sollevando le spalle. Poi versò il latte bollente nella tazza e attese che il pane si ammorbidisse soffiando delicatamente sulla superficie che cominciava a incresparsi per la panna.

– Allora io vado, – incalzò la vecchia.
– Verso le dieci devo incontrare Giovanni Locche per un cantiere, – disse Paolo.
Badora si sentí risollevata: era sempre di malumore quel ragazzo, sempre cosí scontroso, ma almeno, questa volta, aveva risposto.
– Alle dieci sono già a casa da un pezzo, – concluse uscendo.
Quell'ora del mattino pareva a Paolo Sanna la piú adatta, l'unica adatta per contare il tempo. Era il momento in cui gli riusciva di avere pensieri importanti: perché la vita degli uomini si conta a giorni? Forse le notti non hanno nessun valore perché uno dorme ed è come se fosse morto. Allora perché le notti possono pesare in modo cosí determinante? Sarebbe stato meglio morire davvero e poi rinascere davvero. Che senso poteva avere distendersi di notte senza riuscire a eliminare nemmeno uno dei demoni che rendono il giorno cosí faticoso?
Tra questi pensieri era finito il latte. Rimaneva solo il fondo dove si era accumulato tutto l'eccesso di zucchero: piú buono da pregustare che da mangiare.
La sedia di fianco alla sua, quella dove poco prima era seduta la bambina, era spostata rispetto al tavolo. Paolo allungò il braccio per accostarla al bordo del piano di marmo e posizionarla in parallelo.
Per questo il suo sguardo fu attratto da un pezzo di stoffa candido e stropicciato: un fazzolettino sul sedile impagliato.
Ecco che il sangue riprendeva a circolare, l'effetto sonno sembrava sbiadirsi progressivamente per lasciare il posto al pieno possesso delle proprie facoltà. La luce di un ennesimo giorno grigio acciaio avrebbe potuto prospettare ore piene di attività. Non per Paolo Sanna. Guardando ancora piú in là, tra qualche ora, non vide assolutamente niente. Certo un abboccamento per un possibile lavoro. Certo, la prospettiva di riempire ore d'attesa a girovagare per contattare gente che avesse bisogno di un giovanotto di ventotto an-

ni, sano e robusto. Poi l'allenamento con la squadra di calcio dilettanti, ma il sabato mattina non è giorno di allenamento. E l'indomani la squadra rispettava il turno di riposo.

Niente di niente diceva quella giornata talmente fredda che persino la neve si rifiutava di scendere.

E diventava pesante pensare alle ore di veglia. Pensare di camminare fra gente che faceva l'effetto di sapere cosa sarebbe successo della propria vita con buona approssimazione. Paolo sapeva distinguere persino il grado di simulazione, l'elemento illusorio, che spinge ad alzarsi pensando che qualche cosa accadrà. Ma non quella mattina: perché niente sembrava recuperare una dimensione precisa; tutto appariva come sfilacciato nella sua testa, senza un assetto. E si lasciava andare calando sempre piú in basso, ancora piú in basso di quanto si poteva concepire, scoprendo che al basso non c'è limite. Grattando il fondo fino alla crudeltà; chiamandosi, e adesso arrivava il compiacimento, granello di sabbia, scherzo del destino, larva, ameba...

Allora, meglio morto pensava.

Meglio morto: che farsene di un'intera giornata? Che farsene di una testa che perde il controllo? Che è in grado di pensare cose tanto importanti?

Paolo Sanna allungò il braccio sotto il tavolo, raggiunse il piano impagliato della sedia vuota dove solo qualche minuto prima era seduta la bambina.

Tastò il sedile fino a percepire la stoffa morbida e stropicciata del fazzolettino dimenticato.

Ecco una prospettiva: da qualche parte molto profonda e nascosta della sua testa c'era stata battaglia. E lui aveva resistito per interi minuti, aveva cercato di non capire. Di non capire che quel pezzo di stoffa cosí dimesso, lo attraeva in maniera irresistibile.

Capitolo terzo

– L'hanno trovata! – annunciò Antonio Sassu. – A Bòrore, due ore fa, un gruppo di cacciatori. È stata seviziata, pare.

Un appartamento, ampio ed elegante, in via Manzoni, era stato trasformato in una redazione: la redazione nuorese dell'Unione Sarda.

– Da Cagliari ci hanno chiesto la prima pagina, – continuò Antonio Sassu. – Abbiamo bisogno di fotografie: la casa, i genitori, il posto.

Un ragazzo magrissimo e scapigliato scattò in piedi e, facendo un mezzo giro intorno al grande tavolo, – che costituiva con le sedie l'unico arredamento di una sala delle riunioni separata dal resto della redazione per mezzo di pareti modulari, – raggiunse una grossa borsa. Controllò che tutto fosse in ordine: la macchina fotografica, gli obiettivi, i rullini, il flash.

– Ecco, – proseguí il redattore capo, allungandosi sulla sedia pneumatica, – Cristina e Redento fanno una volata alla casa della bambina. Mi raccomando non fate come al solito: voglio roba buona. Sentite i vicini e niente nomi per esteso, se gli intervistati sono minorenni, mi raccomando –. Fece un attimo di pausa, come se fosse giunto il momento di prendere una decisione che aveva rimandato fino ad allora. – Giuseppina, – disse finalmente, – dagli inquirenti.

La ragazza sorrise sistemando un'agenda nella borsa; evitò di guardarsi attorno perché non si notasse la sua soddisfazione: un incarico importante. Se andava come doveva andare il suo servizio sarebbe stato pubblicato nel foglio regionale. – Punto delle indagini, sospettati, indiscrezioni –. Antonio Sassu si alzò in piedi. – Alberto in ufficio con me, – disse, rivolto al fotografo, mentre usciva dalla sala riunioni. Una donna sulla trentina, che per tutta la durata della riunione non aveva aperto bocca, alzò il braccio sventolando un foglio di carta da fax. Il capo redattore assentí con aria scoraggiata.

– La lettera del sindaco! – disse. Poi rivolto alla donna con aria sbrigativa: – Quaranta righe, Maria Vittoria, rispondi che la popolazione ha paura che questa storia dei parcheggi ai giardinetti si trasformi in un cantiere perenne come la piscina di via Lazio, e che a rimetterci alla fine siano solo i pini!

– E a proposito delle sue sparate sulla povertà dell'economia della città? – chiese la donna con aria sostenuta.

Antonio Sassu si fermò come pietrificato dall'urgenza di trovare una risposta. – Be', – cercò di guadagnare ancora qualche secondo, – chiedile di dimostrarci nei fatti questa povertà diffusa in una città in cui il settanta per cento delle abitazioni è di proprietà e i risparmi bancari dei cittadini sono di tutto rispetto.

La donna sorrise senza scomporsi. – Devo accennare alla questione del manto stradale che, guarda caso, copre solo il tratto fino a casa sua?

Il capo redattore fece uno scatto verso la donna. – Maria Vittoria! – sbottò. – Una risposta ampia, circostanziata, equilibrata! Non voglio che questa storia si trasformi in una gara tra primedonne, intesi?

La donna accusò il colpo disponendo le sue cose dentro una capiente ventiquattrore.

– Bene, – sibilò, – proverò a far finta di essere un uomo. Ma temo che la signora sindaco non sia proprio il mio tipo!

Giuseppina Floris restò sola.
La riunione si era conclusa con un imbarazzato fug-

gi fuggi di colleghi impegnatissimi. Antonio Sassu era uscito per primo e Maria Vittoria Leccis per ultima. L'aveva guardata con rimprovero uscendo: aveva fidato sulla alleanza femminile in un mondo governato dai maschi. Si aspettava che Giuseppina facesse fronte comune, protestasse per il modo in cui era stata trattata, ma Giuseppina non aveva risposto al suo appello.

Pensava alla sua teoria sul caso di Ines Ledda. Una teoria l'aveva infatti. L'aveva sempre avuta, fin dalla scomparsa della bambina, quando tutti dicevano che era stata rapita, anche se non si capiva perché mai, visto che la famiglia Ledda si poteva definire appena benestante. Ines era stata prelevata durante il tragitto che dalla scuola portava a casa sua: meno di trecento metri. Le compagne di scuola testimoniarono che, a differenza del solito, quel giorno non si era trattenuta a chiacchierare nel cortile dell'Istituto. Testimoniarono che era impaziente di andare come se avesse un appuntamento. Non bisognava partire da idee preconcette, bisognava lasciar fare agli avvenimenti: nessuno sapeva dire con certezza se Ines avesse realmente un appuntamento.

Giuseppina Floris prelevò l'agenda e scrisse *appuntamento?* sottolineando quella domanda. Poi pensò al tragitto dalla scuola alla casa: piazza Asproni, via Tola, via Mons. Bua, piazza Vittorio Emanuele, via S. Francesco. Oppure, allungando un poco: piazza Asproni, corso Garibaldi, piazza Vittorio Emanuele eccetera. Niente vicoli, tutte strade frequentate, difficile passare inosservati. Eppure nessuno afferma di aver visto Ines Ledda tornare verso casa quel pomeriggio del 20 novembre di un anno prima.

La professoressa d'italiano, interrogata dagli inquirenti e dai giornalisti aveva descritto una bambina introversa, ma generosa, estremamente intelligente e molto precisa e applicata nello studio, ma aveva rivelato che, negli ultimi tempi, era diventata distratta e faceva qualche assenza di troppo.

I genitori l'avevano santificata: pulita, modesta, senza quella sfrontatezza che caratterizza le bambine delle ultime generazioni.

Una figlia esemplare, una buona scolara. Una compagna di giochi tranquilla. Una qualunque, nemmeno particolarmente bella.

Una bambina che non aveva numeri per rimanere impressa. Una bambina trasparente e dimessa che poteva percorrere il tragitto scuola-casa senza che nessuno avesse un buon motivo per notarla.

E cosí era stato: nessuno l'aveva notata.

Nessuno aveva visto qualcuno che le si avvicinava e le rivolgeva la parola.

Una bambina che non teneva un diario, senza particolari propensioni. Una di quelle che ci si sforza di ricordare e solo quando sia necessario. E solo se lo sforzo vale per capire perché mai qualcuno abbia deciso di ammazzarla.

Una sognatrice un po' sciocca, pensò Giuseppina, come possono essere sciocche quelle bambine che, per uno scherzo della sorte, sfuggono al proprio tempo, e crescono nella bambagia anacronistica di una famiglia anacronistica. Con un padre che non ha mai tolto una posata dalla tavola dopo aver pranzato e non ha mai impugnato il manico di una scopa per riunire le briciole cadute nel pavimento. Con una madre che ha concluso la sua giornata solo per ricominciarne un'altra del tutto identica.

Una bambina che ha imparato quello che bisogna fare: dare una mano per la sgrossata del sabato pomeriggio, passare il panno umido per far risplendere il lavello della cucina, strizzare lo straccio per l'ultimo risciacquo sui pavimenti, prima della cera. Mentre il fratello maschio, piú grande o piú piccolo di lei, concede, per quanto lo permette la partita di calcio o la riunione con gli amici in cortile, di scivolare atletico con le pattine di lana sulle piastrelle impregnate e farle brillare. Ma non troppo a lungo, perché stendere la cera non è un lavoro da uomini.

Cosí il padre, che è stato al lavoro e ha faticato anche per lei, potrà rientrare lasciando rigature e terriccio sulla superficie risplendente.

E dare un senso anche al suo futuro di donna a venire. Insinuando nella sua testolina che il mondo è definitivamente spaccato in due. Che gli uomini portano il cibo e vogliono le comodità; che le donne preparano il cibo e amano gli uomini.

La conclusione e l'inizio sembrarono prevedersi a vicenda, sembravano compenetrarsi l'un l'altra, far parte della stessa, impassibile, storia.

Giuseppina Floris prese a tamburellare con la penna sul foglio, qualcuno avrebbe potuto dire che la storia di Ines era identica a quella di milioni di bambine: cambiava solo il modo di morire.

Un salto in tribunale si poteva fare a piedi: era praticamente a due passi. Ma il percorso andava controllato con calma, dalla scuola alla casa. A costo di contare i passi necessari per coprirlo completamente. A costo di spiare a una a una tutte quelle persone che, giorno dopo giorno, si erano dimenticate di notare una bambina qualunque che tornava a casa dopo le lezioni.

Capitolo quarto

Luigi Masuli entrò nell'ufficio del giudice.
– Masuli Luigi –. Si presentò stendendo il braccio oltre la scrivania.
– Danila Comastri, – replicò il giudice rispondendo alla stretta.
– Si vede che lei non è di qui, – affermò l'uomo con fare disinvolto.
– Evidentemente, – tagliò corto il magistrato. – Ma passiamo al motivo della sua convocazione...
– Sí, mi hanno avvertito che aveva bisogno di ulteriori chiarimenti ed eccomi qui, disponga dottoressa!
– Dunque, nella sua deposizione c'è scritto che, la mattina del ritrovamento, lei era stato lasciato da solo a custodire i cani in quanto sorsero problemi col maresciallo Pili, è esatto?
– Be', signora dottoressa, *sorsero problemi* è un modo un po' esagerato per spiegare la cosa...
– Le ricordo che sono parole sue! – lo interruppe la donna.
– Ero spaventato! Si metta nei miei panni, dottoressa, una situazione del genere. Comunque il maresciallo non stava bene, ma bisogna capirlo.
– Queste cose le conosciamo, signor Masuli, quello che ci interessa adesso è capire cosa sia successo realmente quella mattina.
Luigi Masuli cominciò a martoriare il suo berretto.
– Stavamo cercando cinghiali, – riprese con calma. – Quella è una zona buona, ce ne sono molti. Abbia-

mo trovato un bel po' di tracce. Poi il maresciallo doveva andare a recuperare i cani che erano rimasti chiusi nel furgoncino e non ritornava piú. Cosí mi sono avviato verso la statale per capire come mai tardava...
– Quanto tardava esattamente?
– Mah, è difficile da dirsi...
– Un'ora, mezz'ora? – incalzò il sostituto procuratore.
Luigi Masuli assunse un'aria pensosa per cercare di dare una risposta piú esatta possibile.
– Mezz'ora piú o meno, – rispose rafforzando l'affermazione con un ampio movimento del capo.
– E durante questa mezz'ora lei e il suo compagno di caccia che cosa avete fatto?
– Abbiamo continuato a controllare nei dintorni, c'erano tracce dappertutto. Ma cosa c'entra questo? – chiese rabbuiandosi all'improvviso. – Noi siamo quelli che l'hanno trovata, che possiamo avere a che fare noi con questa storia?
– Questo è quello che vogliamo capire signor Masuli. Lei è un testimone e a me spetta il compito di stabilire come sono andate le cose con tutta la precisione possibile!
Luigi Masuli abbandonò il berretto, aveva la fronte madida di sudore. Cercò un fazzoletto nella tasca della giacca.
– Io non ho mai avuto a che fare con la Giustizia: ho cinquantanove anni e prima di oggi non sono mai stato in questo posto. Non so che cosa le interessi sapere esattamente: noi l'abbiamo solo trovata.
Danila Comastri si sistemò gli occhiali afferrando entrambe le stanghette con gli indici e i pollici, poi riprese a leggere il fascicoletto di fogli dattiloscritti che aveva sulla scrivania.
– Cosí si è avviato verso la statale per capire come mai il vostro compagno tarda ad arrivare, – riprese con tono burocratico.
– Sí, – rispose semplicemente Luigi Masuli. L'inquietudine gli segnava il viso. – Ma lui al furgone non

ci era nemmeno arrivato: si era intestardito a raccogliere un mucchio di spazzatura. Allora io gli ho detto che quello non era il momento per occuparsi di quelle cose e che i cani al chiuso si lamentavano. Ma lui non mi ha dato retta. Sembrava che non mi avesse neppure visto e ha continuato a mettere la roba in una cassetta. Cosí sono andato io a prendere i cani e li ho portati allo spiazzo. Quando sono arrivato lí ho detto a Elio che cosa stava succedendo e ha risposto che ci pensava lui. Voleva dire che sarebbe andato a parlare col maresciallo. Poi sono rimasto con i cani per farli correre e li ho sentiti inquieti e cosí...
– E cosí?
– Hanno cominciato a scavare e l'hanno trovata. Sono diventato matto a tirarli via, ma sono riuscito a legarli e trascinarli verso il furgoncino dove ho raggiunto i miei compagni...

– ... Luigi urlava che i cani avevano trovato qualcosa, ma dalla sua faccia si capiva che non era niente di buono –. Elio Parodi si assestò con piú forza sulla scomoda poltroncina davanti alla scrivania del sostituto procuratore. – Ci siamo precipitati e abbiamo visto un po' di terra smossa e qualcosa che non scorderò mai: dalla terra spuntava una mano. Io non ho capito piú nulla, fortuna che Nicola, il maresciallo Pili, ha mantenuto il sangue freddo «andate a fare la denuncia» ha detto «abbiamo trovato Ines Ledda». Posso stare in piedi? – chiese all'improvviso.
Danila Comastri fece il primo sorriso della giornata.
– Certo, se preferisce, – acconsentí. – Quelle poltroncine non sono il massimo della comodità.
Elio Parodi scosse la testa.
– Non sono le sedie signor giudice, le assicuro che in questa stanza sarebbe scomodo anche un letto di piume!
– Lei conosce il maresciallo Pili da molto tempo?
– Da circa vent'anni...

Il maresciallo Pili riprese a raccontare con calma.
- Eravamo lí per caso, - disse scandendo le parole.
- Quella è zona di caccia, ci sono i cinghiali, - aggiunse.

Dalla parte dei testimoni l'ufficio del sostituto procuratore assumeva una prospettiva del tutto diversa.

- Lei ha figlie? - chiese il magistrato.

Il maresciallo aggrottò le sopracciglia. - In che senso? - cercò di prendere tempo.

Il magistrato riformulò la domanda.

- No. Due maschi, - rispose finalmente il maresciallo. Ma con troppa inquietudine nella voce.

- Era solo una domanda interlocutoria, maresciallo, - chiarí la dottoressa. - Cosí per capire meglio il suo grado di coinvolgimento nell'accaduto. Capisce che è molto importante per me riuscire a inquadrare anche le connessioni di carattere psicologico, trattandosi di un fatto cosí orrendo.

Il maresciallo non capiva. - Semmai, - intervenne con risentimento, - sarebbe il caso di inquadrare al piú presto le connessioni che riguardano quel porco che l'ha ammazzata in quel modo!

- Certo, - disse la donna senza scomporsi, - è sempre il solito problema: non faccio altro da quando mi trovo in Sardegna che offendere la suscettibilità dei sardi.

- Senza rancore, - intervenne il maresciallo, - ma non è piacevole avere la sensazione di passare da testimone a sospettato.

La donna sorrise, un sorriso aziendale. - Sospettato? - Ripeté. - Oddio, devo proprio aver sbagliato tutto: del resto che motivo avrei per sospettare di lei, maresciallo?

Nicola Pili mangiò la foglia. - Nessuno, - disse col tono piú secco che riuscí a esprimere, - ho ventidue anni di carriera alle spalle, sono sempre stato un uomo piú che irreprensibile e ho sempre fatto il mio lavoro con dedizione!

- Perché ha chiesto di essere messo a riposo allora?

– Se permette, dottoressa, sono questioni di carattere strettamente personale che non hanno niente a che vedere col fatto...

– Sappiamo, sappiamo, – lo interruppe il magistrato. I capelli sbiondati le facevano un'aureola dorata intorno alla testa. – Ma lei sa bene, – riprese, – che io ho il dovere di sospettare di tutti. Lei era nel luogo del ritrovamento e, a sentire i suoi amici, è stato strano per tutta la mattina. Senza considerare che ha identificato il cadavere senza neanche vederlo.

– Sono un carabiniere! – sbottò il maresciallo. – La scomparsa della bambina era sulla bocca di tutti da un anno!

– Cerchi di stare calmo, – rincarò la donna, – in questo ufficio non abbiamo l'abitudine di dare niente per scontato e io posso assicurarle fin d'ora che farò di tutto per scoprire ciò che è accaduto a quella povera bambina. Comunque si tenga a disposizione. Buongiorno!

Il maresciallo scattò in piedi, ed evitando la mano ingioiellata che la donna gli porgeva, uscí.

Capitolo quinto

C'era Giovanni «Maciste», quello alto e magro. Quello che aveva massacrato a colpi di pietra il gatto della ex fidanzata: lei non rispondeva al telefono e non c'era verso di riuscire a parlarle perché usciva solo col fratello. C'era Giovanni «Coddanzinu» quello piú basso, che era stato campione di sollevamento pesi e che in una sola notte, mentre era a Cagliari per la visita di leva, aveva scopato per undici volte con una prostituta. C'era Egidio «Ichnusa», che riusciva a bere anche trenta «birrette» senza conseguenze, ma che, alla trentunesima, era in grado di rovesciare una cinquecento. E c'era Paolo Sanna.

C'era tutta la città alle nove di sera. Nel silenzio piú assoluto. Quando anche i bar abbassano le saracinesche e non rimane che il vuoto.

Maciste aveva l'abitudine di camminare calciando qualsiasi cosa si trovasse tra i piedi. Era il proprietario della macchina: una vecchia 127 Super. Coddanzinu portava solo la maglietta di cotone anche d'inverno. Poi c'era Paolo Sanna che a parlare non ci sapeva fare e con le donne peggio.

Certo quando si passa la vita con una vecchia, risulta difficile sentirsi uno come gli altri, molto difficile.

Il corso Garibaldi alle nove di sera. I passi dei pochi sopravvissuti alla bolgia della passerella serale risuonano nel granito.

Il barattolo, spinto sempre piú avanti dai calci di Maciste, emetteva una nota lunga e lamentosa. Ichnusa era arrivato alla trentunesima, ma sperava di migliorare il suo record. Intanto ruttava. Sollevando l'ilarità generale ogni volta.

Coddanzinu diceva che sarebbe stato bello essere a Cagliari.

Cosí si salutava la notte.

Svoltando in un vicolo si arrivava in piazza Vittorio Emanuele. I quattro svoltarono meccanicamente, come vecchi cavalli mansueti abituati a coprire per anni lo stesso percorso.

– Adesso ai giardinetti fanno un parcheggio, quei bastardi! – disse Maciste spedendo il barattolo dentro la fontanella ormai secca.

– Quella bastarda della sindachessa! – confermò Ichnusa.

Poco piú avanti, oltre lo spiazzo di cemento, erano state alzate delle palizzate per delimitare l'area dei lavori in corso.

– Devono buttare giú i pini, – continuò Maciste cercando di sporgersi oltre la delimitazione, per vedere le opere di sbancamento già intraprese. Sulle onduline che coprivano la visuale erano stati applicati cartelli di protesta.

Ichnusa ruttò. Poi, dopo essersi sbottonato i pantaloni, comincio a pisciare contro i cartelli. Coddanzinu con una spallata lo scaraventò contro le onduline che vibrarono con un rumore metallico.

– Sei sempre il solito coglione! – inveí Ichnusa dirigendo il getto contro di lui. Aveva tutti i pantaloni bagnati. – Brutto stronzo, scherzi del cazzo! – continuava cercando di colpirlo col getto. Ma Coddanzinu era agile nonostante avesse una muscolatura due taglie piú grande di quella che sarebbe stata sufficiente e si riparava facendosi scudo con i compagni. Seguí un fuggi fuggi generale.

– Oh! – gridava Maciste, – Guarda che io non c'entro!

– Ti rompo il culo! – minacciò Ichnusa risistemandosi.

– Ajò... – Paolo Sanna cercava di intervenire per calmarlo, – è uno scherzo.

- Uno scherzo del cazzo, gli spacco il culo!
- Dài, vieni a spaccarmi il culo, - provocava Coddanzinu. - E già che ci sei ciucciami questa bestia! - continuava, ancheggiando con una mano a cucchiaio sul cavallo dei pantaloni.

Maciste era riuscito a mettersi in disparte con un balzo oltre la balaustra di cemento che separava la zona del «passeggio» dal marciapiede ingombro di auto parcheggiate. Paolo teneva stretto Ichnusa con una presa da lottatore e continuava a gridare di finirla. Coddanzinu smise la sua pantomima, ma si teneva a distanza per evitare i calci che Ichnusa, sempre bloccato da Paolo, tirava in aria.

- Smettiamola ora! - ordinò Maciste, oltrepassando con cautela la balaustra. Ichnusa sembrava piú calmo e strattonò Paolo perché lo lasciasse andare. Coddanzinu, che continuava a tenersi a distanza, proponeva una tregua.

Cosí ci fu una tregua e qualche minuto di silenzio.
- Questa tanto me la paghi -. Sibilò Ichnusa sistemandosi a sedere in una panchina di legno e controllando i pantaloni ancora bagnati. - Me la paghi prima o poi, - continuava come parlando con se stesso.

Cosí sedettero tutti e quattro. In silenzio. Assecondando il buio di una notte senza lampioni. Da qualche parte della loro testa c'era un pensiero comune. Maciste cominciò a prendere a calci una pigna.

- Che cazzo facciamo? - chiese Coddanzinu prendendo un pacchetto di sigarette incastrato nella manica della maglietta.

- Facciamo quello che dobbiamo fare, - annunciò Maciste. Si alzò e si diresse verso la vecchia 127 Super parcheggiata lí vicino. Gli altri lo seguirono. Lo videro armeggiare con la serratura del portabagagli.

Paolo non capiva, ma notò, con apprensione, che i suoi occhi avevano una luce strana. E lesse il gesto febbrile delle sue mani che spalancavano lo sportello ed estraevano dal retro dell'auto una sega a motore.

- Non gliela lascio alla «sindachessa» la soddisfazione di abbattere i nostri pini! – disse tirando il cordellino del motore. La sega fece un brontolio sordo e sembrava voler guidare Ichnusa verso lo spiazzo dove c'erano gli alberi.

Il suo primo fendente fece penetrare la lama nel legno come se si trattasse di burro.

Maciste si guardò intorno, sorrise e inspirò nei polmoni l'aroma della resina. Poi la prima pianta cadde frustando il suolo con le fronde, chinandosi alla forza distruttiva.

La sega passò di mano in mano.

Paolo sentí la vibrazione della macchina come una forza viva in tutto il corpo e a ogni pressione sul tronco sentiva cedere un centimetro di vita, un centimetro di legno. Con una vitalità che sembrava dimenticata, con la testa finalmente sgombra.

Maciste continuava a sorridere come in preda a una rivelazione. E capí senza capire, lasciando che al desiderio si accompagnasse il gesto, solo il gesto. Ascoltando il lamento dell'albero senza chiedersi come potesse ritenerlo cosa viva.

Coddanzinu afferrò la motosega e se l'appoggiò all'inguine protendendo quel cazzo, che non era piú immaginario, per stuprare la pianta, il mondo, la vita.

Capitolo sesto

Tutte le volte che squillava il telefono a quell'ora di notte Eugenio Martis aveva la certezza che Dio non esistesse. Allungando un braccio fuori dalle coperte fingeva di credere che si trattasse della sveglia, ma lo squillo era inconfondibile. E ineluttabile. Si trattava del telefono, alle due di notte e Dio non esisteva! E se esisteva si divertiva un mondo.

Afferrò la cornetta senza accendere la luce. Riconobbe la voce di Giuseppe Fara, il suo collega.

– Ha avuto una crisi! Una cosa pazzesca! – ansimava la voce all'altro capo del filo. – Chiede di te! Non vuole sentire ragioni.

Eugenio Martis cercò di concentrarsi. Stava sognando che la sua vecchia maestra delle elementari gli faceva delle avances molto spinte nei bagni della scuola. Per qualche istante lo squillo del telefono si era inserito nel suo sogno sotto forma di campanella da fine lezioni, proprio nel momento in cui la maestra, non piú vecchia e laida, dimostrava l'indiscussa superiorità femminile sul maschio. Questo rendeva doppiamente penosa l'interruzione.

– Che cazzo di ore sono? – chiese con la bocca impastata.

Giuseppe Fara deglutí. – Quasi le due... – rispose minimizzando. – Ti ho svegliato?

– No, a quest'ora mi alleno a rimanere sveglio, sai, è per il Guinnes dei primati!

La voce all'altro capo divenne piú sostenuta.

– Se non fosse stato importante non ti avrei svegliato.
– Nessun problema, – rincarò Eugenio. – Domani mi aspetta solo una giornata di merda. Il che è già un risultato se penso alla giornata del cazzo appena trascorsa –. Non riusciva proprio a mandar giú di essere stato svegliato proprio nel bel mezzo di un'erezione.
– Lina ha avuto una crisi, – continuò Giuseppe Fara. – Chiede di te: qualcuno le ha fatto vedere un quotidiano...
– Dalle un flacone di Tavor Giuseppe, abbi pietà! – tentò Eugenio con disperazione.
– Penso proprio che dovresti venire: si è chiusa nelle cucine. Dice che si ucciderà, dice che vuole parlare con te!

Lina.
Eugenio Martis si mise a sedere sul letto. Automaticamente cominciò a sbottonarsi la giacca del pigiama. Fece un rapido esame della situazione: Lina Piredda era stata condannata a trent'anni di galera dopo aver trucidato il marito con un martello. Era una donna calma all'apparenza, ma in due anni di psicoterapia aveva avuto almeno una decina di crisi. Non parlava quasi mai, Eugenio era stato il primo uomo col quale avesse parlato veramente. La psicologa che l'aveva in cura prima di lui non era riuscita a farle aprire la bocca.
E anche per Eugenio i primi mesi non erano stati facili. La donna era ostinata, non voleva parlare delle circostanze che l'avevano portata in galera e questo mutismo le era costato il massimo della pena. Cosí Eugenio aveva passato un intero mese ad aspettare, facendo solo domande generiche, chiedendole di parlare solo se ne avesse avuto il bisogno. E vide la donna diventare sempre piú inquieta, ma in qualche modo grata di quella perseveranza. La vide sciogliersi ogni giorno di piú, divenire piú allegra o piú triste, ma reattiva.
Dopo la prima crisi lei parlò. Gli raccontò un sogno orribile che aveva fatto. Parlò per cinque o sei minuti

di fila, senza interrompersi. Sorpresa che le parole le uscissero di bocca con tanta precisione dopo tutto quel tempo. Eugenio l'ascoltò sorridendole di tanto in tanto e invitandola a ricordare ogni singolo particolare di quel sogno che l'aveva tanto scossa. Cosí lei disse che qualcuno aveva lasciato un quotidiano sul tavolo in refettorio e che quel quotidiano riportava solo cattive notizie, perché il mondo era un posto orribile, la vita era orribile e lei non era piú al sicuro. E lei per tutta la notte non aveva fatto altro che sognare di quelle cose che aveva letto sul giornale e che questo l'aveva convinta a togliersi la vita.

Cosí aveva tentato di impiccarsi con una camicia.

– Penso che questo posto serva proprio a metterti al sicuro! – le aveva detto Eugenio. E lei aveva sorriso. La sua faccia si era riempita di rughette intorno agli occhi e alla bocca. Poi si era avvicinata a lui e gli aveva stretto le mani.

Tuttavia fu una vittoria di breve durata: le crisi continuarono e qualche mese dopo Lina tentò di uccidersi tagliandosi le vene con un frammento di specchio. Quella volta un parente, che era l'unico che veniva a trovarla, le aveva raccontato che un vecchio vicino di casa era morto; cosí lei raccontò che poi tanto al sicuro non si era sentita e che nella sua testa vagava un solo pensiero, una sola certezza: resistere non ha significato, è tempo perso. Disse che aveva passato la maggior parte della sua vita a pensare che si potesse fare finta di nulla, a dirsi che le cose sono quello che sono e che per quanto ci dibattiamo non ci sono santi. Ma la vita si era accanita contro di lei, per dimostrarle che aveva sempre avuto torto. Tranne una volta, quella volta. Cosí era come se avesse pagato un debito; di quei debiti che una persona qualunque impiega tutta un'esistenza per pagare. Lei l'aveva estinto in una sola volta, quella volta...

– Sei ancora lí? – gracchiò Giuseppe Fara oltre la cornetta.

Eugenio fece un balzo trattenendo un gemito per il contatto gelido dei piedi nudi sul pavimento.
– Ditele che sto arrivando!

In macchina erano dieci minuti a quell'ora di notte, anche se si doveva attraversare la città. Il motore tossiva, forse protestava anche lui; Eugenio aspettò qualche secondo ancora tenendo leggermente pigiato l'acceleratore per lasciarlo scaldare, poi ingranò la prima.

... C'erano state altre piccole crisi, tutte per inezie sentite nei corridoi dalle altre carcerate. Lina aveva decretato la morte della realtà, ma quest'ultima faceva capolino, sotto varie forme, a disturbare l'equilibrio trovato con tanta fatica. Si trattava di lasciare che fosse lei stessa a crearsi le difese necessarie per schermarla. Allora passarono alcuni mesi di grande tranquillità in cui, grazie all'intervento del direttore del carcere, fu possibile impiegarla in lavoretti vari all'interno dell'istituto. Del resto, al processo, Lina era stata riconosciuta sana di mente, perfettamente in grado di intendere e di volere e questo la condannava doppiamente: alla galera e alla realtà. Lei sembrò accettare il dato di fatto, ma si trasferí altrove, si rifiutò di parlare, si rinchiuse in una prigione ancora peggiore di quella a cui l'aveva condannata la società. Cosí fu messa in terapia...

La guardia al cancello salutò con un ampio gesto del braccio.
– Passi pure, dottore, la stanno aspettando, – annunciò facendo scattare il cancello automatico.
L'immenso edificio delle carceri mandamentali, illuminato a giorno, faceva l'effetto di un set cinematografico. Eugenio avanzò ancora qualche metro all'interno del cortile, dove sarebbe stato possibile riunire tutti gli abitanti di Nuoro e senza tenerli troppo stretti. Parcheggiò in un posto qualunque piú vicino possibile alla seconda cabina di controllo. Un'altra guardia lo salutò con familiarità facendo scattare il portone au-

tomatico. Eugenio mise mano al portafogli per mostrare il tesserino di riconoscimento, ma la guardia lo fermò con un gesto, come a dire «si figuri Dottore».

... Con la terapista che l'aveva in cura prima di lui Lina aveva dimostrato subito una grande ostilità e diffidenza. Nonostante tutto non sembrava in grado di comunicare in nessun modo con le donne. Durante la seconda seduta la dottoressa era stata salvata in extremis da una guardia, mentre Lina cercava di metterle le mani al collo. C'erano stati altri tentativi, ma fu necessario legare la paziente. Allora si pensò di ricorrere a Eugenio.
Era del reparto maschile e aveva fronteggiato casi di vera e propria aggressione. Il caso di Lina era diventato il caso di Eugenio.
E i risultati c'erano stati: Lina aveva cominciato a rispondere a domande generiche, le crisi si erano diradate. Tutto si era come concentrato su quella volta quando, in piena notte si era alzata, aveva frugato fra gli attrezzi del marito e gli aveva spappolato la testa con un martello. Ma l'argomento in specifico non era mai venuto fuori, era sottinteso, tanto piú presente quanto piú inespresso. Eugenio sapeva che una domanda diretta in questo senso avrebbe rovinato due anni di lavoro paziente e sapeva che Lina avrebbe parlato di quella notte quando fosse stata pronta...

Superato l'ennesimo cortile e l'ennesima guardia Eugenio entrò nel reparto femminile delle supercarceri di Badu 'e Carros.

Capitolo settimo

Il vento gelido aveva ripulito l'atmosfera. Restava un bagliore mattutino sullo sfondo, dietro ai palazzoni scuri. Un'altra giornata troppo breve sarebbe arrivata e la luna sarebbe stata inghiottita nella coltre compatta del cielo grigio. Una luminescenza lattea da aurora boreale avrebbe chiarito che si era passati dalla notte all'alba.

Il maresciallo Pili sentí crescere la tensione. Abbandonò per qualche secondo il bracciolo della poltrona e provò a riattivare la circolazione della mano aprendola e chiudendola ritmicamente.

La pendola del modesto soggiorno suonò le tre.

Si alzò pensando che, a giudicare dal male alla schiena, poteva essersi addormentato, ma non ne era sicuro. Con piú probabilità aveva solo riflettuto e la sua testa aveva cessato di registrare il suo corpo. Si era concentrato in una somma di pensieri talmente concatenati da fargli perdere peso. Allo stesso tempo la forza di gravità aveva agito su di lui con costanza facendolo scivolare progressivamente in una posizione impossibile da sopportare se solo fosse stato nel pieno possesso di tutte le sue facoltà. Poi qualcosa l'aveva come risvegliato dall'ipnosi e l'aveva messo di fronte alla precarietà di quella posizione. Allora la mano aveva cominciato a dolergli e i nervi del collo e tutta la schiena.

Si alzò, dunque, e vide, fuori dalla finestra, che il vento scaraventava foglie e cartacce dappertutto e batteva sui vetri. Questo forse l'aveva distolto.

L'appartamento era caldo. Guardò ancora piú in là, verso il gruppo di palazzi bianchi dove abitava la bambina. E gli parve di abbandonare ancora una volta la gravità, oltrepassando con lo sguardo le ombre degli alberi spogli nel viale e i cartelli stradali oscillanti per il vento fino a raggiungere quelle finestre lontane che gli parevano illuminate. Fino a raggiungere quell'appartamento in cui un uomo e una donna piangevano una figlia di dodici anni.

– Lo sai anche tu che cosí non si va avanti, Nicola? – Agnese, sua moglie, l'aveva raggiunto nel soggiorno. Abbandonando il letto si era coperta le spalle con uno scialletto di lana e ora se lo stringeva con le braccia incrociate sul petto per impedire al tepore di abbandonarla. – Non riesci a dormire? – domandò sottovoce.

Il maresciallo Pili fece segno di no.

– Devi andare da un medico, – incalzò la donna. – Forse lui potrà darti qualcosa...

– Non ho bisogno di medici! Ho solo bisogno di un po' di tranquillità –. La voce del maresciallo Pili era piatta. Si voltò verso la moglie. Le apparve illuminata dalla debole lattescenza del cielo notturno. Lei si strinse ancora di piú lo scialletto intorno alle spalle, poi con una mano prese ad allisciarsi i capelli, ormai grigi.

– Ti ricordi di quando è morta Loredana? – Il maresciallo fece questa domanda che sorprese lui per primo. Ma forse era questo ciò che aveva cercato di rivivere per tutta la notte. Agnese lo guardò, cercando di immaginarne il volto in ombra nel controluce della finestra. Fece un lungo sospiro.

– Mi ricordo, – rispose. – Queste cose non si dimenticano.

Il maresciallo annuí. Allora com'era potuto accadere che per tutto questo tempo quel giorno era stato cancellato dal suo calendario, com'era potuto accadere che, nel tempo, quel pensiero si fosse affievolito a tal punto da costringerlo a frugare dentro di sé con tanta fatica?

– Com'è potuto succedere che siamo andati avanti? – chiese.

Agnese fece qualche passo indietro, cercò con la mano il bracciolo della poltrona. Si sedette.

– C'erano gli altri figli, – disse scostandosi una ciocca di capelli dal viso. – Ed eravamo piú giovani di vent'anni, – chiudendo gli occhi aderí completamente alla spalliera imbottita. – Passerà anche questa, Nicola. Cosí non si può continuare.

– Davanti al giudice mi sono sentito colpevole, – confessò finalmente il maresciallo. – È che certe cose, apparentemente innocenti, sono cosí difficili da spiegare.

– Quali cose, Nicola? – chiese Agnese con la voce che si appannava un poco.

– Quelle cose che ti tieni dentro per troppo tempo, quelle cose che non riesci a dire nemmeno a te stesso. Cosí vai avanti e fai finta di niente, finché arriva un giorno in cui incontri una bambina che sta tornando da scuola e noti che è talmente somigliante alla tua bambina...

– È questo che è successo? – Una paura sottile fece intervenire Agnese.

Il maresciallo assentí cercando una posizione piú stabile. Era completamente sveglio ora, perfettamente padrone di un corpo che reclamava riposo. Fece qualche passo in avanti. Occupò la poltrona di fronte a quella dove si era seduta sua moglie.

– E tutto mi è come tornato in mente. Mi sono trovato spesso davanti alla scuola e qualche volta l'ho seguita.

– Non me ne hai mai parlato.

– Non lo sapevo neanche io. Giuro che non lo sapevo! Capitava cosí. Ti fai del male mi dicevo qualche volta. Non è stata colpa tua...

– Non è stata colpa tua, – confermò Agnese pettinando le frange dello scialle con la mano. Sentiva che un disagio sottile si stava trasformando in un singhiozzo.

– Avevo bevuto! – replicò il maresciallo.

– Allora è stata colpa mia che ti ho permesso di prendere la macchina, – cedette la donna. – Ed è stata colpa di quel camion che ci ha tagliato la strada. Ed è stata colpa di Loredana che non è voluta rimanere al mare con mia sorella –. Agnese cercò di asciugarsi le lacrime col dorso della mano. – Ma a che cosa serve dopo tutti questi anni? Era finito il suo tempo, Nicola, era semplicemente finito il suo tempo, ed è morta perché doveva morire! – concluse alzandosi di scatto per ritornare in camera da letto. – Vieni anche tu, – disse senza voltarsi. – Hai bisogno di qualche ora di sonno.

Il maresciallo fece un cenno con la mano: una specie di saluto. E la sua mente ritornò al piazzale della scuola.

Allora afferrò con chiarezza quel pensiero, quella soluzione che la sua testa aveva cercato fino a quel momento. – Hai tanto sonno? – chiese all'improvviso, sapendo che ogni secondo di indugio poteva significare cambiare idea ancora una volta.

La donna si bloccò. – Non tanto, – rispose con una nota di rassegnazione, senza voltarsi, – lo sai che se mi sveglio a metà del sonno non riesco piú a riaddormentarmi.

– Allora siediti, – ordinò sbrigativamente il maresciallo, per obbligarsi ad andare fino in fondo, – c'è qualcosa che devi sapere, – continuò con un tono piú conciliante.

Agnese parve impiegare un tempo lunghissimo per voltarsi e occupare, con docilità, il suo posto nella poltrona. – Ti ascolto, – disse alla fine...

Capitolo ottavo

I fogli caddero spargendosi sul pavimento. La penna rotolò sotto la scrivania. Giuseppina fece un balzo, aprendo gli occhi. Constatò l'accaduto e cominciò a raccogliere le cartelle dattiloscritte. Aveva fatto veramente tardi, ma ne era valsa la pena: l'articolo sulle indagini per la bambina uccisa era pronto. Non che ci fossero molti elementi, ma lei si era mossa bene. In tribunale non era riuscita a cavare un ragno dal buco. Il sostituto procuratore incaricato, una donna, non aveva praticamente rilasciato dichiarazioni, solo frasi generiche sul tipo *le indagini procedono, stiamo controllando nuovi elementi* e simili. Il commissario Curreli della Questura, che seguiva il caso della scomparsa di Ines Ledda, non era stato piú loquace. Restavano le vie indirette: gli agenti che avevano fatto i sopralluoghi sul luogo del ritrovamento; un telefonista della questura suo amico; gli uscieri del tribunale che non perdevano una virgola delle chiacchiere di corridoio; qualche collega in vena di scambi di informazioni.

Cosí l'articolo era venuto fuori. I tre cacciatori che avevano ritrovato il corpo della bambina durante una perlustrazione erano stati sentiti per primi dal sostituto procuratore, poi si era proceduto al riconoscimento della salma e alla necroscopia. La madre della bambina aveva avuto un malore. Il padre aveva chiesto giustizia. Secondo fonti sicure non c'erano segni di lotta né tracce di sangue sul luogo del ritrovamento, il che faceva pensare che la bambina fosse stata uccisa altrove e poi trasportata in quel boschetto per l'occultamento.

Restava solo il problema dell'autopsia. I risultati infatti non erano stati resi noti. E questo pareva un elemento non di scarsa importanza visto che secondo i soliti ben informati la bambina era stata seviziata.

Ma alle domande in questo senso nessuno aveva voluto rispondere, chiudendosi nel piú impenetrabile *no comment*.

Proprio in quel senso dunque era necessario concentrarsi, se la necroscopia aveva offerto degli elementi importanti agli inquirenti, l'ufficio del medico legale era la prossima roccaforte da espugnare.

Anche sul presunto appuntamento della bambina non era venuto fuori niente, ma la convinzione restava.

Era necessario battere la scuola, ricostruire attimo per attimo l'ultimo giorno in cui Ines Ledda era stata vista viva. Era necessario dare un'occhiata a tutte le dichiarazioni rilasciate alla polizia. Sentire i compagni di classe, i compagni di giochi. I professori. Il parroco. La maestra del catechismo. Il suo medico. I genitori. Il fratello.

Avrebbe parlato con Eugenio.

Con questa decisione in mente finí di riordinare i fogli, ma rinunciò a recuperare la penna. Spense il tasto di accensione della macchina da scrivere elettrica.

Avrebbe parlato con Eugenio.

Dirigendosi verso la camera da letto diede un'ultima occhiata alla scrivania: avrebbe risolto il caso. L'avrebbe risolto lei. E non ci sarebbero stati piú ostacoli. Al giornale avrebbe smesso di fare la schiava, ottenendo il rispetto di tutti. Forse sarebbe andata a Cagliari. Le avrebbero affidato i casi piú importanti.

Agendo con calma e determinazione ogni tassello sarebbe tornato al suo posto. Si trattava di sondare ogni possibile connessione, anche quella che appariva la piú estranea.

Il letto non era stato rifatto dalla notte prima. La maglietta di Eugenio giaceva, scomposta, sulla sponda.

Avrebbe parlato con lui: era l'unico modo per accedere all'ufficio del medico legale.
Indossò la sua maglietta.

Capitolo nono

Se non fosse stato per il numero degli agenti carcerari schierati davanti all'ingresso delle cucine, quel tratto di corridoio delle supercarceri sarebbe sembrato del tutto tranquillo. Ma il silenzio delle guardie compatte, disposte a semicerchio con le armi in pugno, era un silenzio nervoso.

Eugenio Martis trattenne un moto di stizza.

– Vuol fare del male solo a se stessa! – inveí. – Che bisogno c'era del plotone d'esecuzione?

Giuseppe Fara scrollò le spalle.

– È il regolamento, – disse.

Il direttore del carcere, con l'impermeabile sopra il pigiama, manteneva un contegno da generale alle grandi manovre.

– Vuole parlare con lei! – intervenne scostandosi dalla sua posizione per raggiungere l'ultimo arrivato.

Eugenio non lo considerò. Superando le guardie, si accostò alla porta delle cucine.

– Lina, sono io! Sono arrivato! – scandí. Poi fece segno agli agenti di spostarsi. Il direttore del carcere replicò il segnale e le guardie lentamente cominciarono a muoversi disponendosi in due gruppi ai lati dell'entrata. Passò ancora qualche secondo prima che la donna, con voce flebile, rispondesse.

– Dottore, è lei? – chiese.

– Sono io! – confermò Eugenio togliendosi il cappotto. – Sono arrivato appena mi hanno detto che avevi bisogno di me. Sto per entrare, vengo a prenderti.

La donna non rispose. Spingendola con la mano, Eugenio aprí la porta che conduceva alle cucine e se la lasciò oscillare alle spalle. Si guardò intorno aspirando l'odore acre dei condimenti. La donna non si vedeva. Avanzò lentamente chiamandola: – Lina, sono io, sono arrivato...

Cosí lei si fece vedere sollevandosi e apparendo con tutto il busto oltre la grossa stufa brillante. Eugenio vide il suo volto attraverso la rastrelliera dei mestoli e delle pentole che pendevano sopra la piastra di cottura.

– Sono arrivato, – disse ancora una volta. Lina aveva pianto. Tirava su col naso. – Cosa vuoi fare Lina? – chiese vedendo che stringeva un coltello nella mano.

– Lo so –. La donna parlava molto lentamente, umettandosi le labbra con la lingua. – Io so che cosa hanno fatto a quella bambina...

– Metti via quel coltello Lina, mettilo via. Non posso parlare con te se non lo metti via. Lo capisci questo? Non mi permetteranno di stare qui con te se non mi consegni il coltello.

La donna restò a guardarlo. Sollevando la lama all'altezza del viso si carezzò la guancia col filo sorridendo a quel contatto.

– C'è qualcosa che non lei non sa, dottore, – disse come rivolta a se stessa. – C'è qualcosa che lei non immagina neppure. Lei è giovane, dottore. Quanti anni ha?

– Dammi quel coltello Lina! – Il tono di Eugenio si era fatto piú deciso.

La donna non parve ascoltarlo. Chiuse gli occhi, proseguendo nelle sue riflessioni.

Eugenio fece qualche passo avanti verso la donna tendendo la mano. Lei aprí gli occhi sentendolo muoversi. Poi con uno scatto sparí chinandosi dietro alla stufa. Le porte della cucina oscillarono alle spalle di Eugenio.

– Tutto bene? – chiese Giuseppe Fara con voce ansiosa.

– Tutto bene, lasciateci soli, – tagliò corto Eugenio

senza nemmeno guardarlo. Poi, rivolto alla donna, – Lina, se ne sono andati...

– Da bambina, – ricominciò lei senza rialzarsi, – mia madre e mio padre discussero se fosse il caso o meno di mandarmi a scuola. Al mio paese pochissimi andavano a scuola e quei pochissimi erano tutti uomini. Ma mio padre faceva il maestro e diceva che la cultura è importante. Diceva che sarei andata a scuola. Cosí andai a scuola. Mia madre si lamentava, diceva che non è buona cosa per una donna essere colta, che bastava saper leggere e firmare. Diceva che questo bastava. Diceva che una donna ci rimette sempre a sapere piú di quanto è necessario. Lei non può immaginare quanta sofferenza mi costasse alzarmi ogni mattina per arrivare al paese piú vicino dove c'era la scuola. E non era perché dovevo tirarmi su dal letto che era ancora buio, tutti si alzavano all'alba allora, non c'era motivo di stare in piedi fino a tardi...

– Perché mi racconti queste cose ora? Non posso stare a sentirti qui in piedi. C'è un sacco di gente là fuori che è preoccupata per te. Non è stato bello da parte tua dargli tanti pensieri, – la interruppe Eugenio, tentando di mascherare la stanchezza.

– Questo lo so: ho sempre dato tanti pensieri a tutti. Quanti anni ha, dottore? – chiese di nuovo la donna alzandosi. Il coltello era rimasto sul pavimento.

– Trentuno, – rispose Eugenio.

– Trentuno, – ripeté lei andandogli incontro. – Sarà stanco, l'hanno tirata giú dal letto ed è stata colpa mia. Andiamo a riposare: i giovani hanno bisogno di tanto riposo.

Attraversarono i pochi metri di corridoio che separavano le cucine dal refettorio. Quindi fianco a fianco, senza dirsi una parola raggiunsero l'infermeria. Un'assistente corpulenta aveva già preparato una siringa col sedativo.

– Ti aiuterà a dormire, – chiarí Eugenio indicando la donna. Lina scosse la testa.

– Dottore, – disse, – non posso dormire, adesso. Lei non sa nulla. Lei non riesce nemmeno a immaginare che razza di sogni mi fanno fare quelle medicine. Dormirò, prometto che dormirò! Ma prima... – si fermò un istante, – ... prima ho qualcosa da raccontarle.

– Coraggio, Lina, hai tutto domani per parlare col dottor Martis. Fai la brava e prepara il braccio! – intervenne l'infermiera, procedendo verso di lei con la siringa.

Per tutta risposta la donna si chiuse a braccia conserte guardando il medico. Eugenio era stanco, si strofinò gli occhi con le mani.

– Dica a questa donna di non toccarmi! – sibilò infine vedendo che l'infermiera la raggiungeva.

Il medico cercò una sedia, la occupò pesantemente e tese il braccio verso l'infermiera.

– Grazie, – articolò rivolto alla donna. – Va bene cosí, me ne occupo io.

Il viso di quest'ultima ebbe un impercettibile moto di compassione. Tuttavia posò la siringa sul tavolino alle spalle del medico e si avviò verso l'uscita.

– Se occorresse qualcosa, sono qua fuori, – disse congedandosi.

Ora erano soli. Lina si acconciò i capelli corti passandoci in mezzo le dita. Poi sedette sul letto di fronte a Eugenio.

– Siamo soli ora, – rifletté.

– Che cosa è successo, Lina? – chiese il medico. – Perché hai fatto tutta questa confusione? Eravamo d'accordo se non sbaglio...

– Lo so, lo so! – intervenne la donna sinceramente dispiaciuta. – Ma bisogna compatirmi: io sono una povera matta e certe volte non capisco quello che sto facendo.

– Tu non sei matta, – corresse il dottore.

– Lei è buono, dottore. Quanti anni ha detto che ha?

– Trentuno, – ripeté Eugenio.

– Lo sa che sembra piú giovane? Mio marito era ancora piú giovane quando l'ho sposato. Era piú vecchio di me. Dieci anni piú giovane: ventun anni. E io ero ancora una bambina. Avevo sedici anni.

Eugenio guardò l'orologio: le tre e un quarto. Trattenne a stento uno sbadiglio. Il volto della donna si era disteso, con le mani allisciava ritmicamente il grembiule all'altezza delle cosce. Starla ad ascoltare poteva diventare un'impresa molto faticosa: Lina non sembrava avere un'idea precisa di quanto stava per dire. Cosí come cadeva in stati di assoluto mutismo, lasciava fluire i pensieri sotto forma di parole senza controllo.

— Voglio farle vedere una cosa, — disse la donna estraendo una vecchia fotografia dalla tasca. L'immagine era sbiadita: mostrava un uomo, una donna, un neonato.

Eugenio riconobbe i tratti di una Lina giovanissima. Il volto dell'uomo era stato parzialmente raschiato dalla fotografia.

— Era tuo marito? — chiese Eugenio.

La donna fece segno di sí.

— E questa era la mia bambina! — disse con disperazione. — Era bellissima! Era la bambina piú bella del paese, invidiata da tutti, povera creatura!

— Non sapevo che avessi avuto una figlia, — constatò Eugenio con interesse.

La donna sorrise appena. Si avvicinò ancora di piú al medico sporgendosi dal letto.

— È passato tanto di quel tempo, — disse cercando di fare un calcolo esatto degli anni. — Comunque si ammalò quasi subito, — continuò. — Si ammalò all'improvviso. E tutti dissero che quella creatura aveva dovuto subire troppi sguardi cattivi. Ero giovane allora. E dicevo che dovevamo portarla da qualche parte per farla curare. Ma mio marito diceva che no, che ci avrebbe pensato lui. Io credo che sia stato questo a ucciderla. Se avessi avuto qualcuno vicino! Non sapevo cosa fare. Vedevo tutto quello che facevano a quella povera creatura e non facevo nulla. Pensavo solo che mia madre aveva avuto ragione: che non era stato affatto conveniente per me avere una cultura, perché non fui in grado di ribellarmi. Intanto per mio marito era diventata una fissazione: riempí la casa di ogni genere di maghi, tutti con una ricetta per la mia bambina. Ma io sapevo che si spegneva, la vedevo morire sotto i miei occhi e non ero in grado di reagire. Poi un giorno dissero che era stata vampirizzata. Dissero che una *Surtile* le aveva succhiato il sangue dal corpo e cercarono fra le ceneri del caminetto e misero una falce sulla culla. Trovarono le tracce d'olio davanti al nostro letto. Ma non c'era piú nulla che si potesse fare: la bambina morí. E solo Dio sa come morí! Ridotta a un piccolo spettro, consumata dalla febbre. Allora morí ogni cosa. Per me. Vivevo in un mondo di morti e non volevo parlare a nessuno perché tutti erano colpevoli. E abbandonai Dio. E crebbe dentro di me un sentimento nuovo, mai provato: un odio muto, terribile nei confronti di quel mostro. Tentai in ogni modo, volevo che sparisse, volevo fargli tutto il male possibile. Non creda dottore che amassi me stessa e odiassi mio marito, no! odiavo me stessa quanto odiavo lui. Solo che lui era in pace, si coricava ogni notte con la coscienza che tutto era stato provato per salvare la bambina e dormiva. Si coricava e dormiva! E qualche volta persino mi cercava nel letto, come se io fossi pronta a sfornargli un'altra creatura da torturare. Ma io non riuscivo a dormire e mi sarebbe piaciuto chiudere gli occhi per sempre –. Eugenio sentiva la voce della donna come proveniente dalla tromba di un grammofono.

– Continueremo domani... – tentò, provando ad alzarsi. Intanto qualche parola di quel lungo racconto gli rimaneva attaccata alla mente, quasi slegata dal resto del discorso, sottolineata per la difficoltà d'essere inserita, evidenziata come corpo estraneo. – Trovarono tracce d'olio... – rifletté a voce alta.

Lina lo guardò lasciandogli il tempo per una riflessione piú complessa. Poi, accorgendosi che il volto di Eugenio denunciava troppa stanchezza, sorrise: – Lei non sa niente di queste cose. Avevo ragione: è troppo giovane; certe cose si usavano quando lei non era nemmeno nato. L'olio era una prova.

Alla fine Lina aveva accettato di farsi iniettare il sedativo. Eugenio si era sistemato in un lettino della stanza accanto.

Capitolo decimo

Il commissario Curreli ascoltò senza reazioni apparenti. Secondo la dottoressa Comastri le modalità del ritrovamento della bambina erano meno lineari di quanto i tre testimoni avessero cercato di far credere. In quanto a chiarire il motivo di tale convinzione, buio totale. Del resto si trattava di una donna e le donne, si sa, non sono logiche; ora la realtà era che le ricerche erano finite, la bambina era stata ritrovata.

– Lei sa meglio di me, – disse pesando ogni singolo termine, – che non c'è molto spazio per teorie alternative in un caso come questo.

Il commissario Curreli indicò gli incartamenti che il sostituto procuratore teneva davanti a sé sulla scrivania.

La donna sembrò afferrare il concetto e diede un rapido sguardo alle cartellette delle deposizioni.

– Al contrario, commissario, – rispose con un tono che sembrò all'uomo il tentativo di esprimere una fermezza che non c'era, – ci sono molti modi per leggere queste deposizioni. Comunque, se questo la può tranquillizzare, diciamo che la mia è una teoria come un'altra; diciamo che di questo caso vale la pena di occuparsi a tutto tondo.

Una teoria come un'altra, si ripeté il commissario Curreli. Ma questa volta si trattava di tre cittadini incensurati e uno di loro apparteneva all'Arma dei carabinieri.

– Certo occorrerà muoversi con molta cautela, – stava continuando la signora. – Capisco le sue difficoltà commissario, in fondo si tratta di un collega, ma sono sempre piú convinta che solo riuscendo a ricostruire con esattezza le fasi del ritrovamento, si riuscirà a venire a capo di questa storia.

Il commissario provò a opporsi.

– E se fosse un errore? Non ci sono elementi per sospettare di nessuno dei tre. E dalle indagini per la scomparsa della bambina non è risultato niente che potesse collegarli al fatto.

– Siamo seri commissario: mi dica con tutta l'onestà possibile se tutto quel racconto farraginoso di cani e perlustrazioni, l'ha convinta! – sbottò il sostituto procuratore. – Non sarò addentro alle vostre questioni sociali, ma so riconoscere una storia che non si regge in piedi!

Il commissario cercò di evitare lo sguardo interrogativo della signora guardandosi attorno a cercare un punto d'appoggio per il suo cappello.

– Perché non dovrei crederci, – disse tentando di assumere un tono disincantato. – Avrebbe potuto trovarla chiunque, il caso ha voluto che toccasse a loro.

La donna congiunse le mani ingioiellate sulla scrivania traendo un sospiro d'impazienza.

– Bene, – disse cercando di scandire al meglio ogni singolo termine. – Ora le dirò punto per punto cosa penso di tutta questa faccenda. Lei sa bene che non sono tenuta a spiegarle i motivi che mi spingono a impostare in questo modo le indagini, ma preferisco che la sua collaborazione sia attiva e non vorrei essere costretta a rivolgermi direttamente al questore.

La partenza non è male, pensò il commissario Curreli, mettendosi in una posizione piú comoda. – Penso che tutte le fasi del ritrovamento facciano parte di un piano ben preciso, escogitato perché apparisse casuale…

– Sarebbe stato di gran lunga piú comodo, e intelligente, lasciare le cose come stavano, – l'interruppe il commissario. – *Siamo seri* dottoressa, se mai riuscissi a occultare un cadavere che interesse potrei avere a farlo scoprire poche ore dopo?

– Me lo sono chiesta anch'io, – convenne la donna. – Ma è possibile che il ritrovamento sia stato un ripiego, è possibile che i tre fossero ritornati in quel luogo per un altro motivo.

– Chi ci dice che tutti e tre fossero d'accordo? – constatò il commissario, cominciando a prenderci gusto. – Chi ci dice che il maresciallo non sia stato coinvolto a sua insaputa per procurarsi, come dire, una patina di insospettabilità. Dalle deposizioni sappiamo che è stato assente per piú di mezz'ora e proprio nella mezz'ora fondamentale.

– Concesso, – approvò la donna. – Ma le stesse deposizioni parlano del fatto che proprio il maresciallo si era appartato e che si era messo a ripulire il posto dalla spazzatura, non le pare abbastanza sospetto? Non le pare che quella poteva essere una maniera come un'altra per sottrarre delle prove? Se i tre fossero stati d'accordo le cose appaiono chiare: uno di loro ha ucciso, forse per caso. Forse tornato a casa ha scoperto di aver lasciato sul posto una prova, qualcosa che l'avrebbe inchiodato anche dopo molto tempo. Cosí cerca aiuto, spiega la cosa ai due amici e loro non lo denunciano. Organizzano una spedizione. Setacciano la zona, la ripuliscono. A quel punto fingere un ritrovamento casuale diventa la soluzione piú logica: permette di giustificare le tracce, permette di confondere quelle vecchie grazie ai cani.

– Permette di farsi sospettare, – concluse sarcastico il commissario.

– Le chiedo tutte le informazioni che riesce a reperire sui tre. Smuova tutto commissario, – continuò il sostituto procuratore senza ascoltarlo. – Intanto continuiamo a indagare direttamente sulla bambina e su quel dito unto d'olio.

Fare il commissario di polizia può trasformarsi in un autentico incubo, specialmente se si devono seguire alla lettera le direttive di un giudice che potrebbe essere l'amica di tua figlia maggiore e che pare aver imparato la legge dai telefilm piuttosto che dai libri.

Il commissario Curreli cercò di trattenere un moto di stizza. Gli succedeva tutte le volte. Tutte le volte che sentiva quanta distanza poteva esserci fra persone che, in fondo, avrebbe dovuto tendere alla stessa cosa. Aveva sempre pensato alla Giustizia come a una signora malandata, ma, nonostante tutto, ancora in piedi. Una vecchia signora vilipesa e patetica.

E ora davanti al giudice provava la stessa cosa, ma vedeva la vecchia, stracciata Giustizia un po' piú stanca.

Da bambino, in una recita scolastica, era stato l'angelo della Giustizia. Aveva imparato la parte con l'aiuto della madre e la ripeteva durante le prove dell'abito.

Sono l'angelo della Giustizia e a te mi rivolgo, o Dio, guarda gli uomini che tu hai creato, esaudisci dal cielo le loro preghiere, le loro suppliche e rendi loro giustizia. Se poi peccheranno contro di te, purtroppo non vi è uomo che non cada in qualche colpa, e tu sdegnato li avrai dati in potere dei loro nemici che li condurranno prigionieri in una terra lontana o vicina...

Cosí tornava alla mente tutta l'ansia di quella vigilia a ripetere le parole non sapendo che avessero un significato, ma contando sul fatto che l'avessero se la madre annuiva senza interromperlo...

... se nel paese dove saranno deportati, rientreranno in sé si convertiranno; se nella nazione ove saranno condotti schiavi, ti supplicheranno confessando: Abbiamo peccato, abbiamo agito in modo iniquo,

... e pronunciava quella parola con durezza: *inikkuo*; riconoscendole un potere, qualcosa che emanava da lei solo ad articolarla: inikkuo; del resto non poteva che essere cosí, nel Libro che conteneva quella e altre parole tutto era stato già scritto, tutto era stato già pensato, dalla notte dei tempi; e il potere di quelle poche lettere, che riempivano la sua bocca ancora troppo piccola, era stato soppesato: il fiato, la voce, la lingua che accarezza lievemente il palato, le labbra...

... abbiamo tenuto una condotta da empi; se ritorneranno a te con tutto il loro cuore e con tutta la loro anima nella regione dei loro nemici dove li hanno deportati,

e se volgendosi in direzione della Terra che Tu hai dato ai loro padri, ti pregheranno, Tu esaudisci le loro preghiere e le loro suppliche e rendi loro Giustizia.

La madre intanto sistemava gli spilli nell'orlo della tunica troppo lunga. Poi fissava le ali di cartone e l'aureola di fil di ferro.

Forse quella era una decisione già presa: già presa allora. Conficcata nella sua testa insieme all'aureola.

Tu esaudisci le loro preghiere e le loro suppliche e rendi loro Giustizia.

Ma i soldi non erano abbastanza, per studiare abbastanza. Troppo pochi per la facoltà di Legge e appena sufficienti per il diploma.

Cosí quella vocazione era diventata il Corpo di Polizia e una lenta, faticosa carriera.

Ma mai, durante quegli anni, aveva provato quel senso di vuoto, quel tremore che si era impadronito di lui su quel palco, a reggere una bilancia di carta pesta e sollevare l'indice al cielo: *Sono l'angelo della Giustizia e a te mi rivolgo, o Dio...*

Sembrava un po' piú vero allora. Sembrava che bastasse credere nelle cose, cosí gli avevano insegnato: a credere fermamente, senza vacillare.

E ora vacillava. La mente del commissario non percepiva con chiarezza, non con la freddezza necessaria.

Sapeva che le teorie del giudice erano assurde, prive di fondamento. E allora perché non dirlo: perché non dire che la Giustizia, cosí come lei la intendeva era un concetto astratto? Che i fatti parlano con una chiarezza talmente evidente da accecare?

I fatti parlano e dicono tutto.

Ma la gente no. Né in Sardegna, né in nessun luogo.

E in questo siamo veramente una Nazione: nella sfiducia.

Perché mai tre persone qualunque, tre brave persone, possono diventare assassini o complici di un assassino? Perché si sono disturbati a segnalare tempestivamente ciò che hanno trovato?

Quelle indagini potevano diventare il capriccio di

una donna ancora troppo inesperta del mondo, per capire che cosa andava realmente a smuovere.

Non si può sospettare impunemente della gente, se non ci sono gli elementi per farlo! Aveva osato prima pensare e poi esprimere. E lei si era limitata a sorridere, guardandosi le unghie smaltate come al solito. Aveva risposto semplicemente: – Ho chiesto un *semplice* controllo, commissario, come vede non ci sono avvisi di garanzia sul mio tavolo. Diciamo che credo di avere un'idea molto precisa di quello che è successo veramente. E, se proprio devo essere sincera, credo che lei non sia in grado di leggere obiettivamente questa situazione, quindi le chiedo, ma potrei ordinarglielo, di procedere immediatamente con i controlli richiesti.

Cosí avrebbe dovuto dirle quello che gli era venuto in mente e cioè che per certi posti occorrono i giudici giusti. Persone adatte, gente ferrata. Ma poi, dentro di sé, scopriva che non credeva nemmeno tanto in questo.

Forse l'aveva colpito solo il Sospetto in quanto tale, il fatto che lei sospettasse a priori. L'aveva colpito che quella donna estranea volesse leggere con tanta superficialità quella che per lui era una realtà assai complessa. Forse perché lui a Nuoro ci aveva passato cinquant'anni e non quattro mesi.

La dottoressa Comastri congedò il commissario Curreli abbozzando un sorriso e aggiustandosi il fiocco morbido della camicetta. Sola nel suo ufficio pensò all'appartamento che aveva preso in affitto in una zona centrale non troppo distante dal Tribunale. Pensò alla distanza che la separava da casa...
Sapeva di aver ragione, sapeva che il commissario andava tallonato con tenacia. Aveva visto bene il suo viso scettico.

Questi hanno la presunzione di pensare che meritino una Giustizia a parte, perché mai dovrebbero? Si chiese prendendo a rileggere con calma i risultati dell'autopsia di Ines Ledda.

La bambina non aveva subito violenza carnale, era

stata strangolata dalla posizione anteriore: i pollici dell'omicida erano rimasti ben impressi nella sua faringe. Non occorrevano mani forti e non c'era stata resistenza.

Cosí nessuno aveva abusato della bambina al momento dell'omicidio.

Poi c'era quel dito unto d'olio. L'indice della mano destra. In sede autoptica erano state trovate sull'epidermide dell'indice fibre di cotone, comune ovatta, impregnate d'olio, non olio d'oliva. Ma una mistura oleosa di erbe.

Questo aveva fatto pensare che la strana unzione fosse avvenuta dopo la morte tramite un batuffolo imbevuto.

Quel rituale restava un punto assolutamente inspiegabile.

Quello che invece spostava radicalmente l'ottica con la quale questa vicenda poteva essere guardata era il fatto che la bambina, perché di una bambina si trattava a dodici anni, non risultava illibata.

Capitolo undicesimo

Il gatto salí sul tavolo con le zampe anteriori, sporgendo il muso verso il piattino sporco di latte. Paolo Sanna lo fece capitombolare al suolo con uno strattone. Da solo in casa poteva permettersi di maltrattare un po' l'animale troppo viziato e troppo coccolato dalla vecchia. Nonostante questo la bestiolina si ostinava a strusciarsi fra le sue gambe.

– Hai sempre fame tu! – lo apostrofò il giovane. – Parassita! – E lo calciava sotto il tavolo per allontanarlo.

Era morta, pensò all'improvviso. Fine. Fine di tutto.

Questo pensiero l'aveva colto di sorpresa, senza un'avvisaglia concreta.

Ines era stata uccisa.

E quel lunedí mattina si apprestava a essere un giorno come gli altri. Senza chiacchiere. Senza risate. Non sapeva esattamente chi sentisse maggiormente la mancanza di quell'appuntamento, se il suo corpo o la sua testa. Non lo sapeva davvero. Non avrebbe potuto spiegarlo. E non cercò di spiegarselo.

Andò in camera sua a buttarsi sul letto. Si sfilò la maglietta, come avrebbe fatto in quel momento... Provò ad accarezzarsi, come lei avrebbe fatto in quel momento.

Ma era finita.

Rimanevano quei pochi indumenti che la piccola aveva sottratto prima di lasciare la sua casa. Non troppi per non destare sospetti quando fosse scomparsa. Quando tutto era stato deciso.

Era stata un'idea pazzesca: questo l'aveva sempre

saputo. Era stato un salto nel buio. Ma era stato bello. La cosa piú bella della sua vita.

E lei era stata una donna. La donna della sua vita.

E i rischi, con la vecchia in casa; e i soldi per partire, andare lontano, che erano pochi.

Tutto era iniziato d'estate. Negli ultimi giorni di scuola, perché lei si era fermata a guardarlo, a guardare il suo torace abbronzato e sporco di calce. E lui aveva percepito che in quegli occhi non c'era niente dell'infanzia che avrebbero dovuto esprimere. Cosí aveva appoggiato il secchio del cemento ed era sceso dall'impalcatura per dirle che non poteva restare lí, che era pericoloso. E lei aveva sorriso senza smettere di guardarlo. Aveva fatto qualche passo indietro e si era seduta al sole sul gradino del portone del palazzo di fronte, appoggiando affianco a sé la cartella scolastica. Come se avesse tutto il tempo del mondo per stare lí, a guardarlo. Lui non aveva trovato niente di meglio da fare che chiederle come mai stesse seduta lí al sole quando avrebbe dovuto essere a casa o a scuola.

Lei aveva risposto, seria questa volta, che la scuola era finita prima. – C'è *previslezzio*! – aveva risposto storpiando la parola. Ma Paolo non poteva sapere di quella imprecisione. Tuttavia capí che c'era troppo sole e troppo caldo per infilarsi la maglia o troppo di quegli occhi sulla sua pelle per coprirsi.

Come dire accontentarsi. Di quello che passava la vita. E la vita passava una bambina. Con la faccia come una moneta e gli occhi tondi e lucidi come quelli di un agnello.

Cosí era arrivato il momento di fermarsi, di smettere l'andirivieni fra l'impasto e l'interno del palazzo. Era arrivato il momento di andare verso casa e di levarsi la calce dalla pelle.

Allora anche lei si era alzata e con un gesto leggero si era scostata i capelli troppo lunghi dal viso, poi aveva sistemato la sottanina semplice sulle gambe appena formate e teso il seno minuscolo in una specie di sospiro; aveva afferrato la cartella e se n'era andata.

Il giorno dopo era tornata, senza la cartella. Era piú curata: i capelli, tanto neri da tendere al blu, erano separati da una scriminatura centrale che rivelava l'epidermide bianchissima della testa: lavati di fresco e asciugati al sole.
Lavati per me, pensò lui.
Ne era sicuro e aveva badato a non sporcarsi troppo durante il lavoro, sciacquandosi di tanto in tanto con la pompa dell'acqua per l'impasto.
Era ritornata.
Si era seduta sullo stesso gradino del giorno prima badando a non sgualcire il vestitino buono. Qualcosa della bambina era rimasto nella cura con cui aveva abbinato il fazzolettino, stampato a piccoli papaveri, al rosso dell'abito leggero. Ma negli occhi, nella bocca appena socchiusa, c'era la donna fatta.

La stessa che Paolo percepiva alle sue spalle – senza osare di voltarsi – ogni volta che usciva dal palazzo in ristrutturazione per riempire il secchio del cemento.
– Uscita prima anche oggi? – La voce di lui era scaturita un po' arrochita dall'emozione. Ines aveva sorriso – sempre quel sorriso stretto – e aveva scrollato il capo.
– Dovremmo essere in Chiesa oggi: chiusura dell'anno scolastico! – aveva risposto. – Ma non mi va di andare in Chiesa, preferisco stare qua.
Il secchio sulla spalla di Paolo era diventato improvvisamente piú pesante. Lo posò e si avviò verso la pompa per rinfrescarsi.
– Preferisci stare qua a non far niente? – le aveva chiesto con la testa grondante d'acqua.
La bambina aveva fatto spallucce.
– Si sta meglio! – La sua risposta era determinata. – C'è sole e mi piace guardare quello che fai, – gli aveva dato del tu con semplicità.
– Quello che faccio? – Paolo si era appoggiato una pezza alla spalla prima di appoggiarvi il secchio. – Ecco quello che faccio: trasporto i secchi del cemento! –

Aveva rafforzato l'evidenza bloccandosi davanti a lei come un quadro vivente.

Cosí lei si era alzata e gli si era accostata. Aveva dovuto sollevare il viso per guardarlo negli occhi.

– È bello quello che fai, – aveva detto, – fa bene, al fisico –. Poi gli aveva asciugato la fronte col fazzolettino. – È tardi ora, – disse all'improvviso, – staranno per uscire dalla messa, devo proprio andare.

Ed era andata via lasciando il fazzoletto sul gradino del palazzo di fronte.

Cosí per lui era finita la pace. La pace della mente, la pace del corpo. Era finita la finzione e si era spalancata una voragine di notti insonni. Gli argini si erano spezzati e avevano lasciato tracimare alluvioni di cose impossibili che diventavano reali. Gli sembrò un po' meno bambina e sempre piú donna. Un po' meno distante e sempre piú vicina, quasi a contatto: pelle a pelle.

Tutto, tutto sembrava fattibile. Come quando si dice che l'amore può vincere qualunque ostacolo e per questo cessa di fare paura. Senza chiedersi se ci siano ostacoli, sapendo che ci sono.

L'estate, nella città quasi deserta, regalò le occasioni piú inattese. Gli incontri piú segreti. E Paolo scoprí che quello che aveva solo immaginato era una pallida parvenza di quello che accadeva realmente.

Scoprí che tenerla fra le braccia e chiamarla per nome – ora che sapeva il suo nome – era ciò per cui diventava un uomo di ventisette anni che ama una bambina di undici.

Si fecero temerari: sfruttarono le assenze della vecchia per amarsi con calma, levandosi tutti gli abiti, dicendosi frasi impossibili. Facendo progetti.

Fu lei ad avere quell'idea e a lui sembrò l'unica soluzione: si trattava di sparire e andare lontani.

Perché diventava sempre piú difficile marinare la scuola per incontrarlo. E i genitori la assillavano per le proteste del preside. E il padre aveva deciso di andarla a prendere a scuola tutti i giorni.

L'unica soluzione per Ines fu quella di non tornare a casa dopo la scuola, ma correre da lui. Accettando la segregazione nella stanza di lui, uscendovi solo quando la vecchia era fuori. Aspettandolo tutti i giorni. Leggendo di se stessa e della sua scomparsa dai giornali. E amandolo in un modo talmente globale da non sentire nemmeno la paura.

Tentando di raccontare quel periodo uno scrittore – un poeta – avrebbe potuto scrivere che si trattò di felicità pura.

Ma Paolo, che non era mai stato forte in italiano durante il breve periodo scolastico della sua vita, si limitò a sentire la differenza. E il vuoto. Ora che tutto era diverso.

Giurando a se stesso che quel sogno era stato solo un sogno, un sogno solo suo finché era stato bello. Poi, diventato un incubo, aveva cessato di appartenergli.

Silenzio Paolo, silenzio con tutti!

Non si poteva dire che un pomeriggio, nemmeno tanto lontano, lei se n'era andata, lasciando solo qualche indumento.

Non si poteva dire che sapesse dove era andata. Ci sarebbero stati gli estremi per odiarla. Ma Paolo non lo fece: quello che la vita aveva dato, la vita aveva tolto. Il destino non c'entrava; il destino era una di quelle cose per chi può permettersele e Paolo non poteva.

Cosí afferrò il gatto e se lo mise sulle ginocchia sentendo le fusa di gratitudine dell'animale per la dolcezza con cui lo accarezzava. Ed ebbe qualche ricordo di un'infanzia talmente lontana da sembrare vera.

Ricordò un bambino che si rifugiava dentro un armadio felice di farsi cercare; un padre vecchio e malato che tuttavia si trascinava sotto la piattaforma di una giostra per cercare una scimmietta meccanica; un cappottino di pelo con gli alamari; un paio di scarponcini blu regalati da una vecchia che piangeva...

Capitolo dodicesimo

Eugenio si svegliò di soprassalto. Non riusciva proprio ad abituarsi a quella stanzetta adiacente all'infermeria, anche se, negli ultimi tempi, ci aveva dormito piú che a casa sua. Sempre di carcere si trattava. Un posto dove la tranquillità è una categoria che appartiene solo al ricordo, quando la chiave della porta di casa serviva a proteggere dall'esterno ed era in possesso del legittimo occupante. Non in quel posto. Dove la porta della cella protegge l'esterno dall'occupante illegittimo. Dalla bestia sanguinaria, dal poveraccio, dalla puttana, dalla pazza omicida, dall'ubriacone, dalla barbona, dal terrorista. E, qualche volta, persino dal mafioso, dal millantatore...
Tutte energie che dalle celle riempiono i corridoi e impregnano le pietre come una fuliggine unta.
Un giorno, un detenuto, che soffriva di depressioni acutissime, disse a Eugenio che ciò di cui si sentiva maggiormente la mancanza in carcere non era la libertà ma la speranza del futuro.
– Capisce cosa intendo? – gli aveva chiesto. – C'è un sacco di gente che vive come me. C'è un sacco di gente che non esce di casa, ma tutti questi possono aprire una finestra, pensare che se spostano lo sguardo un poco piú in là, la vita, il paesaggio, possono diventare meno desolanti –. Poi si era fermato sforzandosi di rendere la complessità del suo pensiero. – Ma qui, dottore, si guardi intorno: quale paesaggio, quale speranza?
Queste domande erano rimaste nell'aria, si erano

riunite a una serie infinita di altre domande, e vagavano, senza la possibilità di trovare uno sfogo, come una perturbazione stazionaria, sempre incombente.

Per questa incombenza qualunque razionalità sarebbe stata un abuso. E una presunzione. Qualunque terapista, o psicoterapista che dir si voglia, è lí solo per dimostrare che l'uomo non si limita a essere punitore: è anche crudele.

Cosí Eugenio tutte le volte che era costretto a dormire in quella stanzetta, che era diventata, nel tempo, la stanza del dottore, si svegliava di soprassalto. Dopo un sonno senza sogni, ma pieno di voci.

Un inserviente, un giovane detenuto in attesa di giudizio, che l'aveva sentito alzarsi, bussò cortesemente alla porta. Portava caffè e rassicurazioni: Lina aveva dormito tranquillamente, si sentiva molto imbarazzata per tutto il fastidio arrecato, voleva tornare alla sua cella, diceva che stava bene, diceva che non c'era bisogno di disturbare ancora il dottore.

Eugenio diede corpo a un pensiero che gli era frullato in testa per tutta la notte: se non avesse capito, la tranquillità non sarebbe tornata. Quella bella tranquillità infantile che trasforma il sonno in qualcosa di veramente bello, non lo fa sembrare un modo come un altro per rinunciare alla vita. I documenti processuali riguardanti il caso di Lina erano di un'esiguità disarmante. A stento registravano il suo ultimo indirizzo a Laconi. Era da lí che bisognava incominciare...

Il dottore fu disturbato per le formalità, per un pezzo di carta che attestava che quello che Lina voleva corrispondeva a quello che poteva esserle concesso. E qui, il carcere non è molto diverso dalla vita.

– Invece no, invece no! Perché io sono testarda. Sono una pazza e faccio sempre quello che non dovrei fare! – si stava rimproverando Lina. Eugenio non era troppo sicuro che quello sfogo corrispondesse a qualche cosa detta da lui entrando nell'infermeria. Gli sembrò piuttosto che la donna fosse già avanti, per conto suo, in un dialogo ipotetico.

– Tu non sei pazza, – ribadí lui per l'ennesima volta. – Hai dormito bene? – le chiese.
– Se è per quello non ho chiuso occhio! – lamentò lei.
Eugenio sorrise.
Lina si rabbuiò.
– Che razza di stupidaggini ho detto ieri notte! – restò a guardarsi le mani con aria sconsolata. – Lo sa cosa diceva mia nonna? – esclamò all'improvviso con un'allegria troppo caricata. – Diceva che dalla bocca del bugiardo finisce sempre per uscire la verità prima o poi. Devo essere proprio fatta alla rovescia: io non ho mai mentito in vita mia, ma di tanto in tanto mi escono dalla bocca certe fesserie!
– Che cosa vuol dire che *l'olio era una prova*, Lina?
– La voce di Eugenio rivelava che quella frase si era salvata nel maremoto della sua testa ed era sopravvissuta. Ma soprattutto che l'aveva pronunciata solo nel preciso momento in cui era venuta a galla. Senza controllo.

La donna accusò il colpo. Cercò di proteggersi incrociando le braccia sul seno e cominciando a dondolare col busto avanti e indietro.

Mentras chi tantu t'adoro
Mustrami nessi sa cara,
E cun sos ojos mi nara
Su chi sentis in coro.

Cantava in un sussurro.
Eugenio si mosse verso di lei, l'afferrò per le spalle cercando di frenare l'oscillazione della donna.
– Perché hai detto che avevi una figlia? Tu non hai mai avuto figli! – alzò la voce. – È questo il momento, Lina, se non hai fatto niente...
– Io l'ho ucciso, – intervenne lei. – Non c'è nient'altro da dire.
L'uomo si sedette, le sue mani tremavano.
– Perché *l'olio era una prova*? – provò a richiedere. Ma la donna aveva ripreso la sua nenia:

Pizzinna lassa su ioku
Si iocas mira kin kie
In d'unu monte 'e nie
Cheres allugher foku

L'infermiera si accostò a Eugenio, posandogli la mano sulla spalla.

– Lasciamo perdere per oggi, – disse per superare quella fase di stallo.

– Continuo con i calmanti? – chiese lei.

– No. Riportatela in cella, si calmerà fra le sue cose. La rivedrò domani in serata. Se mi cercano domattina, io sono fuori Nuoro, fino all'ora di pranzo. Intesi?

L'infermiera accennò di sí.

Parte seconda

Non basta che un sapiente studi la natura e la verità: deve anche osare dirla a vantaggio del piccolo numero di coloro che vogliono e possono pensare, – infatti agli altri, che sono volontariamente schiavi dei pregiudizi, non è possibile di raggiungere la verità piú che alle rane di volare.

J. O. DE LA METTRIE
L'uomo macchina

... probabilmente saranno necessarie armi piú valide, strumenti piú violenti la prossima volta che scenderemo in battaglia, migliori al nostro uso peggiori per le sorti del nemico, o almeno tali da pareggiare il divario dovuto alla fortuna [...] Se poi fossero altre le ragioni segrete che li hanno resi superiori a noi, se manterremo lucide le menti e acuto l'intelletto con adeguate ricerche e ragionando insieme saremo in grado di scoprirlo.

J. MILTON
Paradiso Perduto, Libro VI

Capitolo primo

Il salone parrocchiale era stato allestito per l'assemblea cittadina. All'ordine del giorno un dibattito fra cittadini e amministratori a proposito della costruzione del parcheggio nell'area denominata «i giardinetti». Solo qualche mese prima, proprio in quell'area, c'era la stazione dei pullman. Quelli che collegavano la città all'entroterra. Solo qualche giorno prima c'erano i pini.

Gli ambientalisti avevano portato striscioni di protesta; intere scolaresche avevano raccolto firme di solidarietà; cittadini insigni si preparavano a esporre le proprie ragioni.

C'era il partito dei nostalgici, quelli che ricordavano la piccola Atene: il Bar Laconi, Piazza Littorio, via Majore. Quando i signori passeggiavano sfoggiando i modelli del Continente e si facevano fotografare da Guiso e Camedda davanti a fondali di parchi all'inglese. Quando essere *mastru 'e iscola* o *abbokau* era segno di distinzione perché la cultura ha sempre fatto la differenza. Di quei tempi, come dicevano con tono incrinato della voce, rimpiangevano la meravigliosa fioritura di ingegni e i poeti e gli scrittori e i valenti pittori e gli scultori e i saggi prelati e il plebeo obbediente e modesto che portava l'orbace tutto l'anno.

Poi ricordavano i posti: il vecchio palazzo del comune, prima dell'orrido palazzo del Banco di Sardegna, che pure c'era, a pochi passi, in uno stanzone che era poco piú di un'esattoria; i cinema all'aperto dove si proiettavano le pellicole americane di pistolettate e le vicende d'amore ai Grandi Magazzini; i giardini di piazza Vittorio Emanuele, dove c'era terra e alberi, ombra ed erba, che vennero seminati a grano per la visita di Mussolini, dove c'erano fontane scolpite che versavano acqua cristallina e giovani che incrociavano gli sguardi facendosi promesse.

Allora si trattava solo di badare a ciò che si perdeva, autosufficienti per la sola certezza di avere valori comuni, cose in cui credere. E non pensare mai a ciò che avrebbe potuto portare l'incerto al di là del mare. *Allora* i vecchi erano portati in palma di mano e i genitori morivano a casa dei figli allevando i nipoti.

Allora il sindaco e tutta la Giunta si erano uniti alla gente, armati di vanga e arboscelli, per ripiantare i lecci e i pini consumati dal fuoco alle falde del Monte Ortobene.

Ma *ora* questo sindaco, «sindachessa» come si preferiva chiamarla con disprezzo, stava denunciando, dal tavolo delle autorità, un atto di vandalismo notturno: l'abbattimento di alcune piante nell'area dei lavori in corso in piazza Vittorio Emanuele, per mano di teppisti non identificati. Ma all'atto di vandalismo non ci aveva creduto nessuno.

I giovani partecipavano al rito collettivo, alla mattanza – perché il tavolo delle autorità era la vasca dei tonni e il pubblico i pescatori pronti a far sangue con gli arpioni – con la dolcezza agnostica dei carnefici. In fondo era a loro nome che si pretendeva la conservazione di quell'area cittadina ed era a loro nome che si propugnava il nuovo, la necessità di un parcheggio utile non solo alle loro persone, ma anche alle loro automobili. Cosí fischiavano, indifferentemente, aspettando quello che sarebbe venuto.

Qualcuno degli intervenuti, che abitava nelle case prospicienti la piazza, aveva sentito, quella notte, il brontolio della motosega, ma non aveva protestato. – A chi telefonavo? – domandava, durante il suo intervento, uno di questi.

– Telefonavi al comune, – irruppe una voce dal fondo della sala, – e dicevi che quei lavori li potevano fare anche di giorno!

– Eh, di giorno... – ironizzò una signora dall'aria distinta, – c'era da vergognarsi a farlo di giorno. Meglio che diano la colpa a chissà chi, cosí c'hanno la coscienza pulita, secondo loro.

Seguí un gran trambusto, le voci si accavallarono le une alle altre e per un buon quarto d'ora fu impossibile riportare la calma.

Il vicesindaco, un uomo tarchiato e rosso di capelli, si alzò in piedi afferrando un microfono. – Qui si parte dal presupposto che tutti siamo in buona fede! – urlò per sovrastare la confusione. – Non capisco che interesse avrebbe avuto l'amministrazione a prendere una decisione di cui nessuno ignorava l'impopolarità.

Un signore alto si alzò dalla seggiola a tre quarti della platea: – Pilirú, chiedilo alla sindachessa! Di quale buona fede state parlando, se avevate già deciso tutto a cena chissà da quando! Guarda che non siamo nati ieri!

Un applauso scrosciò nella sala.

Il vicesindaco, *Piliruiu*, Capellirossi, per gli amici, cominciò ad agitarsi. – Quando si parla perché si ha la lingua in bocca è facile farsi applaudire, Gonà, stai dicendo un mucchio di fesserie, quale cena, quale accordi, come ti permetti!

Dalla platea partí qualche fischio, di quelli fatti con l'indice e il pollice ad anello, di quelli per richiamare le greggi.

– Fischiate, fischiate, – continuava l'uomo, che di rosso ormai non aveva soltanto i capelli, – nessuno ha fischiato però durante questi anni, quando la piazza è diventata un mondezzaio, quando è stato deciso di piastrellarla perché non si riusciva a mantenere un prato come si deve; quando i ragazzi facevano il tirassegno con i lampioni. Tutto adesso vi prende il senso civico!

Fiammetta Musu, la sindachessa, si drizzò sulla sedia. – È evidente, – disse con calma, – che alla base di questa protesta c'è un chiaro messaggio rivolto alla mia persona e che l'ostacolo a che le cose si rimettano a posto sono io...

– Niente di personale! – la interruppe una donna delle prime file. – Noi ci conosciamo: sai come la penso e come l'ho sempre pensata! Non ci sto a vedere questo sfascio...

– Vediamo il buio dove dovremmo vedere la luce! – inveí un signore anziano con la barba ben curata. – Con tutto il rispetto parlando, signora sindaco, l'arredo urbano non rientra fra le necessità primarie di questa città.

– Bene, – concluse Fiammetta Musu alzandosi in piedi, – la mia lettera di dimissioni è già pronta: sarà presentata al prossimo consiglio comunale!

Il vocio si arrestò di colpo. Alcuni, dalle ultime file, tentarono un applauso mentre la donna si faceva largo tra le sedie delle autorità per abbandonare la sala.

– Tutti bravi ad abbaiare, tutti *balentes*! Non c'è male... andiamo avanti cosí! Bella figura davvero, – continuava il vicesindaco. – Cosa vi credete, che se cade la Giunta i lavori si interrompono?

– Ci avete preso in giro abbastanza! – rincarava la signora delle prime file. – E non vi vergognate nemmeno!

– C'era da vergognarsi quando non c'era nemmeno un buco per parcheggiare la macchina! – osò un uomo sulla cinquantina dalla voce robusta. – Perché non andate a piedi! Se manca il parcheggio protestate perché manca, se vi fanno il parcheggio protestate perché non vi va bene il posto!

– Allora fattelo fare sotto casa tua il parcheggio, Bustià! – celiò una donna grassa dietro di lui. – Mentre l'uomo veniva invitato a sedersi, e tacere, da una salva di fischi.

La discussione andò avanti finché chi aveva discusso non era piú in grado di dire di che cosa avesse discusso. Continuò finché le parti non si invertirono e chi criticava si trasformava nel criticato. Tuttavia il delirio democratico era salvo. I cittadini sembravano aver detto la loro.

Ora si trattava di far traboccare il dibattito, di mescerlo sapientemente nei bar e disperderlo in mille rivoli ai crocicchi, nelle case davanti ai ceppi crepitanti.

Di lí a poco sarebbe stato il turno del Freddo: il tempo, la neve presunta – il ricordo di quel '56 che aveva coperto tutto con una coltre morbida – che avrebbe potuto rendere il Natale ancora piú Natale e la bontà ancora piú buona.

Di lí a poco sarebbero venuti meno i fondi e lo sterro per il parcheggio sarebbe diventato una pozza dopo le piogge e un creto secco sotto la canicola. Poi le recinzioni, a piccoli assalti progressivi, avrebbero ceduto mostrando lo spiazzo di terra dura. E le prime automobili dapprima timidamente, poi con la tranquillità della consuetudine, sarebbero state parcheggiate in quell'area non finita, abbandonata a se stessa e al tempo. Intanto i lavori nella città cantiere sarebbero proseguiti chissà dove e dappertutto; dopo le demolizioni il nulla; in un esercizio quasi retorico di sequestri cautelativi e abusi edilizi, solo per insegnare ai cittadini che la città è un corpo in movimento, un mutante senza speranze di stasi. E che l'antico assetto, modesto, ma concluso, era solo il segno di un tempo fermo, senza smanie. Il teatro, la piscina, il parcheggio, la piazza diventano entità imprecise: quale teatro? Quel bunker che fa impallidire le vecchie carceri che per un secolo hanno occupato quell'area. Quale piscina? Quella che hanno cominciato a costruire per me e sarà usata, nella migliore delle ipotesi e se il tempo sarà clemente, dai miei figli. Quale parcheggio? Quello che si può vedere in scala ridotta all'ufficio tecnico del comune. Quale piazza? Una qualunque, una qualunque...

Capitolo secondo

– A che ora sei tornato? – domandò la vecchia.
Paolo Sanna, ancora in mutande, cercò di inquadrare la sagoma scura di lei oltre le palpebre ancora pesanti di sonno.
– Lo sapete a che ora sono tornato! – farfugliò. – Non dormite mai voi e non vi sfugge niente!
– No, – l'aggredí la vecchia, – non mi sfugge niente, riesco a capire piú cose di quante tu non immagini! Comunque io non ce la faccio piú, sono troppo in là con gli anni, non posso passare la notte in bianco perché tu ti devi divertire con quegli avanzi di galera!
Il giovane appoggiò entrambe le mani al piano di marmo del tavolo, ne ricevette una scossa di freddo che si irradiava fino al cervello.
– Cosa ne sapete voi di avanzi di galera, cosa state dicendo? – cercò di minimizzare.
La vecchia sparí nella sua camera da letto. – Io non so mai niente! Tu invece sai tutto! – urlò dal suo interno.
– Ma che cosa vi è preso stamattina, vi siete alzata di malumore? – chiese il giovane alzando la voce per farsi sentire oltre la porta.
Lei uscí dalla sua camera vestita di tutto punto. Sembrava improvvisamente calma. – Niente mi è preso, – articolò con un tono di voce assente, – è che tu hai ricominciato a bere! – Il giovane scosse la testa preparando una replica. – Non cercare scuse, – incalzò la vecchia prima che lui potesse aprir bocca. – Hai ricominciato a bere e io non so se questa volta ce la faccio: so-

no anziana, ma non sono ancora scema! Devi ritornare dal medico. Io ho bisogno di stare tranquilla, di passare serenamente i pochi anni che mi restano, se me ne restano.

Paolo Sanna aspettò che lei mettesse fine al suo sfogo, poi strofinandosi gli occhi cercò di stabilire definitivamente se quello che stava vivendo era la realtà o un altro dei suoi incubi. – Che cosa vi posso dire? – chiese con voce incupita dalla certezza di essere sveglio. – Se devo andare dal medico andrò dal medico, ma è solo una perdita di tempo: non tocco un goccio di vino da mesi.

La vecchia fece un cenno col capo, segno che non ci credeva, ma che faceva finta di crederci; segno che non si sarebbe messa l'anima in pace. – Io so solo che stava andando tutto bene e che fino all'estate scorsa avevi un lavoro, poi hai ricominciato con quei delinquenti, o chissà cosa, e non ti sei piú preoccupato di cercartene un altro. E allora...

– E allora? – tuonò il giovane allo stremo.

– E allora è ricominciato l'inferno! – concluse la vecchia senza farsi intimorire dal tono di lui. Con le mosse di sempre, accostò gli angoli del fazzoletto al mento, li infilò tra la stoffa e le guance smunte; quindi accostò al petto le falde dello scialle e separò le lunghe frange facendo spuntare le braccia; poi, dal cassetto della credenzina estrasse il rosario a grossi grani neri e se lo rigirò tra le dita della mano destra.

Paolo aveva assistito alla scena senza parlare, seguendo la vecchia gesto per gesto. Una ridda di pensieri lottava nella sua testa: il lavoro, gli amici, l'alcol, il medico... Ines! Cosí vide la vecchia di spalle mentre si dirigeva alla porta d'ingresso per uscire e, senza riflettere, ma facendo muovere il corpo all'unisono col pensiero, capendo allora per la prima volta che lei *sapeva*, che la vecchia *sapeva ogni cosa*, l'afferrò per i capelli racchiusi in un concio sotto il fazzoletto, proprio quando lei stava per guadagnare l'uscita. La costrinse a guardarlo in faccia con una torsione della mano che afferrava la nuca. La porta si richiuse con un tonfo dietro la spinta furiosa del piede di lui. Il rosario, rimasto incastrato nella maniglia, si strappò spargendo tutt'intorno grani di legno scuro. La vecchia boccheggiava: non c'era stato il tempo di sorprendersi, aveva solo sentito la presa di lui dalle spalle e ora sentiva il suo respiro affannato, il suo respiro da belva, vedeva i suoi occhi e percepiva il calore delle sue dita che ora le stringevano il collo.

– Voi non sapete nemmeno che cosa sia l'inferno! Non avete la minima idea di quanto vi cammini vicino il diavolo! Io lo so! Io lo so bene! Ora lo so bene! – Paolo Sanna aveva sentito il gemito di lei. Un unico lamento che si era organizzato dallo stomaco e aveva superato la stretta attraverso la gola. Aveva visto il suo viso cambiare di colore improvvisamente e percepito appena i pugni di lei che battevano nel suo petto assai piú lievi dei battiti del suo cuore. Ma questo era bastato a risvegliarlo, l'aveva riportato verso la realtà. Cosí aveva abbandonato la stretta.

Salvatora, *Badora*, Fenu tentò di riassettarsi. Sentiva l'aria gelata penetrare nella gola con violenza. E lei apriva ancora di piú la bocca per aspirarne boccate piú profonde incurante del dolore al collo, dei capelli scomposti, dei pochi grani del rosario che ancora le restavano nella mano stretta a pugno. E camminava, lasciando che le sue gambe percorressero la strada nota senza l'ausilio degli occhi e della mente. Da qualche parte l'avrebbero portata, le gambe. Gambe forti. Gambe che l'avevano trascinata oltre gli anni e non si erano fermate mai. «Appena mi fermo sono finita», pensava, «devo andare avanti».

Qualcuno che le passava accanto serví a *riportarla* per strada. Serví a chiarirle che era sfuggita alla fine e che tutte le sue membra erano tese verso un punto zero. Come a cancellare gli ultimi minuti della sua vita quando era stata tra le braccia della morte.

Cosí capí che doveva fermarsi, sentirsi salva, ritornare in se stessa. Ma non era facile: gli occhi ancora non inquadravano la luce e distorcevano la realtà in un tumulto di immagini. Tutte astratte. Tutte drammaticamente concrete.

Ricordò che da bambina, o forse da *signorina*, ma forse era già donna ed era appena arrivata a Nuoro, il tempo passa cosí in fretta!, aveva sentito quella stessa frenesia e le gambe, piú giovani e salde, erano state persino piú veloci del suo cuore. Era stato quando Mena si era lanciata dal tetto del Mulino. Quando avevano scoperto il fattaccio della gravidanza. Quando Mena era scappata via e per tre giorni l'avevano cercata dappertutto. Solo il padre non l'aveva cercata: per lui Mena era già morta. Poi, quella notte, quando tutti avevano smesso di cercarla e si diceva già che fosse in continente, *quella certezza* l'aveva tirata giú dal letto. E le gambe avevano trascinato la saggia Badora con i capelli sciolti – quei capelli neri – verso il Mulino appena in tempo per ascoltare l'ultimo respiro di Mena. Mena la bianca e rossa. Mena la colomba. Mena che dava confidenza perché non conosceva malizia. Mena che aveva dormito col diavolo.

Come si può dimenticare! *Bisogna andare avanti*.

Cosí la vecchia Badora vide la giovane Badora – Badora la secca – mentre chiude le palpebre a Mena generosa con un sorriso a fior di labbra. Mena vestita a festa, col corpetto turchese ricamato e i bottoni d'oro. E vede la sua camicia da notte che si bagna di sangue. Perché quell'impulso l'ha tirata giú dal letto cosí come si trovava, non le ha concesso il tempo per vestirsi. L'ha spinta per strada e l'ha fatta correre come si corre incontro all'amato, col cuore che martella nel petto e fa sobbalzare i seni minuscoli: Badora la secca, *s'istrigile*.

Poi vede la strada vuota in un'alba che potrebbe sembrare tramonto.

«Forse che il diavolo mi camminava accanto» pensò la vecchia Badora ricordando la felicità assurda di quel ricordo. «Il diavolo mi camminava di fianco» concluse vedendo una figura passarle accanto.

Poi vide la strada vuota in quell'alba che poteva sembrare un tramonto e si rese conto di essere ancora a due passi da casa. Come se camminare fosse diventato improvvisamente una categoria dello spirito. Come se per la prima volta la testa avesse superato le gambe. E corresse nel tempo molto piú velocemente di quanto avesse mai fatto, rammentando immagini sepolte nei recessi piú irraggiungibili del cervello. La casa con la scala di legno: due stanze su, e giú la cucina; la dispensa con formaggio e olio; le galline nel cortile; il padre che faceva il giro degli ovili per macellare il bestiame, perché Giovannantonio aveva le mani d'oro e sapeva intrecciare gli intestini della pecora o del maiale come nessun altro; Mariantonia, la madre, che faceva le bambole con l'impasto del pane; Giovannimaria, il nonno, che guardando verso il Monte poteva stabilire se dovesse piovere con tre giorni di anticipo e risanava le bestie con le erbe e faceva piegare i metalli con lo sguardo e conosceva le formule per legare un uomo a una donna... Ricordi che erano rimasti dentro di lei per tanto di quel tempo da sembrare solo storie remote e che ora esplodevano senza controllo.

Perciò camminare non fu piú possibile.

Non fu piú possibile sfuggire a quella forza inusitata che la trascinava. Resistere alla stretta furiosa. Sembrava una replica di quella furia che poco prima, a casa, l'aveva attratta e assomigliava in tutto a quel contatto di respiri con le bocche distanti un palmo. Quando Paolo l'aveva costretta a guardarlo, a vedere i suoi occhi, quando lei gli aveva battuto il torace per costringerlo ad abbandonarla: Badora la vergine. Badora che si affida a Sant'Ignazio di Laconi e a Santa Antonia Mesina sfigurata a colpi di pietra per non aver ceduto. Quando era preferibile cedere alla morte che alla vita. Era peccato, peccato grave, paragonarsi ai santi. Non si poteva abbandonare questa valle di lacrime con la superbia nel cuore, allora bisognava vivere. Vivere quanto bastava per espiare e chiedere perdono.

Qualche secondo per sistemare le cose dell'anima, ricorrendo a tutte le energie ancora disponibili, sfruttando le poche riserve dei polmoni, tentando di rubare aria alla stretta, abbandonando le gambe al loro destino, scordando il corpo.

Ma fu subito chiaro che spalancare la bocca questa volta non sarebbe bastato. Che la fine era arrivata. Che non c'era piú tempo.

Non c'era piú tempo: di lí a poco la strada avrebbe cominciato ad animarsi. Ed eliminarla si era rivelato piú complicato del previsto. Il corpo, ora, era abbandonato e leggero: sarebbe stato facilissimo percorrere i pochi metri di distanza fino al cortile della casa e aspettare al riparo, lontano da sguardi indiscreti.

Capitolo terzo

Il commissario Curreli fece qualche passo indietro per trovare un riparo. Ma non ne aveva scelto uno buono, e ora, a pensarci, era chiaro che non aveva scelto nemmeno un buon punto d'osservazione.

Cosí avanzò, affondando ancora i pugni nelle tasche del cappotto, per raggiungere un punto piú riparato dal vento gelido del primo mattino e conquistare una visione migliore dell'ingresso del palazzo.

Il maresciallo Pili uscí puntuale. Aveva il volto raggricciato per la zaffata gelida che l'aveva accolto all'uscita dal palazzo.

Poi, guardando davanti a sé, abbozzò un mezzo sorriso. – Puntuale, – constatò raggiungendo il commissario. – Potevi salire... – Il commissario si stiracchiò. – Ti avrei fatto un caffè, – proseguí il maresciallo. – E avremmo parlato al caldo.

– Non abbiamo troppo tempo, dobbiamo stare molto attenti d'ora in poi...

– Cerca di stare tranquillo; non dobbiamo farci prendere dalla fretta proprio adesso.

– Certo parli bene tu! Ma io rischio un'incriminazione per favoreggiamento!

– Calmati e dimmi come stanno le cose.

Il commissario era rosso in volto. Battendo i piedi al suolo cercava di riscaldare i piedi che erano diventati due pezzi di ghiaccio. – Le cose non sono messe bene: il sostituto procuratore vuole che faccia indagini sul tuo conto, non crede a una parola delle deposizioni che avete rilasciato dopo il ritrovamento della bambina. Dice che c'entrate qualcosa o che non avete detto tutto quello che sapevate.

– Hai avvisato Luigi Masuli? – chiese il maresciallo cercando da fumare.

– Non ancora. Ma forse è meglio che ci parli tu; è meglio se di colloqui del genere noi due ne abbiamo il meno possibile per il futuro.

– Giusto! – concordò il maresciallo. – Gli parlerò io. Tu intanto fai tutte le ricerche necessarie: la dottoressa Comastri è intelligente, ma non ha capito nulla, per il momento. Stasera andrò a parlare con chi sai e questa volta la questione la sistemiamo una volta per tutte! Per l'autopsia ci sono novità? – proseguí il maresciallo con aria sbrigativa.

Il commissario Curreli si frugò le tasche per cercare un fazzoletto: nonostante il freddo, gocce di sudore gli imperlavano la fronte. – Porca miseria, Nicola, questo non lo posso fare! Dammi almeno la possibilità di salvare la coscienza.

Il maresciallo stette a guardarlo con un mezzo sorriso a fior di labbra. – Dunque l'ha già vista! – concluse.

Il commissario confermò abbassando lo sguardo. – Non lo posso fare, – ribadí, – è coperta dal segreto istruttorio.

– Siamo sicuri? – ritentò con un tono navigato il maresciallo.

– Siamo sicuri! – rispose con solennità il commissario.

– Mi dimenticavo, – aggiunse il maresciallo guadagnando la strada principale, – *questa sera io non mi muoverò da casa*, intesi?

Il commissario Curreli accennò di sí e si rinchiuse ancora di piú dentro il cappotto, faceva l'effetto di una grossa testuggine impaurita. *Almeno nevicasse*, pensò mentre il maresciallo si allontanava.

Le cose dunque si erano complicate, ma non tanto. Il maresciallo Pili continuò a camminare senza voltarsi. Sentendo alle sue spalle il respiro affannato del com-

missario Curreli che ancora aspettava a muoversi. La giornata sarebbe stata freddissima a giudicare dal colore plumbeo del cielo e dalla tramontana che sferzava gli alberelli del viale.
Le cose si erano complicate.
Ma per il momento non c'era da preoccuparsi. Tutto era stato organizzato con cura, tutto era stato pensato e ripensato. Di lí a poco questa storia sarebbe finita e la sua carriera con lei. Perché finire in piedi era lo scopo. Anche a costo di sorvolare le regole; anche a costo di rimettere in gioco tutte le cose piú sacre in cui aveva creduto.

Il commissario Curreli aspettò ancora qualche secondo finché la sagoma del maresciallo non scomparve dietro l'angolo; poi sgusciò fuori nella strada. S'incamminò a piedi verso la questura; non si sentiva tranquillo. Forse la soluzione piú giusta, la piú naturale era quella di rivolgersi al sostituto procuratore, al responsabile delle indagini per la scomparsa di Ines Ledda, poi omicidio. Forse facendo le *cose regolari* quell'omicidio si sarebbe potuto evitare, ma a questo non ci credeva visti i precedenti: negli ultimi tre anni quattro bambine, tutte della stessa età, erano scomparse senza lasciare tracce.
E poi c'erano le videocassette...

Capitolo quarto

Col quotidiano sotto braccio Giuseppina fece il suo ingresso trionfale nella redazione dell'*Unione Sarda*; il suo articolo era stato citato nella rassegna stampa della televisione nazionale. L'atmosfera era carica di fumo.

– Quanto fumate di primo mattino! – constatò sventolandosi il giornale davanti al viso. Non riusciva a reprimere un sorriso di soddisfazione.

– Smettila di gonfiarti! – tagliò corto Antonio Sassu. – È già abbastanza piccolo questo spazio per farci entrare anche una mongolfiera!

– Ed è pieno di finestre che non vengono mai aperte! – constatò Giuseppina polemicamente.

– Quando mai si è vista una redazione con aria pulita, non li guardi mai i telefilm tu? – intervenne un apprendista che si occupava delle previsioni del tempo e dell'oroscopo.

– È troppo occupata a vincere il premio Pulitzer! – sibilò Maria Vittoria Leccis senza distogliere lo sguardo dallo schermo del computer.

– Mavi, non ti avevo vista! – esclamò Giuseppina con tono caricato. – Come è andata l'Assemblea cittadina?

– Eccitante, – rispose la donna senza scomporsi. – Un'esperienza che ha cambiato la mia vita! Dovresti provare quando scendi tra i mortali.

– Non preoccuparti, Mavi cara, quando deciderò di scendere sarai la prima a saperlo, per ora ti dispiace alzarti dalla mia scrivania?

– Dalla tua scrivania? C'è forse il tuo nome? Perché se c'è io non me ne sono accorta!
– Sono due anni, dico due anni, che uso quella scrivania!
– Sono due anni, dico due anni, che non ne ho mai avuto bisogno!
– Antonio! – si limitò a concludere Giuseppina.
Antonio Sassu abbassò le palpebre in segno di scoraggiamento.
– Quando finirà questa storia, saremo tutti piú contenti...
– Di che segno sei? – lo interruppe il giovane intento a stilare l'oroscopo.
– Ariete, – rispose il capo redattore sorpreso dall'assurdità della domanda.
– Bene, – rispose il giovane, – ecco cosa scriverò per l'Ariete: *dovrete far ricorso a tutte le vostre doti diplomatiche per fronteggiare una giornata che richiederà decisioni importanti*; che ne dici? – domandò con un mezzo sorriso.
– Fatti inculare! – rispose Antonio Sassu replicando il mezzo sorriso.
– Fine, non c'è che dire, – commentò Maria Vittoria Leccis, continuando a battere sui tasti.
– *Salute: attenti al fegato*! – incalzò il giovane facendo finta di prendere appunti.
– Alberto, tu di che segno sei? – chiese Antonio Sassu con aria sorniona.
Il giovane si guardò attorno. – Cancro, – rispose.
– Cancro, – ripeté il capo redattore, – come pensavo: in tal caso non c'è niente che io possa aggiungere. E ora se vogliamo cominciare a lavorare, saremo tutti felici, con comodo si capisce. Giuseppina, usa il mio tavolo: tra mezz'ora parto per Cagliari. C'è una lettera per te sulla stampante.
Giuseppina restò qualche secondo a osservare il vuoto davanti a sé, indecisa sul da farsi: lasciar correre e rimettersi al lavoro o pretendere a tutti i costi quello che riteneva il suo spazio.

PARTE SECONDA

– Posso? – chiese seccamente sporgendosi al di là dello schermo per raggiungere il suo blocco di appunti sul tavolo.

– Prego, – rispose Maria Vittoria Leccis staccando le mani dalla tastiera. – Veloce, – sussurrò mentre l'altra frugava tra i fogli. – Il capo ti presta la sua scrivania e c'è una bella lettera per te sulla stampante.

La lettera era stata portata a mano da qualcuno che non aveva voluto farsi riconoscere. Era stata stilata con una vecchia macchina da scrivere, il nastro doveva aver visto tempi migliori. Poche righe:
7 settembre 1989, – Grazia Mereu, 12 anni.
30 novembre 1989, – Immacolata Cóntene, 9 anni.
18 gennaio 1991, – Lorenza Ibba, 11 anni.
11 Novembre 1992, – Ines Ledda, 12 anni.
È tutto sui giornali!

Capitolo quinto

Il maresciallo Pili sistemò una valigetta ventiquattrore sul sedile posteriore della sua utilitaria. Girò la chiave sentendo che il motore faceva fatica a partire per il gelo. Attese col piede pigiato sul pedale dell'acceleratore fin quando il minimo non si fu stabilizzato, quindi ingranò la prima.

Sotto quell'atmosfera plumbea le strade deserte sembravano ancora piú tristi. «Sarà troppo presto» pensò dando uno sguardo all'orologio dell'autovettura, poi sollevò le spalle «questa volta non me ne vado, questa volta deve ascoltarmi: se dorme lo sveglierò!» decise pigiando ancora sull'acceleratore per imboccare il curvone che da piazza Veneto conduce in via Gramsci.

Tuttavia, arrivato a destinazione, ebbe qualche incertezza, non si sentiva piú sicuro. Impiegò un tempo interminabile per parcheggiare facendo le manovre con una lentezza esasperante. Ricominciava a subordinare le azioni alla sua testa, la gravità dei pensieri e dei ricordi lo costringeva a dilatare i gesti per impedirsi di perdere quel filo interiore. Spense il motore badando di lasciare acceso il quadro per non interrompere il flusso di aria calda dal riscaldamento. Cosí rimase qualche minuto ancora a osservare le finestre del primo piano del palazzo. E vide che non c'erano segni di vita. La tapparella del bagno non era chiusa completamente...

Qualche inquilino del palazzo riscaldava il motore dopo aver portato l'auto fuori dal garage. Una donna di servizio portava fuori due ingombranti sacchi di spazzatura.

L'incertezza si impossessò della mente del maresciallo: quale utilità poteva esserci a parlare con un uomo che aveva rinunciato a tutto? Improvvisamente niente sembrò semplice; niente sembrò giustificare quella determinazione che l'aveva portato davanti a quella casa e che gli aveva fatto promettere che avrebbe obbligato Salvatore Corona, il giudice Salvatore Corona, ad aprirgli anche a costo di svegliarlo. Neanche le immagini fuori dall'abitacolo sembrarono piú cosí nette: la condensa, il frutto del suo respiro affannato, il frutto dei suoi pensieri confusi, si era attaccato ai vetri della macchina e faceva da schermo lattiginoso contro l'esterno.

Afferrò la chiave per ripartire e fu allora che un ticchettio sul vetro lo fece sobbalzare.

La sagoma era indistinta oltre lo sportello del passeggero: una donna si era chinata per farsi riconoscere, portava due pesanti sacchi per la spazzatura. – Maresciallo! – chiamò flebilmente la donna agitando la mano.

Il maresciallo si sporse con tutto il busto per pulire il vetro appannato. – Signorina Pani, non l'avevo riconosciuta! – esclamò veramente sorpreso.

Elena Pani fece un mezzo sorriso, appoggiando i sacchi sul marciapiedi. Facendo un altro sforzo il maresciallo si allungò quanto bastava per aprire lo sportello.

Elena sembrava invecchiata rinchiusa nel suo cappotto nero.

– Non l'avevo proprio riconosciuta! – ribadí il maresciallo. – Sta bene? – proseguí porgendole la mano.

Elena ricambiò la stretta entrando per metà nell'auto, dopo aver sfilato il guanto di lana. – Tiriamo a campare, – rispose.

– Non stia là fuori a prendere freddo, entri in macchina, – propose il maresciallo.

– La vedo spesso da queste parti, – disse Elena Pani dopo aver chiuso lo sportello.

– È vero, – ammise il maresciallo, – è un po' di tempo che voglio parlare col giudice, ma ogni volta che arrivo qui davanti non riesco a decidermi a salire.

– È la stessa cosa che mi ha detto lui qualche tempo fa: «ha paura di disturbare» mi ha detto.

Il maresciallo tentò di sorridere. – Sarebbe bastato un cenno, – rifletté guardando la donna. – Come sta? – chiese all'improvviso, come se quella domanda gli bruciasse dal primo istante della loro conversazione.

Elena fece spallucce. – Come vuole che stia? – rispose. – Sta come un uomo che ha perso tutto!

Il maresciallo abbassò la testa. – Non bisogna arrendersi, – rifletté dopo qualche istante di silenzio.

Elena accennò col capo, poi frugandosi nella tasca del cappotto ne estrasse un mazzo di chiavi. – Glielo vada a dire! – disse porgendogliele.

Capitolo sesto

Maciste si allungò nel suo letto. Con i piedi toccava la sponda. Aprendo gli occhi vide che il piccolo televisore a 16 pollici in bianco e nero rimandava le immagini di un cartone animato giapponese. Era rimasto acceso tutta la notte come al solito. Grattandosi la testa si mise a sedere e guardò l'ora: le nove.

Un'astronave robot volteggiava in un cielo grigio superando l'iperspazio per colpire una nave ammiraglia. L'esplosione era commentata da una colonna sonora elettronica, il testo della quale era stato doppiato in italiano:

Battiamo le forze del male! Salviamo la terra!
Lottiamo per la verità! Facciamo la guerra!
cantava la voce solista.
Akim sei tutti noi!
ripeteva il coro.

Faceva freddo. Maciste provò a coprirsi meglio. Intanto una fanciulla, vestita di una tuta spaziale che metteva in evidenza le sue forme, grondava lacrime dai suoi enormi occhi scuri. Il coro incalzava: *Akim sei tutti noi!* Doveva trattarsi di quel giovanotto che portava un ciuffo ribelle sugli occhi e che guidava l'astronave robot. La testa di quest'ultima infatti non era che una cabina di pilotaggio.

Maciste allungò un braccio verso il comodino ingombro di fumetti per cercare a tastoni le sigarette: non voleva perdere il bello. Il bello era che il giovanotto con il ciuffo dopo aver evitato le bordate della nave ammiraglia si apprestava a salvare la ragazza piangente. Maciste sapeva che non sarebbe stato semplice e si mise a sedere piú comodamente sul letto aspirando la prima boccata. Infatti non fu semplice: bisognava sganciarsi dall'astronave robot per volteggiare piú agevolmente e raggiungere la fanciulla all'interno della nave ammiraglia, dopo aver superato le micidiali navette di guardia. Il cattivo, imperatore del male, sghignazzava vedendo le difficoltà del giovanotto da un megaschermo della sala dei comandi in cima alla nave ammiraglia. Ma non si era accorto che un missile ben assestato aveva messo fuori uso il dispositivo di comunicazione interspaziale e che la sua nave era isolata dal resto dell'esercito.

Il campanello suonò a quel punto.

Maciste impiegò qualche secondo a capire che il trillo non faceva parte della musica delirante che commentava le immagini. Dovette attendere il secondo squillo per capirlo e alzarsi tentando di non perdere di vista lo schermo.

Paolo aveva atteso fuori dalla porta, poi aveva suonato di nuovo.

Solo allora Maciste era andato ad aprire.

– Che cazzo ci fai da queste parti? – domandò Maciste ritornando verso lo schermo.

Paolo barcollò leggermente. – Ho bevuto! – affermò, tentando di raggiungere un equilibrio stabile, per giustificarsi. Ma Maciste non ci aveva fatto caso tutto preso com'era dal duello fra l'Imperatore del Male e il giovanotto col ciuffo.

– C'è una puzza spaventosa qui dentro! – constatò Paolo anche per dimostrare che non tutte le sue facoltà erano sopite dall'alcol. – Non le apri mai le finestre?

– Con questo freddo? Sarai matto! – rispose Maciste durante uno spot di panettoni farciti. – Porca miseria siamo già a Natale! – continuò voltandosi per la prima volta a guardare l'amico. – Sei sbronzo alle nove del mattino? Complimenti! Che cazzo hai combinato?

Paolo cercava di liberare una sedia ingombra di vecchi quotidiani e giornali pornografici. – Ho bevuto! –

ripeté con lo stesso tono di poco prima. – Sono venuto da te perché stare ancora a casa con la vecchia non è piú possibile –. Uno sprazzo di lucidità gli aveva rabbuiato lo sguardo.

Maciste si sollevò con fatica dal letto. – Hai bisogno di un caffè, – sentenziò dirigendosi verso il lavandino ingombro di piatti sporchi.

– Ho portato la valigia... se posso restare qui, per un certo periodo... – sussurrò Paolo mostrando un borsone da ginnastica che aveva posato vicino alla porta d'ingresso. – Non so chi mi ha fermato stamattina, a momenti l'ammazzo. Non so che cosa mi è preso: ha cominciato a fare le sue solite storie, che bevo, che non lavoro... Lei non capisce, non capisce un accidente! Era un sacco di tempo che non bevevo, tu lo sai vero? Allora se proprio mi deve prendere a voci perché bevo anche quando non bevo, io bevo! Questo è chiaro! E chiaro come il sole: sono un parassita? Allora me ne vado al bar cosí non devo subire le prediche di nessuno! È colpa mia se il lavoro non si trova? Forse sarebbe meglio essere morti! – concluse con un accenno di lacrime.

– L'hai presa brutta, – constatò Maciste porgendogli una tazza di caffè bollente. – Zia Badora fa cosí ma ti vuole bene.

– Sí, mi vuole bene. L'avessi vista stamattina! Alle sei mi ha buttato giú dal letto! Non va bene niente di quello che faccio io. Come se in questo posto ci fosse tanto da fare! Secondo lei basta andare in giro e chiedere che ti facciano lavorare...

– Lascia perdere adesso, prova a dormire, – tentò Maciste trascinando Paolo verso una branda sistemata tra il tinello e il bagno. Paolo si lasciò condurre abbandonandosi contro il corpo dell'amico.

– Questa volta non ritorno. Questa volta me ne vado veramente: da qualche parte, ci sarà un posto dove posso andare! – concluse lasciandosi cadere sul materasso frusto.

Maciste gli tolse le scarpe vedendo che le sue palpebre diventavano pesanti.

Capitolo settimo

La biblioteca Sebastiano Satta è un hangar, un altro delirio modernista situato in quello che, trattato altrimenti, si sarebbe potuto definire centro storico della città. Ma certe decisioni non sono prese con la discriminante dell'opportunità: una *città moderna* deve avere una biblioteca e deve averla in centro e deve essere moderna anzi modernissima. Poco importa se nei dintorni molti palazzi potevano essere adibiti allo scopo senza sfregiare il paesaggio; poco importa se occorreranno altri decenni per rendere agibili tutti gli spazi. Quel che importa è che di amministrazione in amministrazione l'incompiuto e l'inopportuno segnino come un filo rosso lo sviluppo urbanistico di questa città.

Giuseppina Floris fece il suo ingresso nell'atrio della biblioteca Sebastiano Satta che erano appena passate le nove. L'impiegata all'accettazione allungò una scheda verde senza nemmeno guardarla.

– Avete le annate scorse dell'*Unione Sarda*? – le chiese Giuseppina mentre si apprestava a compilare la richiesta.

La donna la guardò con un misto di compassione e fastidio. – Se non ce le abbiamo noi... – rispose, lasciando intendere che per una domanda del genere non occorreva piú fatica di tanto.

L'ambiente emanava un fastidioso odore di autosalone e il riscaldamento, spento durante la notte, non era ancora a pieno regime. Questo forse giustificava il malumore dell'impiegata non piú giovanissima mentre aspettava che Giuseppina, non senza qualche esitazione, compilasse la richiesta.

La richiesta riguardava, per cominciare, i mesi di settembre, ottobre, novembre, dicembre dell'*Unione Sarda* del 1989. Poi sarebbe stato necessario controllare gli stessi mesi del '90 e del '91.

Sbottonandosi il cappotto Giuseppina si avviò verso un ampio tavolo male illuminato ad attendere i volumi. Nel frattempo sfilò dalla borsetta una cartina di Nuoro e la distese sul piano. Certo sarebbe stato piú semplice consultare il computer in redazione, ma non sarebbe stato altrettanto tranquillo e qualche collega avrebbe cercato di sbirciare, magari con la scusa di darle una mano. Una cosa era certa: la sua teoria richiedeva segretezza.

Questi erano i presupposti: tra il settembre del 1989 e il novembre del 1992, erano scomparse, in circostanze tutte da chiarire, quattro bambine dai nove ai tredici anni; di queste quattro bambine due sole vengono ritrovate: una nel luogo della morte, Lorenza Ibba; un'altra per caso da cacciatori in perlustrazione, Ines Ledda.

Questa era la teoria: le sparizioni, nonostante le modalità differenti, nonostante l'assenza di elementi che potessero metterle in relazione l'una con l'altra, erano collegate. Si trattava solo di spulciare le singole vicende e di scoprire quale era il *trait d'union* che le accomunava.

Giuseppina ebbe un sospiro di sollievo quando i pesanti volumi che contenevano i giornali richiesti furono sistemati sul suo tavolo da un giovane inserviente della biblioteca.

8 settembre 1989
La prima bambina.
Grazia Mereu, dodici anni, sparisce di casa la sera del 7 settembre 1989. I genitori denunciano subito la scomparsa, ma le ricerche proseguono a rilento. Il com-

missario Curreli, che si occupa delle indagini, non rilascia dichiarazioni («non ci sono elementi per formulare un'ipotesi di nessun tipo, e poi le dichiarazioni spettano al sostituto procuratore»). Il sostituto procuratore in causa, il dottor Corona, non è piú esplicito: «... sappiamo solo che non è stata rapita».

10 settembre 1989

Intervista alla professoressa d'italiano della bambina. Ne viene fuori un ritratto abbastanza fuori dal comune: spigliata, non troppo studiosa, ma abbastanza intelligente da superare con la sufficienza le interrogazioni. Estremamente fantasiosa e amante della danza: «... si esibiva continuamente davanti alle compagne», racconterà la professoressa.

Dalla fotografia si direbbe piú grande della sua età reale.

I genitori si rinchiudono nel piú stretto riserbo.

17 settembre 1989

A dieci giorni dalla scomparsa il padre della bambina, Giulio Mereu, di trentotto anni, viene inquisito perché sospettato di aver «venduto» la bambina a una coppia di americani mai identificati in cambio di una cospicua somma di denaro. A tradire l'uomo sarebbe stata la fretta di investire la somma e il conseguente acquisto di un appartamento nel centro di Nuoro. A tradirlo veramente furono le voci, sempre piú insistenti, di maltrattamenti subiti dalla bambina a opera del padre.

19 settembre 1989

La moglie del Mereu si muove per scagionare il marito, si dice disposta a parlare con gli inquirenti, ma non fa in tempo: un incidente di macchina le chiude la bocca definitivamente. L'incidente è un capolavoro: da qualunque parte lo si esamini non risulta niente che possa farlo ritenere un sabotaggio.

20 settembre 1989

Giulio Mereu non ha sorte migliore: appresa la morte della moglie si toglie la vita impiccandosi nella sua cella.

3 ottobre 1989
Una non meglio identificata L. I., amica della Mereu, in una dichiarazione al giornale, parla di un diario appartenente a Grazia Mereu. Nonostante le ricerche del diario non si trova traccia.

30 novembre 1989
La seconda bambina.
Immacolata Cóntene, dieci anni. Nessuna notizia dal 28 novembre 1989. Quarta di sei figli. Sofferente di una forma di epilessia detta *piccolo male*. Passano due giorni prima che i genitori ne denuncino la scomparsa. Interrogati sull'argomento spiegano che la bambina passava lunghi periodi a casa di un'anziana vicina, tale Salvatora Fenu, che la trattava come una figlia, essendo lei nubile con un figlio a carico ormai adulto.

2 dicembre 1989
Sulla Fenu non fu riscontrato alcunché, ma qualche sospetto si incentrò sul figlio, Paolo Sanna, di ventiquattro anni. Il Sanna infatti, nonostante la giovane età, era in cura da un anno per disintossicarsi dall'alcolismo. A scagionare il giovane valsero le dichiarazioni del medico curante, il dottor Eugenio Martis, che proprio tra il 27 e il 30 novembre 1989 aveva fatto ricoverare il Sanna presso il reparto neurologico dell'Ospedale civile di Nuoro per accertamenti.

3 dicembre 1989
La malattia della bambina, che la «rendeva assente» durante le crisi, come testimoniò Salvatora Fenu, le appena sufficienti condizioni economiche della famiglia Cóntene, che non risultò entrata in possesso di denaro dopo la sua scomparsa, convinsero gli inquirenti a ritenere le sparizioni delle due bambine, Grazia Mereu e Luisa Cóntene, non collegate fra loro: «... siamo davanti a un'orribile coincidenza» aveva dichiarato il giudice Corona ai giornalisti.

4 dicembre 1989
Immacolata Cóntene viene ritrovata, stremata e priva di sensi poco fuori il centro cittadino. Gli inquirenti

non si sbottonano, ma pare certo che la bambina non sia in grado di ricostruire le fasi della sua vicenda.

Giuseppina chiuse il volume e diede ancora uno sguardo al foglio degli appunti che aveva preso.

Grazia Mereu: controllare voci sui presunti maltrattamenti a opera del padre; sentire la professoressa di italiano.

Immacolata Cóntene: vista «viva» l'ultima volta il 28 novembre, da chi? – Parlare con Eugenio!!! – Contattare Salvatora Fenu.

Al banco prestiti, questa volta c'era un ragazzo grasso di non piú di venticinque anni. L'uomo guardò oltre lei in un punto qualunque verso la porta a vetri che portava all'esterno della biblioteca. Sudava copiosamente. Afferrò i pesanti volumi, che Giuseppina gli porgeva, con l'aria di uno che si appresti a compiere una fatica immane.

– I volumi di gennaio e febbraio '91! – ordinò Giuseppina cominciando a compilare la scheda per la richiesta.

Il giovane grasso la guardò come aspettando che cambiasse idea.

18 gennaio 1991
La terza bambina.
Solo un trafiletto: *Tragico incidente costa la vita a una bambina di undici anni. Lorenza Ibba trovata morta nel suo appartamento dopo aver ingerito veleno per topi. Il padre della bambina l'aveva comprato qualche giorno prima per fronteggiare un'improvvisa invasione dei detestabili animali nel suo appartamento al piano terra di via Gialeto, nel centro della città...*

Capitolo ottavo

Maria Vittoria Leccis diede uno sguardo alla videata. Un resoconto preciso: il dibattito, le proteste. Rendere il senso della mattanza, specificare che il sindaco aveva annunciato le dimissioni. Ventilare tutto quello che non era stato detto durante la riunione, ma nei corridoi.

– Che cosa ne sai di Santino Pau? – chiese al giovane ancora intento a completare la pagina degli oroscopi e delle previsioni del tempo.

Lui fece un fischio. – Santino Pau? – ripeté. – L'imprenditore?

Maria Vittoria Leccis confermò: – L'imprenditore.

Il giovane alzò le spalle. – Un pesce grosso, – continuò, – è quello che si è comprato Monte Gurtei: tutto suo!

– Quello del centro commerciale? – cercò conferma Maria Vittoria.

– Proprio lui. Ma perché ti interessa?

– Mah, voci. Ieri sera dopo l'Assemblea cittadina qualcuno l'ha nominato.

– Nominato? – insistette il giovane.

– Be', si diceva che fosse il titolare dell'azienda che ha ottenuto l'appalto per i lavori ai giardini: la Sarcos. Prima del ricorso.

Il ragazzo sorrise. – Non sarei affatto sorpreso se fosse cosí: ma bisognerebbe controllare.

– E quello che stavo pensando, conosci qualcuno all'Ufficio Tecnico del comune?

– Non c'è alcun bisogno di conoscere qualcuno: le gare d'appalto sono atti pubblici, ogni cittadino può richiederne visione. Ma non sai proprio un accidente di queste cose!

Maria Vittoria dovette ammettere che era cosí. – Il fatto, – cercò di scusarsi, – è che questi problemi, ufficialmente non hanno niente a che fare col mio articolo.

– E allora non te ne occupare! – tagliò corto il giovane. – Tanto piú che queste cose meno si smuovono e meglio è. Che tempo farà domani?

– Neve, almeno finisce questo gelo!

– Neve! – confermò il giovane.

Questo era il problema: capire la differenza fra l'opportunità dei lavori per la costruzione dei parcheggi e la loro reale necessità. Maria Vittoria se lo pose in questi termini.

E vide lo spiraglio. Qualcosa che non aveva niente a che fare con l'articolo che doveva finire di stilare. Qualcosa che non aveva a che fare nemmeno col problema che era chiamata ad affrontare. Qualcosa che aveva a che fare solo con se stessa. E la gara era cominciata, ufficialmente.

Era cominciata a novembre, col gelo che attanagliava le strade e il vento che spaccava la pelle.

Se la Sarcos fosse stata veramente di Santino Pau; se Santino Pau avesse avuto legami col sindaco; se la gara d'appalto fosse stata truccata. Questo era lo spiraglio. Era la promessa di qualcosa di assolutamente nuovo.

E pericoloso.

Bisognava agire con cautela. Capire tutto, soprattutto quello che appariva troppo comprensibile, troppo lineare.

Capitolo nono

Stare davanti alla porta, con le chiavi di casa a portata di mano. Avere cioè una certezza che per tante volte era mancata, non servi al maresciallo Pili. Non si sentiva meglio. Anzi stava peggio. In fondo quel lasciapassare l'aveva gettato nello scompiglio. Tutta la determinazione sembrava scomparsa. Sentiva le note di un pezzo di musica classica. Un pezzo triste, smorzato dalla distanza.

Cosí, aperta con cautela la porta, la prima cosa che sentí fu la musica che si faceva sempre piú chiara. L'appartamento del giudice Corona era avvolto dall'oscurità, sembrava trascurato. Il maresciallo attraversò l'atrio e si spinse verso il salone e verso la musica.

– Ce l'ha fatta ad arrivare! – La voce del giudice sovrastò la musica di quel poco che serviva a farsi sentire.

Il maresciallo si guardò attorno cercando di capire da dove provenisse. Proveniva da uno dei divani, quello che dava le spalle all'entrata. La musica si faceva incalzante:

Stabat mater dolorosa
juxta crucem lacrimosa
dum pendebat filium...

– La signorina Pani mi ha dato le chiavi, – si scusò il maresciallo cercando di inquadrare la sagoma del suo interlocutore.

...cuius animam gementem
contristatam et dolentem
pertransivit gladius...

– Lo so, – disse il giudice smorzando il volume della musica. – Sono stato io a chiederle di farlo. Bene! – continuò alzandosi in piedi e mostrando una sagoma curva. – È riuscito nel suo intento...
Il maresciallo ebbe uno scatto: l'incertezza e il timore si erano trasformate in un caos informe di rabbia e imbarazzo.
– È lei che mi ha fatto venire! – rispose senza riuscire a nascondere il disappunto.
– Le ho solo dato la possibilità di portare a termine qualcosa che stava tentando da giorni, – disse con calma il giudice.
– Da un mese almeno! – corresse il maresciallo appoggiando le chiavi sul tavolo della sala. – Le chiavi le appoggio qui! – aggiunse tentando di dare alla frase un tono di congedo.
– Si sieda, – invitò il giudice. Pareva molto invecchiato, ora che gli occhi del maresciallo si abituavano all'oscurità.
Il maresciallo sedette sbottonandosi il cappotto. – C'è troppo caldo, – disse.
– È perché viene da fuori, – rispose il giudice mettendosi a sedere al suo fianco. – Ma per uno come me, che non esce di casa, è un clima appena sufficiente –. La musica smorzata sembrava lontana anni luce, solo nei fortissimi gli archi superavano la soglia del sussurro. – Le piace Vivaldi? – chiese il giudice appoggiando il capo allo schienale del divano.
– Ho deciso di ritirarmi, – affermò il maresciallo senza rispondere alla domanda. – Ho deciso di uscire dall'Arma, – specificò.
– Mette in pace, – continuò il giudice facendo oscillare l'indice in aria come a dirigere il pezzo musicale.
– Di musica non ne so niente! – Il maresciallo si portò in avanti per evitare il contatto morbido e pacificante

del divano. - Non sono venuto per parlare di... musica, - affermò con secchezza guardando il pavimento.

- E nemmeno per annunciarmi le sue dimissioni, - completò il giudice continuando a dirigere la musica.

- Nemmeno per quello, - confermò il maresciallo come colto in fallo. - Ma lei sa che cosa sono venuto a dirle! - tentò. Salvatore Corona non rispose. - Io non sono di quelli che sono entrati nell'Arma per vocazione, - continuò il maresciallo per riempire il silenzio. - Eravamo poveri e c'erano sette bocche da sfamare in casa mia. Cosí mi sono arruolato.

Il giudice spense l'impianto stereo. La musica s'interruppe con lentezza come se le ultime note si fossero diffuse con energia propria.

- Non posso aiutarla, maresciallo, non posso -. La voce del giudice era diventata improvvisamente implorante. - E anche se volessi non sono piú nelle condizioni di farlo.

- Ma può ascoltarmi, - esclamò il maresciallo alzando la voce. Poi tacque per paura di aver osato troppo.

Il giudice si alzò dal divano. Si diresse verso il mobile bar di fianco alla credenza antica.

- Vuole da bere? - chiese sorridendo. Il maresciallo fece segno di no. - Se devo ascoltare ho bisogno di un cicchetto.

- Lei sa che ho perso una figlia di dodici anni? - chiese il maresciallo controllando di avere a portata di mano la valigetta ventiquattrore. Il giudice non rispose. - È successo tanto tempo fa: undici anni per l'esattezza. Credo che sia stata colpa mia, - sussurrò il maresciallo come se pronunciare quella frase a voce alta ne accrescesse la gravità. - Avevo bevuto troppo e c'era troppo caldo: eravamo al mare dalla sorella di mia moglie. La bambina non voleva rimanere al mare con i fratelli e i cuginetti, allora non restò che riportarla a casa con noi. È vero che il camion fece la curva larghissima, ma i miei riflessi non erano a posto... - s'interruppe come a riprendere fiato. - Cercai di mantenere l'automobile in carreggiata. Intanto il camion era sparito. Fu un salto di venti metri –. La voce del maresciallo cominciò a incrinarsi. Il giudice Corona assaporò con voluttà il gusto del brandy che si era versato e attese che il calore dell'alcol si irradiasse nel suo corpo. – Ho passato due anni della mia vita a cercare di rintracciare quel camion, – continuava il maresciallo. – Mia moglie diceva che era meglio lasciar perdere...

– E aveva ragione! – commentò all'improvviso Salvatore Corona. – Quando si gioca con le ossessioni si rischia quasi sempre di perdere.

Il maresciallo strinse gli occhi. – Se è ancora disponibile, qualcosa da bere mi andrebbe adesso, – affermò sfilandosi definitivamente il cappotto.

Il giudice non si alzò subito, al contrario sembrò affondare ancora di piú nei cuscini del divano. Poi, come radunando le forze, scattò all'impiedi e si diresse verso il mobile bar. – Che cosa le verso? – chiese.

Il maresciallo, colto quasi alla sprovvista: – Quello che beve lei, – rispose dopo qualche secondo.

– E cosí si arriva alla scomparsa della bambina, – cercò di sintetizzare il giudice porgendo il bicchiere colmo al maresciallo.

Nicola Pili accennò di sí. – Si arriva al settembre dell'89. Ho qui i ritagli di giornale, – aggiunse indicando la ventiquattrore che aveva tenuto al suo fianco per tutto il tempo.

– Lo sapevo, – commentò il giudice con una nota di amarezza. – Un caso archiviato se non sbaglio.

– Non sbaglia, – confermò il maresciallo. – Si accusò il padre.

– Lo so! – sbottò il giudice. – Era un testimone reticente, ma punti oscuri non ce n'erano. Il caso era chiaro: la bambina era continuamente maltrattata.

– La polizia dice che non fu ordinata alcuna perquisizione nella casa della bambina...

– E perché avremmo dovuto ordinare perquisizioni? Il padre aveva praticamente confessato!

– E il corpo?

– Sa bene anche lei come vanno queste cose.

Il maresciallo prese una bustina dalla valigetta e la allungò al giudice. Salvatore Corona cercò di inquadrarne il contenuto, ma senza risultato. Accese la lampada al suo fianco. La luce squarciò l'oscurità della stanza.

– Cos'è? – chiese perplesso al maresciallo vedendo che nonostante l'illuminazione non riusciva a capire di cosa si trattasse.

– Un pezzo di plastica, – rispose il maresciallo.

– Che è un pezzo di plastica lo vedo! – Il giudice si rabbuiò.

– Il pezzo di una videocassetta, – chiarí il maresciallo. – Io ci sono stato in quella casa. Solo un mese fa. È disabitata dal dicembre del 1990 quando la madre della bambina è morta per l'incidente. È lí che ho trovato quel pezzo di plastica.

– Un altro complotto? – ironizzò il giudice.

Il maresciallo non rispose. Scartabellando fra i materiali della valigetta estrasse un plico di fogli uniti da una graffetta, porgendoli al giudice. Il giudice lesse un elenco di suppellettili e oggetti.

– Interessante, – finse dopo un'occhiata generica ai fogli.

– Un inventario, – specificò il maresciallo. – La sorella di Mereu Giulio, il padre della bambina, ha fatto svuotare l'appartamento e ha trasferito tutto il mobilio in una casa al mare, poco prima che io potessi perquisirlo. E l'azienda dei traslochi ha stilato una lista completa di tutto quello che c'era dentro. Come vede i Mereu non possedevano un videoregistratore.

– Lo sa che lei ha violato almeno tre articoli del Codice Penale? Lo sa che il caso è stato archiviato? – sbottò il giudice scaraventando i fogli sul divano. – Mi dia almeno una ragione per la quale io debba continuare ad ascoltare questo delirio.

– La coscienza, – rispose semplicemente il maresciallo. – Poter dormire; andarsene con la sicurezza di aver fatto tutto quello che bisognava fare.

– Non era un'indagine di competenza dei carabinieri! – insistette il giudice. – Se ne occupava la Polizia!

– Il commissario Curreli, – confermò il maresciallo.

Salvatore Corona si alzò per versarsi ancora da bere. – Non venga a parlare a me di coscienza. Avrò il mio bel da fare per il tempo che mi resta! E lei maresciallo non è il padre di tutte le bambine che scompaiono su questa terra! Sono stanco, e le cose che lei ha da dirmi non mi interessano.

– Allora ritiriamoci, facciamo finta di non vedere!

– Perché ha deciso di coinvolgermi in questa cosa? – si lamentò il giudice, dalla sua voce traspariva un'angoscia sottile.

– Perché in qualche modo il nostro bilancio deve chiudersi in attivo signor giudice. Queste non saranno indagini ufficiali: da qualche parte c'è qualcuno che fa sparire bambine, magari le filma. Forse si tratta di piú d'uno. Questi non possono finire in tribunale. Non è piú possibile vedere i pesci che scappano da questa rete bucata che è la nostra giustizia. Questi devono morire signor giudice: meglio morti! Meglio per tutti.

Capitolo decimo

Eugenio richiuse il giornale con un mezzo sorriso. Era stanco dopo il viaggio, ma non voleva dare a vederlo.

– Allora? – chiese Giuseppina spostando il piatto per sporgersi verso di lui dall'altro lato del tavolo.

– Mh! scritto benino, – commentò Eugenio fingendo un'aria di sufficienza. – Metti un bel po' di carne al fuoco.

Giuseppina ebbe uno scatto. Afferrò il tovagliolo, che stava posato sul tavolo e glielo scaraventò addosso. Eugenio cercò di proteggersi il viso ridendo.

– Scritto benino! – stava ripetendo lei facendo l'offesa. – Questo è il massimo che riesci a concepire?

– Non esattamente, – rispose lui tra le risa, – potevo esibirmi in un «carino non c'è male», che ne dici?

– «Ne» dico che dopo due giorni di latitanza potresti almeno baciarmi. Ed essere piú gentile, – sussurrò, diventando poi improvvisamente seria: – Ho bisogno del tuo aiuto –. Si sedette sulle ginocchia di lui cingendogli il collo con le braccia.

Eugenio si abbandonò alla stretta. – Non ci sono parole per spiegarti come ho passato gli ultimi due giorni: la notte scorsa ho dormito nell'infermeria del carcere. Ho una paziente che si rifiuta di parlare con i miei colleghi, cosí mi hanno tirato giú dal letto in piena notte perché aveva avuto una crisi.

– Povero amore mio, – disse lei stringendosi ancora di piú. – È colpa tua che sei cosí bravo. Ho bisogno del tuo aiuto, – ripeté di nuovo. – Un certo Paolo Sanna è stato tuo paziente... – buttò lí.

Eugenio Martis si staccò per un attimo da lei. – Paolo Sanna? – chiese. – Un mio paziente...

– Alcolismo, – lo aiutò lei.

– Alcolismo! – ricordò lui. – Lo conosci? È stato un paio di anni fa: una brutta faccenda.

– Mi interessa, – disse lei. – È stato inquisito per la scomparsa di una bambina nel novembre del 1989.

– Non è stato inquisito, – corresse lui. – Era in ospedale in quel periodo.

– Lo so, lo so. Vorrei sapere che tipo era.

Eugenio tentò di alzarsi per liberarsi dal peso di lei. – Ehi, signorina, lo sai che non mi piace parlare dei miei pazienti!

– Dài, Eugenio, non ti chiedo di rivelarmi dei segreti, voglio solo sapere che cosa ne pensi.

– Che cosa ne penso di che? – chiese lui sollevandola con una presa ai fianchi.

– Ma del ragazzo! I giornali dicono che molti sospetti ricaddero proprio su di lui e che sei stato tu a scagionarlo.

Eugenio aspettò qualche secondo prima di rispondere. Cercò di ritornare a quel periodo, di inquadrare il ragazzo seduto davanti a lui. Ricordò persino l'inflessione della sua voce. – Non c'è verso, – concluse. – Tutto quello che finisce sui giornali in qualche modo si allontana dalla verità: la bambina che stavano cercando frequentava la casa dove abitava anche il ragazzo, ci stava piú che a casa sua, allora fu logico cercare di capire dove lui si trovava il giorno della scomparsa. E lui si trovava in ospedale, te l'ho già detto! E c'è una bella differenza dal dire che era stato inquisito! Non so se mi spiego, – affermò cercando di far capire che quelle erano le uniche informazioni che avrebbe avuto da lui.

– Ti spieghi, ti spieghi benissimo. Comunque resta il fatto che Paolo Sanna era il piú sospettabile...

– E perché mai? – la interruppe Eugenio. – Perché

era un disadattato? Perché beveva come una spugna già da quando aveva vent'anni? Questo non mi piace Giuseppina, non mi piace affatto del tuo lavoro!

– Che c'entra il mio lavoro adesso?

– C'entra eccome! Conosci la teoria delle rane volanti?

La domanda aveva scosso Giuseppina. E aveva interrotto il flusso di risposte che aveva preparato dentro di sé. – No, non la conosco, – si limitò a rispondere seccamente.

– È la teoria di un filosofo del settecento secondo la quale si perde tempo a far conoscere la verità a chi è schiavo dei pregiudizi, perché a costoro la verità non interessa piú di quanto interessi alle rane di volare.

– Molto interessante, – commentò Giuseppina con rabbia sorda. – E io da che parte sarei, secondo questa teoria? – domandò.

– Dalla parte di quelli che non agiscono da sapiente: perché anziché aiutare i pochi che sono interessati alla verità ti occupi dei molti a cui la verità non interessa.

– E allora, – incalzò lei, – se fosse cosí gentile da illuminarci sulla verità, le saremo tutti grati, l'umanità intera le sarà grata!

– La verità? – ribadí Eugenio. – La verità è che quel ragazzo era degente in ospedale il giorno della scomparsa della bambina.

Giuseppina aspettò qualche secondo. Vide che Eugenio si versava da bere con aria assorta. Assumeva quello sguardo ogni volta che agiva su se stesso per padroneggiare una reazione che rischiava di sfuggire al suo controllo.

– Mi limito a esporre i fatti, – ritentò. E lo disse lentamente come a saggiare fino a che punto lui fosse riuscito a controllarsi.

– Bene, – disse lui appoggiando il bicchiere non ancora vuoto sul tavolo e afferrando il giornale. – Vediamo questi fatti –. Quindi cominciò a leggere. «*Ritrovata morta la bambina scomparsa un anno fa. Ines Ledda conosceva il suo assassino? Casa Ledda, un appartamento modesto poco distante dal corso Garibaldi. La madre nasconde il viso dietro il fazzoletto del lutto. Il padre parla a stento: "Non c'è una punizione possibile per chi l'ha uccisa!" Poi torna a rinchiudersi nel suo dolore. Un'affermazione che contiene il dolore di tutti, vicini, amici e anche persone qualunque che si affollano nel cortiletto in via San Francesco per testimoniare il loro sgomento. Gli inquirenti sono cauti. La dottoressa Comastri, sostituto procuratore incaricata di coordinare le indagini, è parca di risposte alle domande che le vengono rivolte: "Lasciateci lavorare" si è limitata a rispondere. Il commissario Cureli della Squadra Mobile non è stato piú loquace: "Niente da dire, per il momento, è troppo presto per fare affermazioni". Tuttavia una serie di elementi sono subito balzati alle cronache, perlomeno quelle del Palazzo di Giustizia: a ritrovare la bambina sono stati tre cacciatori in perlustrazione, tra questi un graduato dell'Arma dei carabinieri: il maresciallo Nicola Pili. Secondo voci del Palazzo di Giustizia elementi importanti sulla scomparsa potrebbero scaturire dai risultati della necroscopia...*

Giuseppina, che durante tutta la lettura aveva tentato di rimanere calma, aveva fatto uno scatto in avanti e strappato il giornale di mano a Eugenio. – Non sono una delle tue pazienti, non mi trattare in questo modo! – disse tentando di ricomporsi, ma non ancora calma.

– Quali sono i fatti? – chiese lui senza scomporsi. La ragazza si rinchiuse in un mutismo tenace. – Non c'è una sola informazione, – insistette lui.

Cosí lei si alzò cominciando a portare verso il secchiaio piatti e bicchieri sporchi. – Le informazioni arriveranno presto! – sussurrò come una minaccia. Quindi si guardò attorno cercando la propria borsa. – Arriveranno presto! – ribadí allungandogli la lettera anonima giunta in redazione la mattina.

Capitolo undicesimo

Danila Comastri buttò giú il suo caffè. Sarebbe stato meglio abbassare il riscaldamento, si sentiva accaldata. – C'è un clima troppo secco, – disse. – Bisognerebbe tenere i termosifoni piú bassi, si soffoca qua dentro!

Il commissario Curreli sorrise. – Una volta c'era un clima secco da queste parti, ma dopo la creazione dei bacini artificiali è tutto cambiato.

– Se lei fosse nato in Lombardia saprebbe di cosa sto parlando, – affermò lei dirigendosi verso la finestra dell'ufficio per spalancarla. Ma non vogliamo parlare del clima non è vero?

– Già, – ammise il commissario. Dalla finestra immensa dell'ufficio del sostituto procuratore cominciava a entrare l'aria gelida. Si strinse a riccio. – Le notizie che ha chiesto, – completò porgendo una cartella non troppo voluminosa.

Danila Comastri le diede un'occhiata veloce. – Luigi Masuli ha una tabaccheria in Corso Garibaldi, – lesse a voce alta. Il commissario affermò con un gesto del capo. – Elio Parodi: commerciante.

– Proprietario di una piccola cartoleria, – informò il commissario schiarendosi la gola.

– ... commerciante, – continuò lei, per non farsi interrompere, rallentando la lettura per tenere sotto controllo i fogli che cominciavano a turbinare sul suo tavolo. – Le dispiace commissario? – disse seccamente indicando la finestra spalancata. – Credo di poter affermare che il ricambio d'aria c'è stato, – aggiunse cercando di dare una nota di ironia alla sua voce.

Il commissario si alzò con malcelata stanchezza e richiuse la finestra. Danila Comastri attese che l'operazione fosse finita, poi continuò: – Nicola Pili eccetera eccetera... in aspettativa per sei mesi.

– Non c'è niente, – annunciò il commissario vedendo che il sostituto procuratore richiudeva la cartella con aria assorta. Danila Comastri non sembrò delusa piú di tanto, si limitò a incrociare le dita davanti al viso come in preghiera, – Commissario, – disse, – lei mi sta mettendo in una posizione molto imbarazzante mi creda... – Poi si fermò per attendere una reazione. Ma la reazione non arrivò: il commissario tentò di allungare ancora un poco le gambe per fingere noncuranza e non trovò un'espressione migliore che un sorriso ebete. – Nella sua carriera avrà avuto parecchie volte la sensazione di avere a che fare con un testimone *reticente*; non è questo in definitiva il *vostro problema*?

Il commissario si drizzò a sedere. – Il *vostro problema* di chi? – chiese con un tono che non era piú una domanda.

– Di voi sardi, – affermò lei con candore.

Ora il commissario cominciò a sentirsi veramente inquieto. – Di noi sardi, – ripeté meccanicamente come se ripetersi l'affermazione servisse a renderla piú vera. – Sarebbe un problema regionale dunque? – staffilò senza riguardi. – Signora mia, – proseguí con sufficienza, – non le sembra che ne abbiamo avuto già abbastanza di sociologi e antropologi e che sia arrivato il momento di smettere di studiarci *noi sardi*? – Avrebbe voluto aggiungere *da quattro soldi, sociologi e antropologi da quattro soldi*.

Danila Comastri attese qualche secondo. – Lo sa che ho un cane? – chiese all'improvviso senza preoccuparsi che la domanda potesse sembrare fuori luogo.

– No, – rispose il commissario sorpreso.

– Ce l'ho! – confermò lei. – E mi fa fare certe levatacce al mattino presto, – aggiunse.

Allora il commissario capí. Abbassò il capo come uno scolaro scoperto dalla maestra a copiare.

– Sta bene il maresciallo? – rincarò lei.

– Sta bene, – rispose il commissario senza sollevare la testa.

– Abbiamo molte cose da raccontarci, non è vero? – continuò a domandare Danila Comastri cercando di mantenere il tono che si usa con i bambini.

Il commissario Curreli fece cenno di sí.

Si era impegnato.

Aveva detto quasi tutto. Aveva accolto con stupore lo stupore della dottoressa Comastri. Aveva scoperto che cercare di spiegare ciò che era sembrato cosí logico non era affatto semplice. E dava corso a un flusso non lineare di ragioni che perdevano forza non appena pronunciate.

Ma sarebbe bastato raccontare di quando era cominciato tutto.

La mattina del 7 settembre del 1989. Quando un uomo di trentotto anni si era presentato in commissariato e aveva denunciato la scomparsa di sua figlia. E l'aveva descritta: dodici anni, un metro e quarantasette, scura di capelli, occhi verdi. E aveva portato con sé una fotografia della bambina.

Qui sopraggiunse la prima difficoltà: parlare del viso di quell'uomo, del suo sguardo. E parlare della sua disperazione serena, come una farsa di disperazione. Tutte cose impossibili da esprimere per il commissario: la sua certezza e la condanna pronunciata dentro di sé. Quando l'uomo non aveva voluto spiegare situazioni e circostanze. E perché il suo conto in banca era cresciuto, e da chi erano arrivati tutti quei soldi. A ogni domanda aveva detto di non sapere, a ogni addebito aveva risposto con il silenzio. Questo l'aveva condannato. L'aveva condannato ancora una volta. L'avevano condannato quelli che raccontavano del suo brutto carattere. E della bambina spesso percossa.

Cosí il commissario raccontò semplicemente che tutti gli elementi avevano portato a lui. Ma che lui non si era difeso.

Sarebbe stato impossibile spiegare ancora. Dire che per sistema le indagini finiscono non appena appare un colpevole. E che questo era stato un caso lineare. Anche se lo sguardo del sostituto procuratore non aveva rivelato sorpresa, ma consuetudine. E sembrava incoraggiarlo a superare ogni remora.

Allora il commissario raccontò di quando il maresciallo Pili, nel novembre del 1989 volle incontrarlo perché un'altra bambina era scomparsa e di come si fossero intesi, naufraghi nello stesso mare. Raccontò di come arrivarono i primi dubbi, da sempre ricacciati, di come quel colpevole, quel padre violento, che era apparso cosí naturale, apparisse via via una vittima. Perché la giustizia degli uomini non sa aspettare, ma la Giustizia la fa il tempo. Cosí un'altra bambina era scomparsa e tutto si era scardinato. Le certezze si erano volatilizzate. Ma qualcosa era stato chiaro solo allora: un'altra strada andava percorsa. Sorvolando le strettoie, muovendosi in piena libertà, aspettando. E questo fu l'accordo: dare alla gente la sua giustizia, ma lavorare per la Giustizia. Sentendo crescere dentro una specie di predeterminazione, giustificandola con la fiducia nella propria integrità. Perché certe indagini le fanno solo gli scrittori, nei gialli. Loro che sono dèi, loro che non sbagliano un passaggio nel meccanismo oliato della storia che hanno creato. Loro che danno agli inquirenti menti sovraumane, menti libere, come se i poliziotti e i carabinieri e i giudici non fossero uomini, ma gas perfetti, che servono solo a dimostrare le teorie della fisica, ma che in natura non esistono.

E quand'anche riuscissero a entrare nel meccanismo, nell'intrico di una vicenda d'uomini, non sarebbe mai l'aperta via dell'analisi a condurli, ma la tortuosa spirale del Caso. Cosí accadde, e questo tentò di spiegare il commissario, piú che i fatti: le ragioni che convinsero due uomini a porsi al di sopra dei meccanismi per difendere i quali essi stessi erano stati chiamati ad agire.

Nemmeno il ritrovamento di Immacolata Cóntene viva serví a farli desistere. Perché, Immacolata Cóntene, viva non poteva definirsi...

Cosí si rinnovò la sofferenza per quella scelta e quando, nel gennaio del '91, la terza bambina, Lorenza Ibba, fu trovata morta a casa sua, avvelenata dal topicida, nonostante l'evidenza, nonostante tutto apparisse lineare e si fosse liquidato il caso con la formula *un tragico incidente*, si aggiunse al terribile elenco un'altra vittima.

La decisione andava presa.

Danila Comastri guardò la sedia vuota, dove qualche minuto prima aveva sofferto il commissario Curreli. Alcuni punti si erano chiariti: il maresciallo e il commissario avevano agito di comune accordo, avevano tracciato una linea di indagini del tutto autonoma, saltando qualunque tipo di coordinamento. Avrebbe dovuto sentirsi peggio, sentirsi furiosa. Ma non fu cosí. Ora si trattava di volgere al meglio quel pasticcio, pretendendo di conoscere i risultati di quelle ricerche mettendoli in ordine.

La prima bambina scompare improvvisamente; il giudice Corona dispone indagini di tipo standard, non ci sono elementi per pensare a fatti collaterali: si ricerca all'interno della famiglia della bambina e si trova un colpevole. Fin qui tutto regolare. Poi sparisce la seconda bambina. Altra indagine, altre ricerche e un maresciallo che non crede alle coincidenze. Qui il meccanismo si rompe, si nascondono le prove, si prendono accordi, si saltano le procedure. Il commissario e il maresciallo cominciano a incastrarsi lavorando da soli. Quando sparisce la seconda bambina le indagini sono tutt'altro che a un punto morto. Il maresciallo sta indagando presso la scuola che lei ha frequentato. È sicuro di aver individuato la bambina che ha telefonato ai giornali per dire che Grazia Mereu ha tenuto un diario. La segue. Ma la bambina muore per un incidente a casa sua. Un incidente banale: ingestione di topicida.

La madre della bambina in preda alla disperazione confessa la sua leggerezza: ha lasciato il veleno a portata di mano, non vuole arrendersi all'evidenza. E l'evidenza dice che la bambina ha confuso la scatola del veleno con quella dello zucchero. Perché Lorenza Ibba è una bambina distratta, svagata; una bambina con la testa fra le nuvole...

Capitolo dodicesimo

– Non voglio disturbare ancora, – disse il maresciallo guardando l'orologio.

Il giudice Corona sollevò lo sguardo dalle scartoffie che aveva sparse sulle ginocchia.

– È quasi ora di pranzo, – constatò il maresciallo cominciando a raccogliere i fogli per disporli nella valigetta ventiquattrore che aveva portato con sé.

Comunque la si ponesse si era trattato di una confessione in piena regola. Il giudice Corona l'aveva ascoltato intervenendo solo di tanto in tanto, formulando domande semplici e dirette: – Perché Lorenza Ibba? – aveva chiesto.

Il maresciallo aveva cercato una posizione piú comoda nel divano e si era riformulato in silenzio la domanda. Poi, lasciandosi andare sulla spalliera, aveva risposto: – Le iniziali della bambina che ha telefonato al giornale.

– Anche Ines Ledda, – aveva controbattuto il giudice.

Il maresciallo, scuotendo il capo: – Ci ho pensato dopo, all'inizio mi era sfuggito.

Il giudice, strofinandosi gli occhi: – Cosí, se qualcuno temeva qualcosa e l'ha vista tener d'occhio la bambina, si è mosso per farla tacere.

Il maresciallo, facendo uno scatto in avanti: – Non dica cosí...

Il giudice, alzando la voce: – Ma ci ha pensato non è vero?

Il maresciallo, agitandosi sul divano: – Quello è stato un incidente!

Il giudice, senza guardarlo: – Però non ne è sicuro...

Il maresciallo scattando in piedi: – No! Lo sa bene che non sono sicuro!

Ora il giudice lo invitava a risedersi. Ma il maresciallo diceva che era tardi e che era ora di pranzo. – Non è tardi, maresciallo. Se per lei non è un problema io ho tutto il tempo che voglio –. Aveva fatto vagare ancora una volta lo sguardo sui pochi fogli che gli erano rimasti sulle ginocchia. – Siete stati dei pazzi, maresciallo, siete stati due pazzi lei e il commissario, due incompetenti, avete fatto errori che non avrebbe fatto nemmeno un agente alla prima missione...

– Certo che siamo stati pazzi, – lo interruppe il maresciallo. – Lo so che siamo stati pazzi! Ma volevamo capire, vogliamo capire, se questi delinquenti sono solo piú fortunati di noi. O se qualcuno lavora perché ci superino sempre. Sono necessarie armi piú valide, strumenti piú violenti, quando scendiamo in battaglia con loro, perché questa è una guerra. E se non riusciremo a batterli saremo perlomeno in grado di pareggiare i conti. Ma il dubbio, signor giudice, è che siano altre le ragioni segrete che li hanno resi superiori a noi... Cosí abbiamo pensato che mantenendo la mente lucida, sgombra dalle incertezze e acutizzando l'intelletto, senza lasciarci distrarre e ostacolare dalle procedure, con opportune ricerche, ragionando insieme, saremmo stati in grado di scoprire i responsabili e quelle ragioni che li hanno resi forti.

Il giudice tentò un sorriso. – Vorrei avere la sua fiducia, – disse piano. – Vorrei credere almeno nella possibilità che rimanga qualcosa da fare. Ha ragione sa? Sono quelle ragioni che devono essere scoperte, ma non credo che né io né lei potremo farcela.

– Vuole dire che non mi aiuterà? – chiese il maresciallo, attendendosi il peggio.

– Voglio dire che sono un poveretto senza fiducia, uno che ha visto finire tutto quello in cui credeva e che per questo potrei fare solo danni. Potrei solo usare questa vicenda per far finta di contare ancora qualcosa.

Il maresciallo cominciò a strofinarsi le mani per il freddo. – Era da un sacco di tempo che avrei dovuto parlarle di tutto questo, ma poi, quell'estate...

– Già, – lo interruppe il giudice. – Quell'estate. Quando ho capito fino a che punto la verità ci possa sfuggire dalle mani. Cosí ho pensato che nessuno era piú inadeguato di me a garantirla la verità. Lo capisce che il minimo che possa pretendere da me stesso è di credere perlomeno nel sistema? E lei viene a dirmi che devo giocare a fare il giustiziere! Perché? Per darmi ancora una possibilità?

– Perché lei non crede a una parola di quello che ha detto! – scandí il maresciallo. – Perché né io né lei eravamo in grado di prevedere quello che sarebbe successo...

– Non eravamo in grado di capire quello che *stava* succedendo: troppo presi a fare gli antropologi. Non ricorda maresciallo? – ruggí il giudice. – Mi sono lasciato ingannare, ma per Dio!, non ci si può guardare da tutti! Non si può vivere in trincea. Mia moglie, maresciallo, lo capisce?

– Lo capisco. Ma, con tutto il rispetto, non mi sarei dato tanta pena al suo posto, non per questo... E poi sono passati tre anni.

– Ah no, non si sarebbe dato tanta pena? E la sua bambina allora? Sono passati undici anni. Ma lei dice che non si sarebbe dato tanta pena come se non fosse abbastanza aver vissuto per nove anni con una sconosciuta?

– Io dico vivere nove anni con un'assassina. Io dico...

– È finita adesso, è veramente finita!

– Io dico che non è finita affatto e che adesso comincia tutto! E che se lei si ritira sua moglie avrà ucciso anche lei! I suoi bambini, sua cognata. Perché tutti si aspettano che lei risorga ed esca da questa tomba. Non che ci ricada ogni volta che ne ha l'occasione! Lei è veramente convinto che io non mi sia chiesto le stesse cose che si è chiesto lei? Lei pensa davvero che io

per primo non abbia avuto la tentazione di ritirarmi? Gliel'ho detto appena arrivato! Ora non ne sono piú sicuro. Ero venuto per cercare una via d'uscita, ma l'unica via d'uscita è continuare...
 – E fare l'angelo vendicatore?
 – E fare Giustizia!

Parte terza

Ci sono soltanto due specie di uomini: gli uni, giusti, che si credono peccatori; gli altri, peccatori, che si credono giusti.

B. PASCAL
Pensieri Fr. 507

Capitolo primo

La strada diventava pericolosa. La brina gelata faceva una patina viscida sull'asfalto. Fiammetta Musu scalò, terza-seconda, per appesantire l'autoveicolo in discesa. Sentiva l'abitacolo scivolare verso la città e aveva la sensazione di non riuscire a governarlo. Era comico, in fondo, avere una sensazione del genere: si sarebbe potuta definire una metafora. La carriera di sindaco si era incagliata in una vicenda di parcheggi. La popolazione aveva espresso il suo parere negativo senza mezzi termini.

Non era sempre stato cosí.

In altri tempi un parere negativo non sarebbe stato decisivo; in altri tempi il sindaco veniva deciso nelle sedi di partito e dalle sedi di partito veniva destituito.

Quando un cittadino ha votato, non importa come e perché, quando ha espresso la sua preferenza, ha fatto il suo dovere e ha fatto il suo tempo. Tutto il resto non lo riguarda. E nessuno deve rispondergli per le scelte che ha fatto, per le trattative che ha svolto anche col suo voto.

Questa volta però era tutto piú complicato.

La baracca rischiava di saltare in aria. Il tetto faceva acqua da tutte le parti. *Il veicolo scivolava su una strada molto viscida*, il controllo diventava via via piú difficile.

Tutte immagini adatte a descrivere la situazione.

Il sindaco sorrise guardando quel lato panoramico dal quale si aveva la sensazione di stringerla nel pugno quella città che scappava da tutti i lati colando dall'altopiano come una zuppa che, per troppo bollore, fosse debordata dal recipiente.

Fiammetta Musu non vide l'auto. Una berlina scura che aveva occupato la sua carreggiata. Fece uno scarto per evitarla, la sua utilitaria sobbalzò leggermente rispondendo come poteva alla pressione che lei aveva imposto al pedale del freno. Cosí fece un testa-coda sfiorando le pareti di granito al lato della carreggiata e andando a imbucarsi in una piccola cunetta.

L'autista della berlina, un uomo non piú giovanissimo, spalancò lo sportello della sua auto e scese minaccioso da questa. Fiammetta Musu ne percepí la figura cercando di assorbire la scarica di adrenalina che le aveva offuscato la vista, aprí lo sportello per farsi aggredire dall'aria gelida. – Santino! – riuscí a farfugliare.

L'uomo per tutta risposta, dopo averla raggiunta, le sfiorò il mento con l'indice puntato. – Cos'è questa cazzata delle dimissioni? – chiese in preda alla collera. Passò qualche secondo prima che la donna riuscisse a inquadrare la situazione nel suo complesso, sentiva un leggero dolore al collo, frutto della sbandata. – Lo sai anche tu quello che è successo... – tentò poco convinta massaggiandosi dietro la nuca.

Santino Pau fece una specie di balzo, come se una scarica elettrica l'avesse fatto scattare. – Quello che è successo? No, non lo so quello che è successo, dimmelo tu!

– Mi hanno messa in croce, Santino. Sono pronti a saltarmi addosso, capisci, senza il consenso... – tentò ancora una volta Fiammetta Musu.

– Ah, il consenso, – ironizzò Santino Pau. – Allora vogliamo fare i politici sul serio. Bene facciamo i politici: hai idea di quanti soldi ci rimetto io mentre tu ti preoccupi del consenso?

– Forse basterà aspettare un po' di tempo, lasciamo calmare le acque, – propose lei.

Santino Pau parve scoppiare nella sua tenuta da campagna, il viso era divenuto paonazzo. – Non ho mai sprecato un attimo del mio tempo! Ho fatto quel che ho fatto perché ho sempre seguito questa regola facile facile e adesso tu mi dici di aspettare. Non dicevi cosí però quando ti serviva una presidenza per tuo marito, allora no. Allora bisognava tirarle giú dal letto le persone che contavano, quelle che dovevano votare per lui al Consiglio di Amministrazione e Santino non ne ha perso di tempo, li ha buttati giú dal letto uno per uno e tuo marito è diventato presidente.

– Lo so, lo so, – esclamò Fiammetta Musu. – Ma questa volta è diverso, non ti rendi conto che se insistiamo in questo momento non facciamo altro che esasperare la gente?

– Io mi rendo conto solo del fatto che ho preso degli impegni per questo lavoro. Impegni seri, che si chiamano miliardi! La gente è un problema tuo non mio, perché se cosí non fosse non avrei impiegato il mio tempo e i miei soldi per farti diventare sindaco.

– Bene, – si arrese lei. – Non si può certo dire che usi mezzi termini: non avresti mai potuto fare il politico, Santino. Che cosa devo fare?

Maria Vittoria Leccis stette a fissare la strada sotto di lei. – Hai visto? – continuava a ripetere al giovane che stava insieme a lei. – Hai visto? – riprendeva come a sincerarsi che fosse tutto vero. Un piano semplice il suo: pedinare il sindaco. Seguirla per un'intera giornata, dal risveglio alla notte. – Devo sentire cosa dicono! – stabilí muovendosi per mettersi in una posizione che le consentisse di capire le parole oltre che di udire le voci.

Il ragazzo che era con lei fece scattare ancora una volta la macchina fotografica. – Visto e fotografato! – confermò con aria di trionfo. Si era lasciato convincere di mala voglia ad affrontare questa avventura, soprattutto perché non era convinto che di avventura si trattasse. – Questo sí che è divertente! – esclamò cercando di non urlare. – Altro che oroscopi!

Maria Vittoria si voltò. – Alberto, – disse, – dob-

biamo sentire che cosa si stanno dicendo! Non si capisce un accidente da qua su.
– È meglio essere prudenti, – propose il giovane. Piú in basso non ci sono posti riparati e se ci vedono...
– Lo so, maledizione! – si arrese ritornando al suo posto.

La scena sotto di loro proseguiva concitata. L'uomo in abiti da campagna agitava le braccia con aria minacciosa.

Fiammetta Musu non sembrava in grado di replicare, ma si vedeva che tentando una protesta era uscita dalla macchina e invitava l'uomo a calmarsi. Poi si era diretta verso la cunetta per constatare eventuali danni all'automobile...

– Lo sai quanto è costato l'accordo? – tuonò Santino Pau. Fiammetta fece un sospiro di impazienza. – Una cifra con un bel po' di zeri! – continuò lui rispondendosi da solo. Il viso gli era diventato cianotico, le sue mani cominciarono a tremare. – E anche farti eleggere non è stato uno scherzo dal punto di vista economico!
– Ci risiamo, – commentò Fiammetta, – alta politica! Mi dispiace dirtelo, ma tu sei uno di quelli a cui piú o meno soldi non cambiano di un pelo la vita: rimani il poveraccio che sei sempre stato.
– Non ti permetto di parlarmi in questo modo! – Ma la sorpresa gli aveva incrinato la voce.
– Tu non mi permetti? Tu non mi permetti che cosa? Vogliamo fare i conti Santino? Vogliamo vedere a chi è convenuta di piú questa carica tanto costosa? – La voce di Fiammetta Musu era diventata uno staffile.

L'uomo si avviò verso il muso della macchina che aveva le ruote anteriori nella cunetta. – Non ci sono troppi danni, – disse. – Solo il paraurti un po' ammaccato: ti aiuto a tirarla fuori.

L'operazione non fu troppo complicata. Bastò dare una spinta per riportare l'auto in carreggiata. Santino Pau sembrava piú grosso intabarrato nella giacca a vento. – Senza di me non ce la puoi fare! – ansimò appoggiandosi al cofano della macchina. Il suo sguardo era minaccioso, la sua bocca continuava a emettere fumo denso. – Tutti buoni adesso! È diventata una moda rifarsi una verginità. Cosí i cattivi sono piú cattivi e aumentano i cittadini onesti! Ma dove erano tutti questi cittadini onesti qualche mese fa, nessuno se lo chiede. Sono un branco di pecore: gente che si attacca al carro della trasparenza solo perché al momento giusto non avevano i coglioni per fare quello che andava fatto! E sai che cosa ti fanno pagare adesso? Ti fanno pagare che non sono riusciti a mettere le mani nella torta. Ti fanno pagare il fatto che hai l'occhio avanti e che gli hai dato la polvere a tutti quei dottori con la tua quinta elementare. Quelli stessi che ridevano quando comprai per pochi soldi terreni senza l'abitabilità e case semidistrutte. Poi sono arrivati i permessi di costruzione e hanno smesso di ridere e sono venuti da Santino Pau a chiedere favori. Ma ora è arrivato il momento di andare in lavanderia a pulirsi le carriere. Cosí vanno le cose adesso, ma solo qualche mese fa un appalto se non lo compravi non te lo davano!

Fiammetta Musu spalancò la portiera della sua auto. – O mi dimetto o mi fanno dimettere! – sbottò, mordendosi il labbro inferiore. – Si tratta solo di pochi giorni.

– Se si tratta solo di *pochi giorni*, diciamo che per quei *pochi giorni* mi servi al tuo posto!

– Che cosa dovrei fare? – chiese ancora Fiammetta Musu rientrando in macchina.

– Devi fare la magia! – disse l'uomo aprendo le dita della mano contemporaneamente per mimare un'esplosione.

– Se tocco quei documenti ora, mi sono tutti addosso! – replicò lei tentando di opporsi. La sua voce tuttavia denunciava una resa.

– Questi sono problemi solo tuoi, – concluse Santino Pau sbattendo lo sportello dell'auto. – Io per quanto mi riguarda so bene quello che devo fare.

Non appena la strada fu completamente sgombra, Maria Vittoria Leccis si sporse con tutto il busto da quello che era stato fino ad allora il suo punto d'osservazione. – Non bisogna perderli di vista, – rifletté a voce alta rivolgendosi al giovane che era con lei e che stava riavvolgendo la pellicola dentro alla macchina fotografica.

– Signorina Leccis, lei è seduta sulla nitroglicerina! – affermò lui porgendole il rullino riavvolto e chiuso nella sua custodia ermetica.

– Ci siamo seduti tutti, Alberto, – replicò lei. – Facciamo cosí: tu stai dietro a lui, io sto dietro a lei. Appuntamento stasera a casa mia.

Il giovane sorrise senza rispondere. – Che cosa diciamo al giornale? – si limitò a domandare.

– Niente, al giornale non diciamo niente, per ora.

Capitolo secondo

Il cortile del carcere sembrava deserto, una piattaforma asfaltata che attutiva il calpestio concitato dell'ora d'aria. Tracce di vernice bianca segnavano un campo di calcio improvvisato e uno da basket delimitato dalle impalcature mobili per i canestri. Dalla sua cella Lina poteva vedere quel cortile al centro tra il braccio femminile e il braccio maschile. Dopo la terribile notte passata quasi insonne, perché il sonno artificiale non poteva chiamarsi sonno, si sentiva debole. Stette ancora per un attimo a guardare lo spiazzo, cercando di pensare alle voci che di lí a poco l'avrebbero riempito di vita.

Un passo indietro. Due. Tre. E gli anni a tornare indietro con lei. Quattro. Cinque. E i ricordi ad accavallarsi nella sua testa.
Grave. Gravissimo: le immagini che si fanno spazio spostando i lobi del cervello come se fossero le cortine di un sipario. Sei. Senza voltarsi, aspettando la fine dello spazio, la parete della cella, la porta metallica. Sette. Con le mani serrate dentro le tasche, sentendo sulle nocche la superficie opaca della fotografia: una donna, un uomo col volto grattato via, un neonato. Otto. Col volto dell'uomo che via via prende forma davanti a lei, a dispetto dell'impeto distruttivo, a dispetto della punta del chiodo che ha distrutto la patina stampata e lascia intravvedere i peli della cellulosa sottostante. Stop. Il freddo della porta. Lo spiffero dell'abbai-

no sulla nuca. Un occhio attento oltre lo spioncino. Fine della cella.

Le hanno promesso una clinica per un anno. Un posto dove sono tutti matti. Ma dimenticano sempre di dire: come lei, matti come lei. Il dottore, quello giovane, dice che è pronto: basta una firma. Basta dire tutto. Subito dopo la libertà. Lina ha pagato il suo debito. Il dottore dice che comunque sarà libera, ma che, se non parlerà, libera veramente non sarà mai. E non è per la giustizia che deve parlare: è per se stessa. Per poter ricominciare. Alla sua età.

Tornare al paese. Tornare alla vecchia casa. Senza piú nessuno.

Lina sorride.

Ricomincia. Otto. Lei ha detto tutto! Da ventotto anni. Poi basta. L'hanno giurato e hanno mantenuto: nessuna collaborazione, nessuna attenuante. Niente sconti, niente di niente. Sette. La vecchia maestra, piccola, con i capelli bianchi. Le prime luci dell'alba col freddo che schiaffeggia il viso. Sei. Santino. Che diventa uomo. Col labbro superiore che si imbrunisce per i primi baffi. Cinque. Santino che si lava nella tinozza davanti al camino. Ha compiuto diciannove anni e torna dalla campagna. È cosí timido che si lava di notte, quando tutti si sono ritirati e non si spoglia nemmeno davanti al fratello maggiore. Quattro. Spiarlo mentre fa scivolare fra le gambe lo straccio saponato. Spiarlo mentre si strofina la pelle con la tela grezza messa a scaldare davanti al fuoco. Tre. Lina che si avvicina alle sue spalle allungando una mano come un cieco fino a sentire il calore della sua pelle. Lina che gli afferra la nuca per non farlo voltare. Lina che si sbottona la blusa per fargli sentire la morbidezza dei seni. Due. Santino che non si volta. Santino che respira come se due mani gli stringessero il collo. Lina che gli chiude entrambe le palpebre come si fa con i morti. Santino che inarca i fianchi per far emergere i lombi dal pelo dell'acqua. Uno. Lina che solleva la sottana da notte e scopre le cosce. Santino che fa emergere i piedi dall'acqua e fa leva sul bordo della tinozza. Santino che non ha aperto gli occhi e aspetta. Aspetta di sentirla su di lui. Lina e Santino che non pensano piú a nulla. Lina non pensa al marito che dorme di sopra. Santino non pensa al fratello che dorme di sopra.

Stop. Lo spiazzo oltre la finestra. Un alito di tramontana che spazza via la polvere. Fine della cella.

La guardiana si spostò dallo spioncino per fare spazio a Eugenio.
– Ci aveva detto di chiamare, – si giustificò.
Eugenio fece un gesto con le spalle come a dire «non fa niente, l'avevo detto io, sí, l'avevo proprio detto».
– Non si è fermata un attimo. Sono ore che cammina avanti e indietro. Conta senza mai voltarsi. Abbiamo cercato di dirle che se tutto va bene sarà fuori presto, ma non sembra troppo contenta. Tutte le volte che entriamo nell'argomento cambia discorso, lo sa anche lei come fa.
Eugenio fece segno che lo sapeva, senza togliere l'occhio dallo spioncino.
Lina stava di spalle, non si voltava mai. Aspettava che fosse il contatto gelido con la porta della cella a stabilire che il percorso era finito. Quindi riprendeva a contare e farfugliare qualcosa.
– Dottore, peggiora? – chiese la guardiana senza apprensione.
Eugenio si voltò. La donna che gli stava davanti lo guardava senza nemmeno aspettarsi una risposta. La divisa la faceva stranamente attraente nonostante la corpulenza.
Conta... – ripeté lui sovrappensiero.

Uno.
Nostro Signore.
Tutti in piedi quando entra la maestra. Il segno del-

la croce. Il calamaio. La penna fra le mani ancora intirizzite. La tenda davanti alla nicchia dove sono riposti i quaderni di «bella». La R difficile da fare. Tutta inclinata da sinistra verso destra, ma con dolcezza. La T con i suoi riccioli...

– Sarà meglio entrare, – propose la guardiana.
Eugenio le fece segno di tacere.

Due.
Il bue e l'asinello.
Freddo al mattino. Fresco d'estate. Il camino sempre acceso nella stanza di sotto. La groppa della bestia che oscilla sotto il peso del basto colmo di provviste per i servi pastori. E sotto il peso del corpo gracile di una bambina. E il padre, sempre vecchi sembrano i padri a una bambina. Il padre cammina a due passi di distanza. Scolaro anche lui, scolaro anziano con una classe di scapestrati con i capelli rasati. Scolaro sapiente. Che siede nel banco grande, sopra la piattaforma. Che seda l'impazienza con la bacchetta. Perché quei diavoli aspettano solo il momento in cui dovranno condursi in fila, come vitelli, al refettorio, col pane e il latte e l'orzo nel latte. E lo zucchero.
Tre.
I Re Magi.
Tutto quel tempo perso a formulare ragioni. I seni che fanno male e cominciano a premere nel torace esile, tra le costole come giunchi e la pelle sottile. Le bluse sempre piú piccole, nelle spalle e nelle braccia.
Il sangue. Inatteso giú per le cosce. La madre che prepara panni lavati con la soda. Talmente candidi che brillano nella luce fioca dell'alba. E lo spavento: il ventre che si contrae. La stanza dove i fratelli piú piccoli non possono entrare. E il volto arrossato.
«Sto per morire?»
«Ma cosa dici: sei una donna».
«Fa cosí male essere donne?»
E la madre che sorride: «Questo è niente, figlia mia».

Quattro.
Gli Evangelisti.
Marco, Matteo, Luca, Giovanni. E Dio? *Dio è l'Essere Perfettissimo Creatore del Cielo e della Terra.* Tutto maiuscolo. Perché Dio supera anche la grammatica.

I punti cardinali. Mare dappertutto. Il muschio verso Nord. Lo scirocco da Sud. Il freddo sul viso. Il caldo alle spalle. Il sole nasce a Est e muore a Ovest. Al centro solo vento. Mulinelli che appianano le rocce con pazienza e incurvano gli alberi. Le terre a Sud. La scuola verso nord: due ore a piedi dal paese.

Lo sguardo trasversale quando i giovani sostano davanti alla bettola e si sistemano il cappello sulla fronte. Calato fin quasi agli occhi. Lasciando la nuca scoperta. E i capelli sono talmente scuri e corti che lasciano intravvedere il contrasto con la cute bianca. E la macchinetta del barbiere ha definito una linea di demarcazione netta tra la sfera del cranio e il collo scurito dal sole. Bianco, nero, bianco. Il cuoio capelluto, il collo, le spalle. Le spalle che si immaginano lattee sotto la camicia.

La gonna che si accorcia perché le gambe si allungano. I fianchi si stondano. E i seni hanno vinto la loro battaglia.

Cinque.
Le punte della stella.
La stella bianca sulla fronte del cavallo. Santino che salta in groppa senza la sella. Stringendo con le gambe la schiena dell'animale. E vanno come fossero incollati l'uno all'altro. Santino ha sedici anni. Cosimo vent'anni. E le ragioni sono troppe. Tutte a vantaggio del secondo. Che ha l'aria spavalda della famiglia e il sorriso del fratello minore. Ma il calore è diverso. Due fratelli orfani di madre. Uno da sposare. L'altro da accudire.

Il Pentateuco. La Legge. Il fidanzamento e le nozze. La prima notte col cuore in gola. La seconda a piangere. Impossibile capire.

«Non ti piaccio abbastanza?» dice lei.

«Non dire queste cose, mi passerà: ho bisogno di tempo. Sono stanco adesso, dormiamo» lui risponde brusco.

Estenuarsi. Dare tutto il possibile tenendo da parte qualche carezza per non sembrare una donnaccia. Fare tutto quello che una moglie deve fare. Senza andare oltre.

Ha tentato, anche lui ha tentato, ma gli piaceva solo guardarla. E con gli occhi diventava un altro.

Sei.

La Ragione Suprema.

La conoscenza della natura spirituale. La conoscenza delle leggi del corpo.

La perfezione di un matrimonio integro.

Provare ad amare qualcuno che non esiste e capire che Santino ritorna ogni notte, quando tutto è silenzioso, per levarsi dalla pelle la fuliggine e l'ovile. Sfiancando il cavallo per non mancare mai al camino e al suo letto. Alla cena lasciata vicino al fuoco.

Sentire che è giusto aspettare che torni. Riconoscendo l'ultimo tratto di strada fatto al galoppo per la fretta.

Preparare ogni cosa: il bacile con l'acqua già calda, la tinozza davanti al fuoco, che basti socchiudere la porta per spiarlo dalla fessura. Mentre Cosimo dorme.

Chiudere il cerchio con una tale paura da mozzare il respiro. Sferrando l'attacco finale quando è ormai chiaro che il corpo ha definitivamente sconfitto le incertezze. Quando è ormai chiaro che lui si offre agli sguardi segreti. Guardandola senza nemmeno voltarsi. Sentendola nel silenzio perfetto.

Sette.

I peccati mortali.

La prima volta. Atterrita dalla velocità con cui la testa smette di pensare. Atterrita dalla semplicità silenziosa con cui lui l'ha presa. Dalla dolcezza con cui ha cominciato a tremare già dal primo contatto. E con quanta sincronia hanno danzato l'uno sull'altra. A occhi chiusi, fingendo di amare solo se stessi.

Otto.

Il nastro dell'universo. Regolare e perpetuo.

Due di quattro, che è due di due, che è due di uno: duplicità su duplicità, fino all'unità di due unità.

Le quattro visioni e le quattro interpretazioni.

L'amore oltre il corpo. Il sogno dell'infinito. La comprensione. La Morte.

La gravidanza. La confessione. L'espiazione. La risoluzione.

Aspettare che Santino torni. Cosimo che aspetta. Aspetta che mangi e si spogli: vuole avere un vantaggio.

Gli occhi di Cosimo.

«Tu qui non ci devi piú tornare!»

Lo sguardo sorpreso di Santino.

«E perché? Questa è anche casa mia!»

Cosimo con le mani che tremano.

«Lo sai perché, non c'è bisogno di dirtelo! Comunque tu non ce l'hai piú una casa!»

Santino che tenta di asciugarsi in fretta sgusciando dall'acqua.

«Lei non c'entra... adesso è meglio che vada, torno domani a prendere la mia roba».

Cosimo con le lacrime agli occhi.

«Sarà meglio cosí. Io non mi faccio trovare perché se ti rivedo ti ammazzo. Se ti rivedo vi ammazzo tutti e due!»

Lina accovacciata vicino alla catasta di legna. Si è lasciata scivolare senza opporre resistenza, la fronte sulle ginocchia, le mani sulle orecchie.

– Pensa che sia il caso di intervenire? – La guardiana aveva un tono impersonale mentre pronunciava questa domanda. Si era avvicinata a Eugenio cercando di non alzare la voce.

– Cos'è questa mania di intervenire? – si seccò lui.
– Sta prendendo una decisione.

La donna si limitò a guardarlo con un misto di pazienza e sopportazione. Poi indietreggiò un passo dietro le sue spalle.

- Crede che voglia...
Eugenio la fece tacere con un gesto della mano.

Lina accovacciata vicino alla catasta di legna. Col naso a contatto della fibra secca. Ha visto Santino che tenta di coprirsi alla meglio. Ha visto Cosimo che dà pugni sul tavolo. Ha sentito come un'urgenza, qualcosa di molto vicino a un grido. Ma l'ha ricacciato tentando di sparire. Provando a bloccare lacrime silenziose. E non è la colpa che la fa piangere, non è nemmeno il pentimento. È questo continuo fluire di ragioni che non danno torto a nessuno, ma trasformano tutti in perdenti. Da che mondo è mondo gli errori si pagano: tutto sta nello stabilire se errori lo siano veramente. Lina sentiva che errori non ce n'erano stati. Che tutto si era svolto nella piú normale delle maniere. Nella piú scientifica, matematica, delle maniere. E allora perché piangere? Perché la scienza del mondo è distante anni luce dalle ragioni dell'uomo. Per questo piangere! Per la sconfitta. Per il rifiuto innaturale della naturale attrazione. Perché due corpi combaciano e altri no. Perché le leggi della mente prevaricano con violenza le leggi della natura.

Il volto di Cosimo era in preda al tremito. Quello di Santino al panico.

Poi il sole era stato inghiottito da una notte improvvisa.

Qualche tempo dopo era successo tutto.

- Non parlatemi di uscire, non saprei dove andare adesso. Va bene cosí, mi creda. E se devo fare la pazza farò la pazza!

Eugenio squadrò Lina. - Proviamo a parlarne? - tentò.

La donna fece il primo sorriso della mattinata. - Parlare di che cosa? - chiese.

- Di tutto...
- Lei perde tempo, - azzardò Lina a voce bassissima.

Eugenio scosse la testa aggrottando le ciglia.

– Dico che perde il suo tempo, – ripeté a voce piú sostenuta la donna.

Il medico rilassò i muscoli facciali cercando di nascondere l'imbarazzo.

– Oh, – disse, – se è per questo sono pagato apposta.
– Per perdere tempo? – insistette la donna.
– Per perdere tempo! – confermò Eugenio. – Non si può ascoltare la gente se non si ha tempo.

Lina cominciò a giocare con un bottone del suo camicione. Eugenio si guardò intorno. – È grande, – disse riferendosi alla cella.

– Sí, – rispose Lina senza alzare lo sguardo, – è la piú grande che mi sia capitata: sono otto passi.

– La stavo osservando poco fa.
– Poco fa... – incominciò la donna. Poi ebbe un ripensamento. – Me ne sono accorta.
– Lo so, – confermò Eugenio.

Seguí un minuto di silenzio in cui Lina sembrò impegnatissima ad appianare la coperta di lana pesante sul letto. Quindi si sedette. – Lo vede? – disse. – Non c'è bisogno di dire niente: sappiamo tutto quello che c'è da sapere. Io so che lei mi osserva e lei mi osserva. Dovrebbe bastare. Che bisogno c'è di parlare?

Eugenio: – Hai mai mentito?
Lina: – L'hanno fatto tutti almeno una volta...
Eugenio: – Certo, ma adesso stiamo parlando di te.
Lina: – Non «stiamo» parlando di me, lei «sta» parlando di me.
Eugenio: – Ho solo fatto una domanda.
Lina: – Però da quello che rispondo lei capirà un sacco di cose non è vero?
Eugenio: – Sto solo cercando di stabilire un contatto. Ma se la cosa ti preoccupa non sei tenuta a rispondere.
Lina: – Viene pagato anche per questo? Per fare domande a vuoto?
Eugenio: – È dura da ammettere ma è cosí. Mi chiedevo se tu potessi aiutarmi a guadagnarmi lo stipendio.

Questa volta Lina rise. Rise battendosi le ginocchia e trattenendo a stento le lacrime. Eugenio la guardò soddisfatto.

Lina: – Erano anni che non ridevo in questo modo. Troppo divertente «guadagnarmi lo stipendio».
Eugenio: – Ho preso delle informazioni.
Lina: – Ah.
Eugenio: – Sono stato a Laconi.
Lina: – Bravo è un bel posto.
Eugenio: – È molto bella la casa. Ma ha bisogno di qualcuno che la abiti. C'è molta gente che si ricorda di te e che ti sta aspettando. Sanno che sei una brava persona. Sanno che non hai fatto niente.
Lina: – Beati loro che sanno tante cose.
Eugenio: – Lina, smettiamo di giocare. Ti ho osservata poco fa: eri a un passo cosí...
Lina: – A un passo cosí da cosa?
Eugenio: – A un passo cosí dalla verità!
Lina: – Quale verità? Di quale verità stiamo parlando?
Eugenio: – Domanda formulata male. Si dovrebbe dire: di quale verità stiamo tacendo.
Lina: – Perché, secondo lei, basta dire le cose e le cose sono vere?
Eugenio: – Forse se si prova a dirle diventano vere. Ci sono un sacco di cose vere che sono difficili da dire. Potremmo provare col dire che hai fatto quasi trent'anni di galera per niente.
Lina: – Se lo dice lei sarà vero.
Eugenio: – Sarà vero solo se lo dici tu. È Santino che viene a trovarti qualche volta?

La donna ebbe uno scatto. Cercò intorno a sé, nella cella, qualcosa su cui posare il suo sguardo divenuto inquieto. Riprese con foga a martoriare il bottone.

Lina: – Santino? No, chissà dove è andato a finire. Nemmeno al processo si è fatto vedere.

Eugenio: – Si dice che fosse in casa quella notte.
Lina: – Si dice cosí? Allora chi lo dice ne sa piú di me. La chieda a loro la verità se proprio ci tiene.
Eugenio: – Dicono anche che tuo marito l'aveva mandato a lavorare in campagna perché era geloso.

Si era portata le mani alle orecchie.

Eugenio: – Dicono che quella notte Santino fu visto attraversare il paese al galoppo. E furono in molti a vederlo.

Era scivolata dal letto al pavimento lasciandosi cadere senza opporre resistenza ed era restata lí accovacciata con la fronte sulle ginocchia e le mani sulle orecchie.

Capitolo terzo

Maciste guardò negli occhi il suo interlocutore.
- È a casa mia! - disse con un tono tra il sorpreso e l'ironico.

L'uomo davanti a lui assentí col capo. - Bene, - rifletté. - Non cambia nulla.
- Lavoro completo? - domandò Maciste allegro.
- Non insistere! - sbottò l'altro percuotendo il piano del tavolo col pugno serrato. - Lo sai che quel bastardo non si può toccare!
- Chi vi capisce è bravo! - ritentò Maciste. - Piú comodo di cosí: è a casa mia e nessuno lo sa, ha bevuto come una spugna. Quando si sveglia sarà rincoglionito per un paio d'ore almeno. Basta un cuscino sulla faccia e via. Non capisce nemmeno quello che gli sta capitando.
- No, - tentò di resistere l'altro.
- Mi ha detto che a momenti l'ammazza, la strega. Piú fortunati di cosí non si può, un bel culo, un bel culo davvero. Facciamo che la vecchia l'ha fatta fuori veramente e che poi è sparito da qualche parte.
- Facciamo che la strega è morta davvero e lui finisce in galera, - esclamò conclusivo l'altro. - Dov'è adesso? - chiese riferendosi alla vecchia.
- Stecchita, l'ho riportata a casa sua. Facile come raccogliere funghi.
- Bisogna che qualcuno la trovi. Non subito magari, lasciamogli un po' di corda al bastardo. E poi non voglio problemi prima del matrimonio, lo sai che ci ten-

go a queste cose! A proposito domenica cerca di arrivare puntuale e vestito in modo decente! Ah, bravi con quegli alberi! Adesso, se Dio vuole, dovranno decidersi a far cominciare i lavori!

Le palpebre di Paolo percepirono la luce prima di aprirsi. E scoprire che non si trattava della luce del giorno. La lampada sul comodino mandava una luminosità giallastra concentrata tra il guanciale e la spalliera del letto. Per il resto la stanza era avvolta dall'oscurità piú assoluta.
– Quanto ho dormito? – chiese senza accorgersi di essere solo.
Non giunse risposta e Paolo capí che non sarebbe riuscito a sollevare il capo senza rischiare una fitta allucinante. Ma il dolore si preparava per il fatto stesso che aveva aperto gli occhi. Cosí tentò di sollevare tutto il busto per mettersi a sedere. E il dolore lo colpí, libero di spandersi dalla schiena verso la testa, lo agguantò per la nuca con due mani di tenaglia.
Ritornò a distendersi e richiuse gli occhi. Ma le pulsazioni delle tempie avevano dato libero corso al loro tam-tam e la lingua, incollata al palato, era diventata anch'essa un muscolo indolenzito.
Le chiavi scattarono nella serratura. Paolo le sentí come un boato.
– Alla buon'ora –. Maciste lo derise vedendo che si muoveva.
Paolo si portò la mano davanti agli occhi per schermarsi dalla luce della lampada. – Che ore sono? – chiese con la bocca impastata.
– Le sei, – rispose Maciste avviandosi verso la televisione. – Della sera, le sei di sera, – ripeté. – E se sale un poco la temperatura la neve non ce la toglie nessuno, – aggiunse sparando il volume della televisione.
Paolo strinse i denti per raccogliere le forze, ma quando si fu seduto sul letto la stanza cominciò a girare. Barcollò sul busto e si puntellò con le braccia per non cadere all'indietro.

– Avrei bisogno di bere, – risolse provando a puntarsi sui piedi.

– E cos'è, non ti è bastato? – domandò Maciste con una punta di disprezzo.

Paolo provò a organizzare un sorriso. Sentiva i muscoli della faccia come staccati dalle ossa.

– Lo sai che quando è passata una sbronza l'unico modo per riprendersi è quello di bere un cicchetto. È come per i diabetici, se stanno male bisogna dargli lo zucchero.

– Sí, ma qui caschi male, amico mio: io non bevo. E sinceramente penso che questa cura del cicchetto l'abbiano inventata gli alcolizzati. Forse sarà meglio che infili la testa nell'acqua fredda. Magari ti fa bene. Prova a mettere la testa fuori dalla finestra.

La televisione rimandava un telefilm americano, con spari e inseguimenti fra i grattacieli. C'era un poliziotto giovane che aveva paura di sparare e gli tremavano le mani. Ma quello piú anziano interveniva giusto in tempo per salvargli la pelle. Poi c'era la moglie del poliziotto giovane che veniva presa in ostaggio al supermarket. E i delinquenti volevano una macchina per superare l'accerchiamento della Polizia sennò l'avrebbero ammazzata. Ma la Polizia aveva organizzato un piano per entrare al supermarket dai parcheggi sotterranei. Ma prima il poliziotto anziano e quello giovane avevano discusso perché quello giovane voleva partecipare a tutti i costi alla cattura di quegli stronzi che avevano preso in ostaggio sua moglie, che si erano sposati da poco. Se non ché il poliziotto anziano, che gli mancavano pochi mesi alla pensione, aveva paura che al momento giusto il ragazzo si sarebbe cagato addosso e avrebbe rovinato tutto. Cosí il poliziotto anziano entra nel supermarket con un altro e quello giovane sembra che debba stare ad aspettare. Ma non ce la fa e, senza farsi vedere, entra anche lui nel supermarket. Intanto i cattivi hanno già fatto fuori quell'altro che era entrato col poliziotto anziano. E anche due di loro sono morti. Rimane solo il piú cattivo, che si fa scudo

con la moglie del poliziotto giovane, e il poliziotto anziano, che però è ferito. Cosí l'unico cattivo rimasto sta per uccidere il poliziotto anziano. Ma il poliziotto giovane gli arriva alle spalle e gli punta contro la pistola...
– E spara testa di cazzo! – esclamò Maciste con la faccia incollata allo schermo.
– Guardi tutto il giorno queste porcherie? – chiese Paolo dal bagno.
Il poliziotto giovane aveva ripreso a tremare e il cattivo ghignava perché aveva capito che l'altro si cagava sotto. Il poliziotto anziano diceva che doveva fargli saltare il cervello. Ma il poliziotto giovane continuava a esitare. La moglie del poliziotto giovane diceva che doveva sparare. Ma lui era ancora indeciso, perché non aveva mai ucciso nessuno e proprio non se la sentiva. Maciste, alzandosi in piedi, gli urlava di sparare. E, finalmente, il poliziotto giovane sparò.

L'acqua era veramente gelida. Paolo la sentí scorrere tra le scapole. Rabbrividí sentendo che la testa rispondeva all'impulso violento del getto realizzando azioni e parole. Si guardò allo specchio. Aveva la faccia gonfia. Gli occhi pesti. I capelli bagnati facevano l'effetto di una pelliccia di foca e cadevano a ciocche sulla fronte. Con calma allentò il colletto della camicia per raggiungere il torace con l'asciugamani.

– Ah! – esclamò Maciste vedendolo rientrare. – Sono passato da zia Badora, per avvisarla che eri da me e che non si preoccupasse. Ma non ho trovato nessuno.
Paolo prese uno sguardo interrogativo. – E dove sarà andata a quest'ora? – chiese.
– Boh! – rifletté Maciste. – Sarà andata in chiesa...
– Sarà andata in chiesa a pulirsi la coscienza. O a ringraziare quel Santo che me l'ha tolta dalle mani stamattina.
– Forse è meglio se torni a casa e vi spiegate... – azzardò Maciste.

– No, non ci torno a casa. Se non ti va di avermi in mezzo ai coglioni, basta dirlo e mi trovo un altro posto.

– Che cosa ne dici di calmarti? – replicò Maciste ritornando a concentrarsi sulla tivú.

Qualche minuto ancora poi si alzò mettendosi al centro della stanza con aria perplessa. «Dove cazzo l'avrò messa», continuava a ripetere fra sé. – Avevo una camicia bianca, – spiegò a Paolo che sembrava tutt'altro che interessato alle sue ricerche. – Dove sarà finita! Se c'è una cosa che mi fa incazzare è quando non riesco a trovare le cose!

Paolo non lo guardò nemmeno. – Non mi sorprende che in tutto questo casino non riesci a trovare la roba, – disse per gentilezza. – Cerca di ricordare quando l'hai messa l'ultima volta, – consigliò.

Maciste stava perdendo la pazienza: buttava all'aria i cassetti semiaperti di un vecchio mobile vicino al letto. – Mi serve per domenica! Devo andare a un matrimonio.

– Chi si sposa? – chiese Paolo incuriosito per la prima volta.

– La nipote del principale, – rispose Maciste continuando la ricerca febbrile. Poi si fermò. – Non è che sia proprio la nipote, lui non è nemmeno sposato: è una figlioccia, la figlia del capo cantiere, ma lui l'ha quasi adottata. Oh, le regala la casa, pensa un po'.

Intanto la camicia non si trovava...

Capitolo quarto

Il commissario Curreli si sporse in avanti per ascoltare meglio.
– Non ho intenzione di incriminare nessuno per il momento, commissario, – stava chiarendo la dottoressa Comastri. – Ma intendo fare in modo che non ci siano dubbi da subito: non mi piace. Questa storia non mi piace affatto.
Il commissario abbassò la testa.
– Sono sorpresa che abbiate fatto indagini e raccolto prove fuori dai canali istituzionali. Soprattutto considerando l'esperienza di entrambi. Ma forse non è tutto perduto. Forse si può ancora venire a capo di tutta questa vicenda.
– L'avevo giudicata male, – borbottò il commissario.
– Nessun problema, – tirò dritto il sostituto procuratore, – non è necessario amarsi per prendere dei delinquenti e noi li vogliamo prendere, non è vero?
– L'avevo giudicata proprio male, – rincarò il commissario. – Ma non era una situazione facile da spiegare. Quando telefonarono per dire dove era la bambina il maresciallo Pili disse che la cosa migliore da fare era far finta di trovarla per caso. E parve la cosa migliore anche a me. Si potevano trovare gli indizi con calma, intorno al cadavere e nei paraggi. Il maresciallo disse che certi suoi amici insistevano da tempo per organizzare una battuta di caccia al cinghiale. E disse che del resto se ne sarebbe occupato lui. Solo dopo avrebbe chiamato la scientifica per i rilevamenti. Dis-

se che se non avessimo fatto in questo modo avremmo rovinato mesi di lavoro. E io ero d'accordo.

– Qualcun altro era al corrente della vicenda?

Il commissario fece segno di sí.

– Luigi Masuli, – disse.

La dottoressa Comastri segnò il nome appena proferito sul suo blocco di appunti. – E gli indizi raccolti? – chiese dopo aver scritto.

Il commissario cercò di fare mente locale. – Il maresciallo Pili si era convinto che ci fosse un collegamento fra le bambine scomparse. Perché tutte avevano pressappoco la stessa età e frequentavano la stessa scuola. Già dopo il primo caso si era messo a fare indagini da solo. Per questo genere di faccende diventa un altro. Suppongo dipenda dal fatto che anche lui ha perso una figlia di quell'età. Credo sia questo che mi ha colpito. Diceva che le indagini sul caso di Grazia Mereu erano state condotte male. Diceva che eravamo stati superficiali. Lo liquidai senza nemmeno stare ad ascoltarlo. Gli dissi solo che si occupasse delle indagini di sua competenza. Ma non ci fu nulla da fare. Era come ossessionato dalla scomparsa della bambina: disse che non sarebbe stato un caso isolato. Però elementi non ce n'erano, certo eravamo stati un po' frettolosi quando sembrò chiara la responsabilità del padre della prima bambina scomparsa. Quando sparí la seconda, Immacolata Cóntene, ripensai a quel colloquio. Nel mentre i genitori di Grazia Mereu erano morti entrambi. Cosí incontrai il maresciallo e gli dissi che c'era qualche probabilità che avesse ragione. Qualche giorno dopo dopo la scomparsa della Mereu un quotidiano pubblicò la notizia di una telefonata fatta da una non identificata I. L. alla redazione che rivelava la presenza di un diario della stessa. Nel mentre Immacolata Cóntene era stata ritrovata, come lei sa. Decidemmo in questo modo: io avrei proseguito a fare le indagini secondo i canali «istituzionali» e il maresciallo se ne sarebbe occupato per conto suo. L'accordo prevedeva uno scambio costante di informazioni. Il mare-

sciallo Pili riuscí a entrare nella casa dei Mereu, ormai vuota e lí trovò quello che poi capimmo trattarsi un frammento di videocassetta –. Il commissario si fermò.
– Posso avere un sorso di quell'acqua? – chiese, indicando una bottiglia piena a metà sulla scrivania della dottoressa Comastri. La donna acconsentí con un gesto del capo.
– Il frammento di una videocassetta? – domandò quando il commissario ebbe finito di bere.
– Sí, – confermò il commissario. – Questo ci insospettí perché i Mereu non avevano il videoregistratore e non capivamo per quale motivo dovessero avere una videocassetta in casa.
– La casa era disabitata da qualche mese... – obiettò la dottoressa Comastri.
– Era disabitata, – confermò il commissario. – Ma era stata chiusa non appena avvenuto il trasferimento del mobilio.
Comunque pensammo subito che si trattasse di un elemento sul quale era il caso di soffermarsi. In ogni caso queste cose le sa ormai, ne abbiamo già parlato...
– Però c'è qualche cosa che non so, non è vero? – incalzò la dottoressa Comastri.
– C'è qualcosa, – si arrese il commissario. – Il maresciallo si presentò alla madre di Immacolata Cóntene. Si finse un rappresentante di libri e le mise sul tavolo un paio di videoenciclopedie che aveva comprato in edicola e aspettò la reazione della donna. Ma lei non fece una piega. Disse che non avrebbe potuto usarle in casa. Disse anche che il marito aveva deciso di prendere il videoregistratore dell'ufficio a un prezzo stracciato per via che allo studio dell'architetto, dove lavorava come geometra, dovevano cambiarlo con un modello migliore. Poi la scomparsa della bambina e tutto il resto e non se n'era piú fatto niente. Una donna dolcissima, cercò di far capire che non era il caso di insistere e che voleva essere lasciata in pace.
– E questo cosa dimostrerebbe? – chiese la dottoressa Comastri, ma senza cattiveria.

– Oh, questo non dimostra proprio un bel niente, – continuò il commissario. – Se non che il maresciallo cominciò a fare indagini presso lo studio dove lavorava il Cóntene...

– E allora?

– E allora scoprí che quella del videoregistratore era diventata una specie di fissazione per lui. Scoprí che si tratteneva in ufficio per vedere videocassette.

La dottoressa Comastri sorrise appena. – Comincio ad afferrare la situazione! – disse. – Il Cóntene aveva ricevuto qualcosa che voleva assolutamente vedere.

– Lo stesso che abbiamo pensato noi, dottoressa.

Capitolo quinto

Seduta con la schiena appoggiata alla spalliera del letto Giuseppina sentiva sulla pelle il gelo del ferro battuto. Da quella posizione poteva sovrastare Eugenio che cominciava a sonnecchiare semiaffondato fra i cuscini. Il colore della sua epidermide era sorprendentemente latteo. Questo la colpiva ogni volta, come la rotondità adolescenziale delle sue spalle e il candore delle sue braccia. Lo sfiorò con una mano. Lui rispose mandando un bacio in aria, ma nella direzione del contatto.
– Non dormi? – chiese con la bocca impastata.
Giuseppina fece segno di no. Eugenio intanto si stava impegnando a farla distendere circondandole i fianchi con un braccio.
Lei resistette. Fece forza con le gambe per mantenere la posizione.
In quei momenti poteva persino permettersi di non pensare agli *un po' troppo* che riempivano di incertezze le sue giornate. I fianchi *un po' troppo* marcati; le natiche *un po' troppo* abbondanti; *un po' troppo* lavoro e cosí via... Poteva permettersi di mantenere e difendere tutto il tempo che le sarebbe servito per continuare a guardare Eugenio mentre cercava di sparire tra le lenzuola. E controllare se fosse rimasta qualche sigaretta sul comodino al suo fianco.
Eugenio, compiendo un mezzo giro, fece aderire il torace alla gamba di lei sentendola morbida e fresca.
– Pensi che dovrei dimagrire? – chiese lei, ritornando se stessa e guardandosi i seni.

– Penso che dovresti dormire... – tentò lui baciandole la coscia.

– Non trovi che mi sono appesantita negli ultimi due anni? – incalzò Giuseppina continuando a esaminarsi.

– No, – tagliò corto lui. – Vai bene cosí, per me, – aggiunse subito dopo per paura di non essere stato troppo convincente.

– Non è vero, lo dici per mettermi buona. Lo dici perché sei un vanitoso e vuoi una donna piú brutta di te.

– Sentila! – protestò lui svegliandosi completamente. – Che fai, mi rubi il mestiere? Guarda che lo psicologo di casa sono io! Vieni a dire a me che sono vanitoso quando non fai altro che ripetere la storia che sei brutta e cose del genere!

– Forse perché tu non mi smentisci in modo abbastanza convincente se dico che sono brutta; e poi, se mi sento brutta non posso farci niente.

– Non sei brutta! E non ti permetto di mettere in dubbio i miei gusti.

Finiva cosí, nella maggior parte delle volte almeno: un silenzio di cose solo trattenute. Eugenio si scoprí il fianco come per tirarsi su dal letto. – Qual è il problema? – domandò sollevandosi col busto all'altezza del viso di lei.

Giuseppina alzò le spalle. – Nessun problema, – rispose. Ma aveva la gola troppo secca per articolare bene. Si schiarí la voce, deglutí. – Nessun problema, – ripeté con piú chiarezza.

Eugenio si impose un sorriso di circostanza; allungò la mano verso il viso di lei. E vide che il collo le si irrigidiva come a rifiutare il contatto. Restò con la mano a mezz'aria per qualche frazione di secondo, poi facendo uno scatto si mise a sedere, dandole le spalle, con le gambe fuori dal letto. Cercò gli indumenti per rivestirsi.

– Non mi aiuti... – sussurrò lei, vedendo che Eugenio si era come bloccato restando seduto e guardando un punto indefinito della camera da letto. La frase di lei, che era rimasta incompleta, lo fece voltare.

– Non ti aiuto a far che? – chiese lui aggrottando le

sopracciglia. Giuseppina non rispose. Si accese finalmente la sigaretta che voleva fumare da almeno mezz'ora.

– Lo so che ho promesso di non farlo, – disse aspirando profondamente la prima boccata di fumo. Eugenio si stava infilando i pantaloni. – Che fai? – domandò accorgendosi solo in quell'istante che si era alzato completamente.

– Mi vesto! – rispose lui, con una voce leggermente risentita. – Non riesco a parlare di cose serie senza gli abiti addosso. Comunque è vero: avevi promesso di non farlo, – la rimproverò.

Giuseppina schiacciò nel posacenere la sigaretta appena accesa.

– Sei tu lo psicologo, sei tu che devi mantenere la parola. Io sono la paziente. Non è strano che siano i malati a essere chiamati pazienti? Forse sono gli unici a essere giustificati se pazienti non lo sono affatto. I medici, invece pazienti non lo sono mai. Non è strano? – insistette.

– Non è strano –. Nella voce di lui c'era un tono accondiscendente. – Se avessi fatto gli studi classici sapresti che non è strano: paziente è chi soffre secondo l'etimologia esatta della parola.

– Certo, gli studi classici: ecco un'altra cosa che mi manca, – rifletté lei con amarezza.

– Cosa c'è? – chiese lui esasperato cercando qualcosa intorno a sé.

Giuseppina afferrò la canottiera di lui fra i due cuscini. – Non alzare la voce con me! – Si stizzí lanciandogli l'indumento con violenza. – È meglio che ti metti anche questa! Perché il discorso si fa molto serio!

Eugenio afferrò la canottiera con un gesto impacciato per la sorpresa. Ma non la infilò. – Non voglio bisticciare, – affermò avanzando verso di lei.

Giuseppina allungò un braccio per respingerlo. Ma lui era piú forte e cercò di bloccarla cingendole le spalle. Poi fu costretto ad abbandonarla con una smorfia di dolore: nella lotta, la cinghietta metallica dell'orologio di lei si era impigliata ai peli del suo petto.

– Mi hai fatto male! – constatò con sorpresa massaggiandosi la zona dolorante.
– Facevi meglio a finire di vestirti, – disse lei senza scomporsi. – E poi non l'ho fatto apposta.

Capitava, qualche volta, che si facessero del male e non era mai farsi del male fine a se stesso: era il risultato di una serie di vendette rimandate giorno per giorno.

Una volta Eugenio le aveva versato addosso del latte bollente. Un'altra volta Giuseppina gli aveva dato una gomitata in bocca nel dormiveglia. E tutte le volte erano seguite riconciliazioni generiche, scuse generiche, promesse generiche. Ma restava, negli sguardi di entrambi, la coscienza che quel farsi del male così sottile non era altro che la continua estenuante rivendicazione. Un prevaricarsi che seguiva regole non scritte, con vincitori e perdenti che si alternavano sul podio.

Restavano i baci per farsi perdonare, ma subito dopo la chiara certezza che nel dolore arrecato c'era un piacere non secondario, superiore ai baci, superiore alle riconciliazioni.

– Mi esce il sangue? – chiese lui inginocchiandosi nel letto per portarle il torace all'altezza del viso.
– Roba da nulla, – minimizzò lei. – Appena un graffietto. La prossima volta tieni le mani a posto –. Ma la sua voce aveva assunto un tono più caldo, con le labbra che sfioravano la pelle di lui e la lingua che lambiva la piccola ferita.

In quella porzione di tempo, nello spazio delimitato dalle sponde del letto, il loro linguaggio si fece più esplicito. Una gara ad abbattersi. Un gioco duro.

Eugenio era di quegli uomini che tacciono e accettano il sesso come una conseguenza anatomica del proprio esistere. Ubbidendo incondizionatamente alla pelle. Eugenio si muoveva come se ogni volta fosse l'ultima, impegnando tutto il suo essere e oltre. Guardandosi fare l'amore. Vedendo, – da prima, – se stesso goffo, impacciato, ridicolo. Tributando omaggio a quell'angoscia primigenia che l'età e l'esperienza ricacciavano sempre piú in profondità. Fino a decidere che non c'era piú tempo per le celebrazioni e per le angosce iniziatiche, perché il corpo pressava e aveva ragioni superiori alla testa, superiori al ricordo. Cosí avveniva la trasfigurazione: Eugenio vedeva se stesso – ora – bello come non era stato mai, potente e invincibile sull'unica donna della terra.

Giuseppina, all'inizio, si scioglieva in una morbidezza che poteva sembrare rilassamento. Quasi noia. Aderendo al suo uomo. Aspettando, in un'attesa non passiva, con le mani e la bocca che avevano compiuto piú volte tutto il percorso del corpo silenzioso e contratto di lui. Si era aggrappata cercando di sparire, ma senza arrendersi, decisa a ottenere tutto. Tutto ciò che la sua mente era in grado di pensare. Cosí, alla fine, afferrò i capelli di Eugenio, costringendolo a mostrare il viso; il velo delle palpebre; le labbra assottigliate; il pomo d'adamo sotto la pelle scabrosa del collo; la peluria sottile del torace.

E lui, alla fine, la vide: il viso teso e incapace di mentire; gli occhi sfrontati; le ciglia brune; la bocca socchiusa; il collo allungato, venato d'azzurro; i seni colmi e impazziti sopra i mantici.

– Un aborto, – disse Giuseppina rompendo il silenzio perfetto che seguiva ogni volta.

Eugenio provò a prolungare la calma senza voltarsi, senza mostrare interesse per l'affermazione di lei. Ma Giuseppina non era persona da arrendersi per cosí poco. – Ines Ledda ha subito un aborto, è questo che non vogliono far sapere!

– E tu cosa ne sai? – sibilò Eugenio restando immobile.

– Lo so, – si limitò a rispondere lei. – Anche senza il tuo aiuto sono riuscita a vedere il referto del medico legale.

– Sai anche che quella notizia non la puoi pubblicare! – Eugenio aveva fatto un'affermazione col sapore di una domanda.

– Perché sei cosí ostile? Rispetto a questa cosa intendo, – chiese a bruciapelo Giuseppina.

Lui tirò alla lunga. – Non capisco di cosa parli, – scandí, improvvisando una sicurezza un po' aggressiva. Ma non riuscí a nascondere il fastidio. – So dove vuoi arrivare. Ecco tutto, – esplose. – Scusa, – continuò all'improvviso, vedendo che lei era rimasta senza parole. – Scusa, – ripeté tentando di abbracciarla. – Sono stanco.

Giuseppina rispose all'abbraccio stringendosi al corpo di lui. Affondando la testa nella sua spalla.

– Sono stato fuori Nuoro, – confessò lui. – Mi sono messo a fare ricerche per un problema che non riesco a risolvere. Una storia che mi sta facendo perdere la testa –. Giuseppina tacque aspirando il profumo della sua pelle, sapeva che parlare, domandare, sarebbe stato inutile. Sapeva che se lui avesse voluto... Infatti lui continuò. – Una paziente. Una del carcere. Credo che si sia fatta la galera ingiustamente. Credo che non abbia commesso il fatto per cui è stata condannata. Ma lei si rifiuta di ammetterlo. Allora mi sono messo a fare ricerche e sono andato a Laconi per capire che cosa è successo veramente –. Stava provando a ricollegare, per la prima volta, fatti e ragioni, le cose dette e quelle taciute. – Mi ha raccontato una storia incredibile. Insiste a dichiararsi un'assassina e mi ha raccontato una storia che non sta in piedi. Mi ha mentito, capisci? Ha detto di aver partorito una bambina. Ha detto che la bambina è morta dopo qualche mese. Ha accusato il marito per questo e dice di averlo ucciso per questo. E per questo ha preso trent'anni di galera.

Giuseppina sollevò la testa per guardarlo negli occhi. – Forse questa è la verità che le serve, forse la galera è meglio della verità. Quella vera intendo.

Eugenio provò ad assentire. – Penso che se ha avuto un figlio si sia trattato di un maschio. Succede qualche volta che non si menta abbastanza, è un po' la storia di quei pazienti che mi raccontano storie di amici immaginari per non parlare di se stessi. Sí, potrebbe aver avuto un figlio maschio –. Questa certezza si impadroní di lui nel momento stesso in cui pronunciò la frase. – Era l'amante del fratello del marito! Cosí si spiega: ha avuto un figlio dal cognato. Il marito deve averli scoperti e il fratello l'ha ucciso! Deve essere cosí! Cosí si spiega. Ecco chi ha cercato di proteggere per tutto questo tempo! Ha cercato di proteggere l'uomo che amava.

– Per tutto questo tempo, – fece eco Giuseppina coprendosi il seno col lenzuolo. – Bene... – disse mettendosi comoda. – ... Non è la tua storia Eugenio.

– Ti rendi conto che nessuno si è preoccupato di fare delle ricerche serie? Ci ho messo una mattinata, e sono passati quasi trent'anni, a scoprire delle cose che avrebbero cambiato tutto allora.

– Hai parlato con lei di questo?

Eugenio sorrise. Afferrò il pacchetto delle sigarette.

– Ti metti a fumare adesso? – esclamò Giuseppina senza riuscire a trattenere la sorpresa.

– No, – rispose lui semplicemente. – L'accendo per te –. Gliela porse dopo la prima boccata. – Non si può parlare con lei di queste cose, non cosí, – continuò. – Le ho detto che sono stato al suo paese e ho fatto domande in giro, ma temo di avere rovinato tutto il lavoro fatto finora. Ho avuto troppa fretta, capisci? Doveva amarlo molto... È proprio cosí che funziona: si era innamorata del cognato e aveva avuto un figlio da lui, l'ha coperto per tutti questi anni.

– E chi ti dice che l'abbia fatto per proteggerlo? Chi ti dice che l'uomo, il cognato, non abbia abusato di lei... Ragioniamo con calma: vive in paese, viene coinvolta suo malgrado in una relazione adulterina; viene minacciata e forse quello che rischia era peggio della galera...

– Che differenza fa: puttana in galera o puttana fuori?

– Forse fa differenza! Forse in questo modo ha deciso di punirsi. Forse la morte del bambino l'ha pro-

vocata lei, e adesso accusa il marito che non può difendersi, perché concepito da un uomo che odiava, e sapeva che per questo avrebbe dovuto pagare. Sai, credo proprio che questa verità non serva a nessuno.
– Non so, non so proprio...

Capitolo sesto

Maria Vittoria Leccis finí di apparecchiare: due piatti, due bicchieri e tutto il resto. Le faceva uno strano effetto aspettare qualcuno. Per le notizie che avrebbe portato e perché comunque lo aspettava. Alberto era in ritardo. La pasta rischiava di scuocersi. Il sugo diventava freddo. Erano queste situazioni di attesa a farla sentire cosí ansiosa. Vivere da sola aveva perlomeno il pregio di tenerla tranquilla, con tutto il tempo a sua disposizione. Una donna sola. Con l'amicizia del tempo: la cena quando si ha fame, il letto quando si ha sonno. E tutte le straordinarie conseguenze del caso: mettersi addosso il pigiama sformato e le ciabatte di pelo; guardare alla televisione un sacco di trasmissioni di cui vergognarsi; leggere anche i fotoromanzi. Fare tutto, tutto. All'interno del suo piccolo appartamento le cose sembravano straordinariamente lineari. Maria Vittoria discuteva con Maria Vittoria, la sua amica del cuore, quella che sapeva dare sempre il consiglio giusto. Maria Vittoria chiedeva pareri a Maria Vittoria: la sorella, la madre. Tutte le donne e gli uomini di questo mondo.

Fuori c'era Alberto che non arrivava. Fuori c'era una febbre strana di persone attaccate le une alle altre come se la loro vita dipendesse dal fatto di guardarsi e parlarsi. Non era cosí la vita. Non era quella. L'ansia cresceva. Sfondava le pareti del cervello. Tutto l'esterno poteva bussare alla sua porta e invadere le sue cose. La realtà poteva scardinare anni di disciplina. Forse sarebbe stato meglio lasciar perdere. Lavoro finito. E proseguire cosí.

La pasta era scotta. Questo era definitivo. La tavola apparecchiata le sembrò talmente patetica che avrebbe pianto. Ma l'ordine era di non piangere. Non piangere. La cosa che faceva piú male era cercare di riprodurre qualcosa di talmente simile alla vita da sembrare un po' morta. Si finiva per dare troppa importanza a quello che per gli altri non era importante e la distanza aumentava, con la solitudine, con l'ansia. Con la paura di aver perso la capacità elementare di fare le cose piú semplici. Con la certezza che la testa, il cervello, il pensiero producono solo un'immagine sbiadita di quella che dovrebbe essere un'esistenza. Allora vale solo quello che si sceglie o solo quello per cui si è scelti. Ecco: fare o guardare; ascoltare o parlare. Tutte falsità. Dentro o fuori.

Questo poteva succedere per un ritardo. C'è chi non se ne preoccupa e cena; c'è chi si arrabbia ed esce. Maria Vittoria buttò la pasta nella pattumiera e ripose il sugo nel frigorifero. Si mise il pigiama sformato e le ciabatte di pelo.

Solo allora suonò il campanello. Cosí, a volte, l'esterno faceva rappresaglie e raccoglieva una piccola vendetta.

Alberto non si scusò. Non sapeva di essere in ritardo. – Non è successo niente, – disse. – Sono passato solo per avvisarti, ma non mi posso trattenere perché mi aspettano per una pizza.

– Niente, – constatò Maria Vittoria.

– Gli sono stato dietro per tutta la mattinata: giro al cantiere di Funtana Buddia, quello dell'università; poi dieci minuti al Corso per un aperitivo; poi a casa: dove è rimasto fino a quando non me ne sono andato, verso le quattro del pomeriggio, non ho nemmeno mangiato.

Maria Vittoria pensò che sarebbe stato logico sorridere a quel punto. E ci provò. – Visite? – chiese.

– Una sola: un ragazzo; un tipo spilungone mai visto. E tu? Novità?

Maria Vittoria fece cenno di no. – Tutto normale, – specificò. – Le solite cose: ufficio, colazione, casa per pranzo, niente di rilevante, insomma.

– Le foto comunque sono pronte domattina. Allora io andrei...

– Bene, buona pizza.

– Se fai in fretta a cambiarti puoi venire con noi, un posto in macchina c'è.

– Ti ringrazio, ma ho già cenato.

Alberto fece per andarsene, poi ritornò indietro con un sorriso. – Qualcosa c'è! – annunciò con enfasi.

Maria Vittoria stette a guardarlo con aria ansiosa. – Avanti! – disse. – Ti metti a fare il misterioso adesso.

– Tieniti forte, – annunciò lui prolungando l'attesa. – Domenica faccio un servizio per un matrimonio!

Maria Vittoria non riuscí a mascherare la delusione. – Sono contenta, – mentí. – Si guadagna bene con i servizi ai matrimoni.

Alberto confermò che si guadagnava bene, certamente piú che al giornale. – Ma, la cosa importante non è questa: lo sai chi si sposa?

Maria Vittoria odiava i quiz. Abbassò gli occhi per la stizza. – No, non lo so chi si sposa! – esclamò spazientita.

– La figlia di Bachisio Corda!

– E chi sarebbe Bachisio Corda!

Alberto sorrise ancora. – Il capo, – disse semplicemente. – Il capo della Sarcos. E si dà il caso che la sposina sia la figlioccia di Santino Pau! Allora, è una buona notizia? – chiese Alberto vedendo che Maria Vittoria era impietrita dalla sorpresa.

Il giovane stette a guardarla ancora per qualche secondo. – C'è qualcosa che non va? – tentò.

Maria Vittoria avanzò verso di lui, lo afferrò per le spalle stringendolo a sé. – Sei un figurino stasera, – disse con malinconico entusiasmo. – Sei un figurino...

Parte quarta

> *Come la disperazione, cosí né piú né meno il disprezzo e l'intimo sentimento della vanità della vita, sono i maggiori nemici del bene operare, e autori del male e della immoralità.*
>
> G. LEOPARDI
Dei Costumi degl'italiani

Capitolo primo

Il giudice Corona inghiottí il suo caffè senza fare caso alle manifestazioni di sorpresa del barista nel locale sotto al Palazzo di Giustizia. Si limitò semplicemente ad annuire quando questi esprimeva la sua contentezza per quello che sembrava un ritorno dalle tenebre. Fece finta di non percepire il tono un po' pietistico del giovanotto che, senza fare riferimenti diretti alla sua vicenda personale, tuttavia la sottointendeva nelle sue frasi di convenienza. «Questo è ancora niente», – ripeteva fra sé il magistrato, – «il peggio deve ancora venire». E il peggio venne sotto forma di strette di mano calorose, di attestazioni di fiducia non richieste, di sguardi in tralice da parte degli impiegati, una volta entrato nel Palazzo. I corridoi sembravano immutati da quell'agosto infernale. Solo piú freddi. Freddi di riscaldamento insufficiente. Ma l'odore noto di nicotina e carta, di polvere e detersivo industriale gli fecero uno strano effetto pacificante. Il suo ufficio era rimasto praticamente intatto. Solo era stato ripulito di tanto in tanto ed era stata spalancata la finestra per cambiare l'aria. Le pratiche in bell'ordine, roba di routine all'inizio, come aveva promesso il Procuratore Capo, erano allineate sul tavolino sotto la finestra. Per la questione delle bambine scomparse non c'era stato niente da fare: il caso era passato alla dottoressa Comastri. Afferrando la cornetta del suo telefono fece un numero interno. Una voce femminile, voce di contralto senza inflessioni, rispose dopo parecchi squilli.

– La dottoressa Comastri? – chiese Salvatore Corona schiarendosi la gola per impostare la voce.
– Speravo che mi chiamasse, – rispose lei senza aspettare che la voce all'altro capo del filo si qualificasse.

– Hanno fatto un sacco di pasticci! – stava dicendo ora senza decidersi a mettersi seduta. Era piú giovane di quanto Salvatore Corona la immaginasse. Fece un lieve sorriso e la invitò a mettersi comoda. Lei aspettò ancora un poco: era indecisa, sulla difensiva.
– È una pratica molto complessa, – aggiunse posando il palmo della mano sulla scrivania e reggendosi sul braccio teso.
– Al punto in cui le ho lasciate, le cose non parevano cosí complicate, – disse il magistrato tentando di apparire spigliato. – Anzi parevano risolte, – aggiunse.
Danila Comastri provò a sorridere. – Sul serio eravate convinti che la prima bambina, come si chiamava?
– Grazia Mereu, – rispose a memoria Salvatore Corona.
– Sul serio pensavate che fosse stata uccisa dal padre?
Danila Comastri restò con la bocca semichiusa in un atteggiamento non troppo intelligente. Come vedendosi da una telecamera a circuito chiuso, cambiò espressione e si pose, finalmente, a sedere.
– C'erano tutti gli elementi per pensarlo... – scandí il magistrato strofinandosi gli occhi. Si sentiva stanco, mesi di segregazione l'avevano disabituato alla fatica del dialogo. – Ma non è esatto affermare che «eravamo sicuri». No, non credo che si possa affermare che eravamo sicuri. Non è cosí che vanno le cose solitamente?
Danila Comastri fece un cenno d'assenso, – Ma dopo la seconda bambina?
– Ah, – sospirò Salvatore Corona, – dopo la seconda bambina ci pensammo eccome! Solo che non ci parve il caso di spargere il panico fra la gente. Che cosa dovevamo dire: c'è un maniaco che rapisce bambine?

Cosa crede? Ci attivammo e impostammo tutte le indagini su questa ipotesi! Ci sono quintali di fascicoli in questo senso! Tutta carta da macero: non c'erano collegamenti fra le bambine tranne che frequentavano la stessa scuola. La rivoltammo come un guanto quella scuola, controllammo insegnanti, bidelli, persino gli operai del cantiere lí di fronte.

– La bambina... – Danila Comastri cercò un nome nella memoria. – La seconda, – risolse, – veniva ospitata da certi vicini...

Salvatore Corona non la fece finire: – Passammo al setaccio ogni possibile collegamento fra le due famiglie. Niente di niente, – caricò, cominciando a sentirsi veramente inquieto.

– Ci fu un sospetto... – incalzò lei, senza dare l'impressione di volersi arrendere.

Salvatore Corona la guardò inclinando il volto, mise a fuoco il luccichio dei suoi orecchini che vibravano impercettibilmente ai lati del collo. – Lo scoprimmo dalla stampa che c'era un sospettato, noi non l'avevamo mai definito tale: facemmo solo dei controlli di routine; e, infatti, non trovammo niente, – disse come rispondendo a una domanda prevista. – Poi la bambina fu ritrovata, spaventata e assolutamente incapace di ricordare che cosa le fosse successo. Ebbe una delle sue crisi, ecco cosa accadde, e quando si riprese non riusciva a ricordare nulla. Probabilmente batté la testa cadendo, comunque vagò per quattro giorni chissà dove finché fu ritrovata, quattro giorni dopo la scomparsa, nei pressi della zona artigianale.

– Tuttavia di lí a poco morí un'altra bambina della stessa scuola!

– Incidente! – urlò quasi il giudice. – Si trattò di un incidente domestico –. Era un po' seccato stavolta. – La gente muore, dottoressa, non possiamo metterci in allarme tutte le volte che una bambina di quella scuola ha un incidente. Forse lei ha un'impressione sbagliata di tutto quello che è accaduto, non pensi che siamo stati superficiali...

Danila Comastri balzò dalla sedia. – Superficiali? – domandò. – Che ne dice di seguirmi nel mio ufficio: ho qualcosa che desidero mostrarle.

Capitolo secondo

Sarcos Snc di Corda Bachisio e C.
Edilbarbagia Srl.
La Nuorese Costruzioni Snc di Giovanni Mura e C.
Coop. Edile «Su Nuraghe».
Archisarda Srl.
«Città Domani» Srl.
Ditta Edile Santino Pau.

Maria Vittoria Leccis rilesse ancora una volta. Antonio Sassu la guardò perplesso.

– Tu hai un diploma in ragioneria, se non sbaglio, – abbozzò lei senza staccare gli occhi dal foglio.

– E una laurea in Lettere, – aggiunse lui per mettere in chiaro le cose e formulare una risposta che avesse un'aria definitiva.

– Mi chiedevo, – riprese lei, – se fosse possibile stabilire a chi appartengono queste imprese.

Antonio Sassu sbuffò. – Certo che è possibile: è scritto nell'intestazione!

Maria Vittoria scrollò la testa. – Sai cosa intendo dire, – spiegò. – Voglio capire a chi appartengono veramente.

– Non so perché, ma qualcosa mi dice che un'idea ce l'hai già.

– Infatti! – confermò lei, – ma una cosa è avere un'idea, una cosa è provarla. Per esempio come faccio a sapere chi sono i soci e con quali quote? Come faccio a sapere se gli intestatari ufficiali sono solo dei prestanome?

Antonio Sassu sorrise. – Non puoi saperlo, – disse semplicemente. – A meno che tu non voglia penetrare nottetempo nelle sedi legali di quelle imprese e fotografare, con una micro macchina fotografica i documenti con le informazioni che ti servono. Hai presente 007? – caricò.

Maria Vittoria non si diede per vinta. – Poniamo che tu sia una persona molto facoltosa, che ha investito vari capitali su varie imprese edilizie. Poniamo che tu partecipi a una gara d'appalto con tutte queste imprese: qualunque di queste risulti vincitrice, tu ci guadagni sempre...

– ... Smetterei di fare il giornalista, – la interruppe Antonio Sassu. – E farei sei mesi di vacanza l'anno. Mavi, ascoltami bene, lo so dove vuoi arrivare e non sono affatto tranquillo. Non sono questioni di poco conto, sai a cosa mi riferisco.

– Voglio solo cercare di capire! – s'intestardí lei senza stare ad ascoltarlo. – Tanto piú che c'è un regolamento comunale che vieta espressamente il monopolio sulle gare d'appalto.

– E allora?

– E allora chiunque tenta di aggirarlo in questo modo è un delinquente, distrugge il mercato, distrugge le aziende concorrenti!

– Sono le leggi del mercato, e della vita, te l'ha mai detto tua nonna che i pesci grandi si pappano quelli piccoli?

– Hai mai visto nei documentari che gli squali sono famelici, ma ciechi? Sono stata alla Cancelleria Commerciale del Tribunale, ma non ti danno le informazioni prima di un mese e dopo una domanda scritta.

– E comunque non troveresti niente: se la persona che stai cercando non vuol farsi trovare non appare tra i componenti delle cariche legali della ditta.

– Spiegati meglio.

– Voglio dire che alla Cancelleria Commerciale del Tribunale sono registrate le cariche della ditta, non necessariamente tutti quelli che vi hanno immesso dei capitali.

Il discorso si faceva interessante. Maria Vittoria si accomodò sulla sedia pneumatica.

– Quindi se il nostro uomo non ha cariche non risulta tra coloro che sono registrati in tribunale?

– Esatto, voglio dire proprio questo.

– In questo modo chi risultasse responsabile, che so? amministratore delegato di una Srl, potrebbe non avere alcuna quota, essere uno qualunque, insomma.

– Brava, proprio cosí!

– Bene, era quello che volevo sapere.

– Ora spiegami con calma cosa intendi fare, – intimò Antonio Sassu diventando improvvisamente serio.

– Niente di concreto, – si affrettò a minimizzare Maria Vittoria. – Solo un'idea che mi è venuta...

– Quella non è una buona idea Maria Vittoria, non è affatto una buona idea. Tanto piú che le notizie che ti servono sono irraggiungibili. Persino la magistratura avrebbe qualche problema ad accedervi senza motivi piú che validi. Capito il messaggio?

– Lasciami tentare, Antonio, mi limiterò ai controlli possibili, l'Ufficio Tecnico del comune, l'Albo Regionale degli Appaltatori; non farò niente che possa essere pericoloso.

– No, – la voce di Antonio Sassu aveva il tono perentorio delle grandi occasioni, – è troppo rischioso. E poi, se vuoi che sia del tutto franco, non vedo il motivo di questa «indagine». A meno che tu non sappia qualcosa che io ignoro.

La donna si sistemò gli occhiali assestando il ponticello con un dito. – Li ho visti insieme, – disse finalmente. – E non avevano l'aria di farsi i complimenti.

– Chi hai visto insieme? – chiese il capo redattore con la voce piena di sconforto che denunciava la certezza della risposta.

– Il sindaco... – rispose lei centellinando le sillabe. – E... Pau. Santino Pau.

Capitolo terzo

Quel quartiere piaceva particolarmente a Giuseppina, era considerato il cuore antico della città. Era lí che avrebbe voluto trovare un appartamento. L'acciottolato, da poco riportato alla luce sotto strati di vecchio asfalto durante uno dei saltuari interventi di recupero del centro storico, la faceva trabballare. L'effetto comunque era suggestivo nonostante le case povere e semplici si fossero trasformate perlopiú in villette di colori improbabili.

La casa di Salvatora Fenu spiccava nel vicolo proprio per la sua apparente trascuratezza. Pareva non finita con pareti di granito nudo senza intonaco esterno.

Giuseppina ricontrollò l'appunto che aveva preso per essere sicura che non avesse sbagliato indirizzo. L'indirizzo era giusto. Se la vecchia non avesse dato qualche informazione utile poteva sempre ritentare di mettersi in contatto con la bambina «malata». Ma non si illudeva troppo di avere successo. I Cóntene non parevano ben disposti a permettere che lei incontrasse Immacolata. Dicevano che la bambina aveva bisogno di tranquillità, dicevano che tutto quello che c'era da dire era stato già detto alla polizia.

Cosí il piano di riserva era scattato. Si sarebbe presentata alla vecchia come «cliente», chiedendole una «medicina contro il malocchio»; avrebbe accusato sintomi di un disagio inesplicabile attraverso cause tangibili, l'avrebbe imputato a colleghi maligni, avrebbe deplorato l'invidia per il suo successo. E la vecchia l'avrebbe fatta entrare in casa. Se le sue informazioni erano esatte le cose sarebbero andate in questo modo. La vecchia avrebbe preparato il bicchiere e il piattino; poi l'olio, l'acqua e il sale...

Diede un colpo non troppo violento al portoncino che immetteva nel cortiletto davanti alla casa. L'anta si spalancò. Giuseppina penetrò con il busto. Lo spiazzo era cementato, piante di basilico e rosmarino ricoperte da teli di plastica per proteggerle dal gelo erano dentro una vasca di cemento, di quelle per il bucato a mano, inutilizzata a tale scopo. Tutt'intorno grasse piante di gerani dormivano sfiorite. Una grossa pietra di granito che fungeva da panchina all'ombra per le giornate calde era disposta ai bordi di un'aiuoletta colmata di una terra scura dalla quale spuntavano solidi steli di ortensie.

– È permesso? – chiese Giuseppina schiarendosi la gola per prepararsi a una replica. – È permesso? – ripeté infatti a voce piú sostenuta.

Nessuna risposta. Nel cortile tutto appariva in ordine, il suolo cementato leggermente traslucido per la quotidiana pulizia e per le sferzate della tramontana che aveva accumulato agli angoli mucchietti di foglie secche. A sinistra, attraverso una porta a vetri si intravvedeva una cucina piuttosto ampia. A destra una costruzione sicuramente posteriore alla casa doveva fungere da ripostiglio. Una scala senza rivestimenti e senza ringhiera conduceva a un piano superiore le cui finestre si aprivano su un ballatoio. Una folata di vento fece sbattere con violenza un'anta del portoncino di ingresso al cortile.

Facendosi schermo con le mani Giuseppina tentò di guardare dentro alla cucina. Dapprima notò il disordine. Qualcosa che non si accordava con la pulizia del cortile. Senza convinzione Giuseppina afferrò la maniglia della porta. Stette un tempo indefinibile in una posizione di attesa. Provò a bussare sui vetri; poi si decise ad aprire.

La tavola sembrava apparecchiata come per la colazione. Una colazione consumata in fretta. Col bricco del latte ancora sul tavolo, scaglie di pane sul piano di marmo della tavola, la caffettiera ancora sul fornello. Per il resto la stanza era stata messa sottosopra. I cassetti erano stati estratti dai mobili e lasciati in giro con tutto il loro contenuto. Nelle altre stanze la situazione non era migliore.

Il corpo era una massa nera disposta bocconi all'estremità della stanza, tra il caminetto e una vecchia poltrona da spiaggia resa piú confortevole da un'imbottitura fatta in casa.

Capitolo quarto

Maciste si allungò sul divano o su qualcosa che, non molto tempo prima, doveva essere un divano.

Diede uno sguardo distratto alla televisione accesa. Davano una trasmissione sul giardinaggio.

La casa, nell'insieme, aveva un aspetto piú pulito da quando c'era Paolo. Del resto non aveva niente da fare, tanto valeva che si rendesse utile in qualche modo.

Provò a cambiare canale. Davano una trasmissione in cui individui assolutamente sconosciuti consideravano l'ipotesi di sposarsi se si fossero piaciuti abbastanza.

Sentiva Paolo armeggiare in bagno. Forse questa volta il rubinetto del lavandino avrebbe smesso di gocciolare e anche questo poteva considerarsi un risultato positivo. Non gli dispiaceva la riconoscenza muta e operativa di Paolo che si dava da fare per non essere di peso. Non gli dispiaceva nemmeno che avesse deciso di non muoversi, almeno per il momento. Aveva la testa confusa quel ragazzo, si vedeva dal suo sguardo: non riusciva a decidersi sul da farsi e questo lo spingeva all'impotenza. Maciste ci aveva provato a farlo uscire, ma senza risultati e questo andava bene, andava benissimo.

Lo squillo del telefono non lo fece nemmeno sobbalzare. Miracoli della noia. Talmente profonda da assopire ogni cosa.

Senza perdere di vista la signora non piú giovane che descriveva il suo uomo ideale, quello che le sarebbe pia-

ciuto sposare, Maciste arpionò la cornetta telefonica.
– Sí? – rispose con noncuranza. Paolo spuntò a quel punto dal bagno con entrambe le maniche del maglione sollevate sopra i gomiti e le mani grondanti.
– Pensavo che fossi uscito –. Si scusò vedendo che Maciste era al telefono. Ma non ricevette risposta: tutta l'attenzione del padrone di casa era attratta, come sotto ipnosi, dalla voce all'altro capo del filo. Non disse nulla nemmeno dopo aver riattaccato, mentre indossava il giaccone pesante e si affrettava a uscire.
– Non ti muovere finché non sono tornato, – tuonò rivolto a Paolo che era rimasto interdetto. E uscí.
Succede cosí: se uno non sta a pensarci la propria situazione non sembra tanto tremenda. Ma Paolo cominciò a pensarci proprio in quell'istante sentendo la porta sbattere. Sentendo la solitudine che tornava come una vecchia compagna dopo una breve vacanza. Perché di questo si era trattato: una breve vacanza. Un tempo indeterminato in cui non aveva vissuto, semplicemente non c'era. Ed era sparito tutto: il fatto di non trovarsi a casa sua, ma qual era la sua casa? Il fatto di non avere un lavoro, ma non l'aveva avuto mai. E non avere una famiglia...
Forse era giunto il momento di tornare.
Senza pensare si avviò verso il telefono. Badò ad asciugarsi bene le mani prima di afferrare la cornetta.
La voce che rispose al numero da lui composto gli parve incredibilmente impersonale. – Il dottor Martis? Un attimo in linea prego –. Semplice e diretto, poi era partita quella musichetta per riempire i secondi di attesa che non fa altro che far sembrare ore i secondi. Stava per riattaccare. La voce di Eugenio era trafelata. – Pronto?
– Parlo col dottor Eugenio Martis? – recitò Paolo.
– Mh! – fu la risposta sbrigativa.
– Sono Paolo Sanna.

Alberto riusciva a malapena a respirare con la sciarpa che copriva la bocca e il naso. Aveva lavorato tutta la notte, ma le fotografie erano venute bene. Il matrimonio, una cerimonia in grande, era stato testimoniato in ogni sua fase: l'uscita della sposa; la frantumazione dei piatti colmi di grano, petali di fiori, monetine, caramelle e cioccolatini, sul suo cammino. I parenti dello sposo che sorridono compiaciuti perché lei è bella, bella veramente, bella come non sarà mai piú. Poi la cerimonia, con lo sposo emozionato perché deve leggere a voce alta e la sposa che ripete con un filo di voce. E il ricevimento con centinaia di invitati nel ristorante piú esclusivo della città, dove è possibile gustare il meglio della cucina locale. Le foto di gruppo con i genitori di lei e i genitori di lui; con i testimoni; con i padrini e le madrine di battesimo e di cresima. Le foto da soli in controluce, col sole che tramonta oltre le catene montuose.

Quegli sguardi dritti contro l'obiettivo, ma evasivi. Pieni di paura e speranza...

I provini erano stati consegnati alla famiglia della sposa, per scegliere le fotografie piú adatte da ingrandire; piú rappresentative per l'album rilegato in cuoio.

Ordinaria amministrazione. Tutto come da copione: erano corsi fiumi di vino rosso, molti degli invitati erano stati ricondotti a casa in stato di semincoscienza dai pochi che non avevano esagerato col bere. C'era qualche fotografia divertente su questa fase dei festeggiamenti...

Ordinaria amministrazione. Queste cerimonie sono tutte uguali.

Senza considerare lo strazio delle foto a richiesta «fotografa mia figlia!», «fammi una foto con lo sposo!», «fammi un primo piano di mia moglie»...

L'altro pacco di foto era meno voluminoso: Alberto tastò la tasca della giacca a vento per sincerarsi di averlo ancora con sé. Anche queste fotografie erano uscite benissimo: l'incontro era stato ripreso in tutte le sue fasi.

Qui non si trattava di ordinaria amministrazione; quella era roba pericolosa. Talmente pericolosa da bruciare dentro la tasca.

In redazione Alberto si guardò attorno e vide che Maria Vittoria parlava col capo. Lei lo intercettò qualche minuto dopo il suo ingresso e gli chiese di attendere con un cenno. Alberto si batté la tasca per comunicare che le foto erano lí. Maria Vittoria sorrise continuando ad ascoltare Antonio Sassu che parlava.

– Gli hai detto delle foto? – chiese il ragazzo ansioso, quando riuscirono ad appartarsi.

Maria Vittoria lo guardò con un misto di tenerezza e risentimento. Come poteva pensarla cosí stupida!

– No, – disse senza nascondere il disappunto, – è chiaro che no! Non vuole nemmeno che prosegua a interessarmi della cosa.

– E allora smettiamo, – propose Alberto cercando di essere piú convincente possibile.

– Fammi vedere, – si limitò a rispondere lei.

Il ragazzo tolse il pacchetto dalla tasca: per paura non si era tolto la giacca a vento e cominciava a sentire caldo. Maria Vittoria lo afferrò strappandoglielo dalla mano. Sollevando il lembo di chiusura della busta e facendo attenzione a non far cadere i negativi, diede una rapida occhiata alle immagini.

Le prime risultavano mosse, non troppo chiare, riprese con un grandangolo le figure sembravano piccolissime. Ma quelle riprese col teleobiettivo erano di una chiarezza che faceva paura. Il volto di Santino Pau sembrava voler uscire dalla foto, il sindaco si vedeva di tre quarti sul bordo destro col capo chino. Subiva minacce. Si lasciava strattonare con violenza. Provava a replicare...

– E adesso? – chiese Alberto con ansia. Maria Vittoria non rispose presa com'era dalle immagini che stava vedendo.

– Che cosa facciamo? – continuò Alberto ballando sul posto come se avesse una necessità fisiologica urgente.

Maria Vittoria continuava a guardare alla rinfusa il mazzo di fotografie che aveva tra le mani. Si rendeva conto per la prima volta che testimoniavano qualcosa che era avvenuto veramente. E che non c'era modo di utilizzarle. Non subito, perlomeno.

– Aspettiamo, – rispose recuperando da qualche piega del cervello la domanda di Alberto. – Per ora aspettiamo, intanto queste le tengo io. E noi ci vediamo stasera, vediamo, verso le nove! – concluse infilando il pacchetto nella borsa senza aspettare una risposta.

Pensare complica la vita. Questo era tutto.
Maciste si raddrizzò aderendo il piú possibile alla parete. Sfilare le mani dalle tasche significava sottoporle al vento piú gelido di cui avesse memoria, ma in verità non è che ci avesse mai fatto caso. Il muro sembrava persino caldo rispetto al suolo e i suoi piedi ne sapevano qualcosa: scarpe troppo leggere forse, suole troppo sottili... Ichnusa arrivò sbuffando come un vecchio treno a vapore. Lo raggiunse e si mise al suo fianco riproducendone la posizione con esattezza. Era piú basso di Maciste; aveva un che di molle nella figura anche se non si poteva definire grasso, solo il ventre prominente gli tirava la giacca a vento, di un verde militare, scoprendo i denti della chiusura lampo all'altezza dei fianchi. Un passamontagna di lana ripiegato sopra la visiera conteneva la sua zazzera crespa che cominciava a diradarsi sulle tempie.

Coddanzinu se la prendeva comoda: gli altri due lo videro arrivare col giubbotto di jeans tutto abbottonato sulla maglietta di cotone, i pantaloni che parevano tutt'uno con le gambe tornite e le scarpe da tennis. Qualcuno, che estemporaneamente si definiva barbiere, era intervenuto, con un tosaerba sulla sua testa. Coddanzinu sembrava piú basso di quanto realmente fosse; atticciato com'era ci si aspettava che facesse esplodere gli abiti da un momento all'altro. Era fiero dei suoi muscoli, era fiero di ogni singola fibra del suo corpo che potesse sviluppare con ore di ginnastica.

– Sei in ritardo, – lo rimproverò Maciste.
– Sono arrivato no? – provocò Coddanzinu. – Lo conosciamo? – si informò dopo qualche secondo di silenzio.

– Lo conosco io! – tagliò corto Maciste. – Tu devi solo stare attento a non esagerare. Ci siamo capiti?

Coddanzinu fece segno che aveva capito.

Alberto non era uno di quelli che potessero rendersi conto di essere seguiti. E se pure se ne rendeva conto, non era uno di quelli che potesse dar retta a sensazioni ingiustificate. Si guardò alle spalle ancora una volta. Niente. Ecco cosa combina la suggestione. Accelerò per raggiungere presto il tepore di casa e la cena e la televisione e il letto. Al giornale il lavoro si era prolungato piú del previsto e ogni turno significava ormai trascorrere al chiuso tutte le ore di luce. Ma dover uscire in pieno pomeriggio non era comunque una gran conquista: l'illuminazione lasciava molto a desiderare. Cosí, entro breve tempo, al buio si sarebbe sostituita la notte e la luna, che spandendo la sua luce in un'atmosfera spazzata e resa tersa da giorni di tramontana, sarebbe stata talmente brillante da provocare ombre.

E come ombre Alberto le percepí all'inizio.

Le luci alle finestre erano di un azzurro incerto e tremolante. Se avesse preso il motorino, se avesse avuto il coraggio di affrontare il freddo, ora sarebbe arrivato da un pezzo. La strada a piedi gli era sembrata piú sopportabile dei dieci minuti di gelo polare necessari a coprire il percorso col motociclo. Questo però era successo appena sveglio quando si ritiene di poter contare su piú energie di quante ne restino alla fine della giornata.

Un giovane con la giacca a vento verde militare si materializzò da un vicolo. Aveva la fronte coperta da un berretto di lana e la barba non rasata.

– Mi fai accendere? – aveva domandato con le labbra intorpidite dal freddo.

Alberto scosse la testa. Lui non fumava. Il giovane mostrò una dentatura bianchissima mentre si scusava con imbarazzo.

– Figurati! – si era limitato ad affermare Alberto mentre si rimetteva in cammino.

Da principio non si accorse della stretta che lo placcava afferrandolo per un braccio.

– Hai troppa fretta! – ironizzò il giovane costringendolo a fare un mezzo giro su se stesso. Fu allora che si accorse degli altri due, uno allampanato, l'altro corto e tozzo.

– Lasciatemi in pace! – divenne implorante Alberto.

Il giovane col berretto esagerò il suo tono facendogli il verso e gli altri scoppiarono a ridere. Poi con un movimento secco dell'avambraccio gli piantò un pugno sulla bocca dello stomaco. Alberto emise una specie di grugnito mentre si piegava in due. Senza riuscire a parlare sollevava in aria un braccio e la mano aperta come a chiedere una pausa. Il secondo colpo fu qualcosa di tremendo: una ginocchiata probabilmente, nella parte molle tra la mandibola e il pomo d'Adamo. Tossí, forse sputò sangue, o si trattava di semplice saliva. Decise di lasciarsi andare, ma il suo sguardo denunciava quelle domande che sentiva di dover fare, quelle spiegazioni che riteneva di dover richiedere. Molto distante, molto distante da lui una voce ammoniva a non esagerare con i colpi.

Per fargli riprendere conoscenza fu necessario un buon quarto d'ora. Coddanzinu che si era tolto il giubbotto sudava abbondantemente. Ichnusa si godeva il suo turno di pausa aspirando con voluttà la sua sigaretta. Maciste non si era nemmeno tolto il giaccone.

Alberto ebbe da subito la percezione del luogo. Una percezione solo olfattiva: dalle trame del tessuto che gli copriva gli occhi non vedeva che ombre. Sentiva che non poteva muovere le mani e che il gonfiore alla gola gli impediva di respirare correttamente. Facendo ricorso a tutte le sue facoltà memorizzò l'odore di cemento e di ferri arrugginiti tipico dei cantieri edilizi.

Coddanzinu si stava dando da fare cercando di centrare un bidone pieno d'acqua con schegge di cemento. Era impaziente.

– Un po' di calma, – stava dicendo Maciste col tono del capo. – Appena si riprende ricominciamo.

– Ve lo dico io che parla, – promise Ichnusa sistemandosi piú comodamente sul tavolone ricoperto di pagine di vecchi quotidiani.

– Parla, parla... – profetizzò Coddanzinu controllando che l'ostaggio stesse riprendendo i sensi.

Alberto percepí il suo alito e l'odore acre e dolciastro del suo sudore a pochi millimetri da lui. Percepí il calore innaturale che tutto il suo corpo da bestia emanava. Era quello con le mani bollenti, quello che gli aveva stretto il collo fino alla perdita della conoscenza. Ma ora, con angoscia, sentiva che i suoi sensi ricominciavano a rispondere. La mano calda gli artigliò la nuca, costringendolo a tendere il volto verso l'alto.

– Allora, guarda che non mi dispiace se continui a star zitto, perché io mi sto divertendo. Davvero, mi sto divertendo un mondo.

Il colpo che seguí quella frase fece tossire l'ostaggio, era stato assestato nel lato sinistro del costato con la mano stretta a pugno. Coddanzinu sentí le costole rientrare docilmente sotto la percussione. Alberto si spinse in avanti per quanto glielo permettevano le braccia legate dietro la schiena, gli pareva di avere la bocca piena di gelatina e provò a sputarla con le poche forze che gli erano rimaste. La testa riprese a girargli. Provò ad alzarla verso la fonte di calore fetido che l'uomo in piedi davanti a lui emanava. Tentò di aprire la bocca, ma la lingua ingrossata e dolorante gli impedí di dire quello che ora avrebbe voluto dire con tutte le sue forze. L'aria era un grumo di colla e schegge di vetro che gli grattavano il torace e la faringe. Cominciò ad agitarsi sentendo le risate degli altri: non pareva possibile che non capissero che se gliene avessero dato l'occasione avrebbe parlato, detto tutto delle fotografie, di quando erano state scattate, della persona a cui le aveva date. Ma tutte le sue buone intenzioni di collaborazione si risolsero in un gorgoglio privo di senso. E questo sí che li fece divertire.

Ichnusa schiacciò la sigaretta sotto i piedi. Cominciava ad annoiarsi e aveva freddo.

– Che cazzo te ne frega di coprire chi ti ha pagato per scattare quelle fotografie, basta che dici un nome e poi finisce tutto. Dài che fa un freddo cane!

Aveva ragione. Quello stronzo aveva proprio ragione. Se solo fosse riuscito a organizzare un'assenso... Alberto cominciò ad agitarsi, come in preda alla febbre, in un misto di singhiozzi e strani barriti. Sentendo il cuore che galoppava fino a schizzargli dal petto aveva un solo pensiero: se non fosse riuscito a parlare sarebbe morto.

Coddanzinu prese tutto quell'agitarsi come l'estremo rifiuto. Aveva bagnato uno straccio immergendolo nel bidone colmo d'acqua putrida e lo colpiva nel basso ventre, tra le gambe.

– L'ho visto in un film! – si gloriava.

Allora scese una specie di buio, preludio spaventoso a una pausa in quella specie di malessere tanto globale da rendere temibile qualunque cambiamento, qualunque interruzione. Cosí Alberto sperava che non smettesse perché nuovo dolore, dopo un'altra pausa, non sarebbe stato sopportabile. Strinse le mascelle per controllare la saliva che sentiva colare, schiumosa, dalla bocca. Poteva essere un modo per mantenere il controllo. Poteva essere un modo per articolare un nome. Ma, colpo dopo colpo, gli restò solo il rombo del sangue che sfondava le pareti delle tempie...

Capitolo quinto

L'ufficio della dottoressa Comastri non era molto luminoso. Era situato nell'ala del palazzo che volgeva verso il colle di Sant'Onofrio. Non troppo tempo prima, dalle enormi finestre in rovere dipinto di nero perché sembrasse ebano, si potevano vedere alberi e formazioni rocciose, ora il panorama mostrava palazzi signorili. con ampi balconi e ville in stile pompeiano. Oltre il palazzo prospiciente la finestra sinistra, per chi guardasse la stanza dalla porta d'ingresso, si intravvedevano le guglie del castello in stile medievale costruito negli anni venti sulla cima del colle.

Danila Comastri spalancò la porta dal corridoio facendosi da parte per far passare Salvatore Corona. Dopo un attimo di imbarazzo lui si decise a entrare. L'ufficio era confortevole, pulito in modo sorprendente, segno che la dottoressa Comastri stava simpatica alle donne delle pulizie, o che delle pulizie si occupava personalmente.

– Non riuscirei a vivere in un ambiente sporco, – chiarí lei come leggendogli nel pensiero. – Non era cosí all'inizio, – continuò. – Ma pare che senza una protesta scritta non si riesca a ottenere un ufficio veramente pulito.

Salvatore Corona sorrise delle sue congetture.

– Certo, – insisteva. – Ho fatto una protesta scritta.

– E magari lasciava le pallottole di carta in punti strategici per controllare il grado di efficienza delle donne –. Irruppe lui senza controllo, ma tentò di smorzare il tono di rimprovero con un sorriso di complicità.

Danila Comastri accusò il colpo e non sembrò notare il sorriso.

– Certo, – sfidò. – Ho fatto cose del genere e anche di peggio se proprio lo vuol sapere, e sa una cosa?, non mi sento affatto in colpa.

– Non intendevo dire questo, – provò a scusarsi Salvatore Corona usando i toni bassi del penitente. A guardarla bene poteva definirsi bella, ma non di quella bellezza che avesse un significato per lui. Decise di sedersi su un divanetto di pelle distante dalla scrivania. E lo fece senza che lei lo invitasse a farlo. Su un tavolino fra le due finestre proprio di spalle all'ampia poltrona girevole della dottoressa campeggiava un PC nuovo di zecca con tanto di stampante. Danila Comastri rimase in piedi, senza preoccuparsi di riempire i secondi di silenzio che si stavano frapponendo fra lei e il suo ospite. Salvatore Corona sapeva che si trattava solo di aspettare senza forzare gli eventi. Diede un'occhiata distratta a una serie di depliants turistici appoggiati sul bracciolo del divano.

– Vacanze? – chiese all'improvviso mostrando un fascicolo coloratissimo con una spiaggia tropicale in copertina.

– No, – rispose lei con una punta di goffaggine. – Ma mi piace pensare di averne il tempo –. Sorrise di se stessa come se fosse stata scoperta nella sua debolezza. Si riprese in un istante: – Ha mai usato un DB? – chiese a bruciapelo.

Salvatore Corona fece segno di no. Disse che però sapeva di cosa si trattava.

– Bene, – commentò lei. – Faciliterà le cose. Lei saprà che sull'inchiesta intorno alle bambine scomparse esiste del materiale... non... ufficiale.

Salvatore Corona fece cenno di sí. Erano arrivati al punto.

– Ho passato giorni interi a inserirlo nel mio computer, – spiegò Danila Comastri. – Penso che dovremmo dargli un'occhiata insieme.

– Non credo che sia una buona idea, – cercò di opporsi lui. – Quell'inchiesta non è di mia competenza, non piú –. Si corresse. Aveva una strana ansia nel tono di voce. Lei percepí quell'ansia, ma si limitò a fare un mezzo giro per arrivare dall'altra parte della sua scrivania. Prese a collocare, sul piano sgombro, una serie di pilette di fogli. – Ci sono delle cose che posso capire solo con il suo aiuto, – continuò ignorando le proteste di lui e invitandolo ad avvicinarsi.

Salvatore Corona ripose i depliants sul bracciolo del divano, esattamente dove si trovavano e si sollevò con uno sbuffo. Raggiunta la scrivania vide che a ogni piletta di fogli corrispondeva una serie di informazioni divise per «argomento».

Sul primo gruppo di fogli c'era scritto GRAZIA MEREU, in un vistoso grassetto da stampante ad aghi. Sul secondo, con gli stessi caratteri: IMMACOLATA CÓNTENE. Sul terzo: LORENZA IBBA. Sul quarto: INES LEDDA.

– Ho pensato, – attaccò la dottoressa Comastri rompendo il silenzio, – che una strada poteva essere quella di riordinare ogni cosa. Ma capisce bene che, quando si usano sistemi come questo, tutto dipende dalla definizione dei campi.

Salvatore Corona capiva bene. Era una questione di precisione: dire alla macchina di sfruttare tutte le possibili connessioni; era una questione di battitura, in fondo.

– Se le informazioni sono state inserite nel modo corretto, se è possibile una lettura orizzontale e verticale di dati, allora vuol dire che siamo sulla strada giusta.

Salvatore Corona fu stranamente grato per quel plurale. Fece un sorriso di approvazione.

– Ecco come ho proceduto: a ogni fascicolo corrispondono una serie di voci ricorrenti. Mestiere dei genitori; scuola di appartenenza; classe di appartenenza; caratteristiche fisiche salienti; indirizzo; attitudini; varie. Tutto questo, chiaramente partendo dal presupposto che questi avvenimenti siano collegati fra loro...

– Percentuale di forzatura? – chiese il magistrato a bruciapelo.

Danila Comastri strizzò gli occhi oltre le lenti dei suoi occhiali. – Trenta per cento? – propose.
– Cinquanta? – rilanciò Salvatore Corona.
– Quaranta, – concluse lei soffocando una risata.

Salvatore Corona non riuscí a trattenere un moto di ammirazione mentre constatava il *modus operandi* della dottoressa Comastri. Non che da tutto quel lavoro scaturissero verità evidenti. Tuttavia quell'ordine, quei dati che avevano ognuno un posto prestabilito davano un senso di tranquillità. Pareva che si potessero afferrare con piú semplicità...
La donna aveva preparato uno schema riassuntivo.
– Nella prima colonna, – stava dicendo, – ci sono i nomi delle vittime; nella seconda date e luoghi delle sparizioni; nella terza quelle dei ritrovamenti; nella quarta nomi e professione dei genitori delle vittime; nella quinta breve riassunto degli elementi trovati finora per ogni singolo caso. Pensa che manchi qualcosa? – chiese improvvisamente.
– Vedo che ha inserito anche la bambina morta di veleno, – osservò il giudice Corona, come pensando a voce alta.
La donna annuí stringendo le labbra: – Credo che questo inserimento faccia alzare notevolmente la percentuale di arbitrio, ma voglio provare! –, rivelò con aria fiduciosa.
– Bisognerebbe stabilire se ci sono punti in comune, – farfugliò Salvatore Corona. Aveva in testa una specie di musica, come una sonata per archi, ma rallentata. Si guardò intorno per cercare da sedersi.
Danila Comastri allungò il braccio per rallentare la sua caduta e dirottarlo verso la poltrona girevole.
– Lei non sta bene! – constatò.
Salvatore Corona agitò la mano come a dire che non era niente: – La pressione, – spiegò. – È solo un calo di pressione. Sto già meglio –. Si alzò dalla poltrona di scatto barcollando ancora qualche secondo prima di sentirsi stabilmente in piedi. – Continuiamo, – ordinò

quasi, vedendo che la dottoressa Comastri lo stava guardando senza risolversi a far niente. – Dicevo che bisogna stabilire se ci sono punti in comune.

Danila Comastri gli consegnò il foglio con lo schema riassuntivo.

– Sono bambine: hanno tutte un'età compresa tra i nove e i dodici anni; studiano nella stessa scuola, anche se in classi diverse. In due casi su quattro sono giudicate bambine estroverse. Tre su quattro sono di estrazione borghese, hanno padri con lavori sicuri: Salvino Cóntene è geometra nello studio Paggi, il padrone dell'Archisarda Srl; Marcello Ledda è guardia forestale; Giorgio Ibba impiegato comunale. Giulio Mereu è, era, l'unico disoccupato. In due casi su quattro ci sono testimonianze o reperti che attestano la presenza di videocassette e in tutti e due i casi chi possiede le cassette non possiede il videoregistratore.

– Tre casi... – Si intromise il giudice Corona. La dottoressa Comastri lo guardò senza capire. – Sono tre i casi in cui compare la videocassetta: il maresciallo Pili ha trovato le etichette ancora inutilizzate di un nastro proprio nella radura dove è stata ritrovata Ines Ledda.

– Era questo che cercava... – rifletté Danila Comastri. – Lo sa anche lei che non significa niente? – chiese dopo una breve pausa. – Le videocassette sono strumenti di uso comune ormai. Può capitare di averle in omaggio e uno se le tiene in casa anche se non ha il videoregistratore e, per quanto riguarda le etichette trovate dal maresciallo in quella zona di campagna, potrebbero essere di chiunque, che so?, qualcuno che è andato lí per una scampagnata e ha ripreso parenti e amici.

La riflessione non faceva una grinza.

– Una su quattro è viva: non ha subito maltrattamenti o abusi di carattere sessuale. Una su tre è stata ritrovata morta: non ha subito maltrattamenti, né abusi sessuali prima della morte, ma dalla necroscopia risulta fuori di dubbio che non era vergine e che aveva subito un aborto.

Salvatore Corona si irrigidí.

– Il maresciallo Pili non poteva saperne niente: ho impedito al commissario Curreli di passargli questa notizia. E ho disposto che non venisse diffusa a nessun livello, lei mi capisce...

Salvatore Corona approvò con convinzione. – Perché lo fa? – chiese a bruciapelo.

– Perché faccio cosa? – la dottoressa Comastri rispose con una domanda retorica.

– Questo –. Si limitò a chiarire Salvatore Corona indicando il foglio riassuntivo che lei aveva diligentemente preparato.

Danila Comastri trasse un lungo sospiro. Con un gesto automatico del dito assestò ancora una volta il ponticello degli occhiali sul naso. – Non lo so esattamente, il mio primo impeto è stato quello di incriminarli subito. Poi mi sono convinta che abbiano agito in buona fede. Sono delle ottime persone, anche se il loro atteggiamento resta intollerabile dal punto di vista procedurale. Ho intenzione di chiedere le loro dimissioni quando questa storia sarà finita.

Salvatore Corona pensò alle parole del maresciallo Pili, pensò alla sua determinazione di lasciare l'Arma. – Ha già ventilato quest'ipotesi al commissario Curreli? – chiese piú per curiosità che per interesse.

Danila Comastri accennò di no: – Ma credo che l'abbia capito da solo –. Aveva il tono di chi deve dare una cattiva notizia. – E lei? – incalzò.

– Io?

– Com'è che ha deciso...?

Salvatore Corona non la lasciò finire. – Non ho deciso! – ammise seccamente. – La mia non è una situazione che permetta di decidere qualcosa. E comunque non credo che potrei continuare in questa sede.

– Ha intenzione di chiedere un trasferimento?

– Ho intenzione di lasciare che le cose facciano il loro corso, per il momento.

Qualche minuto dopo la dottoressa Comastri stava parlando a ruota libera: c'erano un sacco di elementi che ancora non avevano trovato una collocazione. Chi aveva chiamato per rivelare dove fosse stata sepolta Ines Ledda? Almeno un altro dei compagni del maresciallo alla «battuta di caccia» era informato su quanto sarebbe accaduto: in che termini? Il diario di Grazia Mereu? La famiglia dove Immacolata Cóntene trascorreva addirittura intere settimane?

– Tutte indagini già fatte, – tentò di minimizzare il giudice Corona. – La telefonata anonima è un dato su cui si possono fare poche ipotesi: o si tratta dell'assassino, ma non capisco a questo punto perché non ha detto dove si trovi Grazia Mereu.

– Forse non lo sapeva! – intervenne Danila Comastri.

– Oppure, – continuò lui senza lasciare che il filo dei suoi pensieri si spezzasse, – è proprio qualcuno di quei gitanti che potrebbero aver fatto il filmino.

La donna fece una smorfia di riflessione. – In tutti i casi chi ha indicato la tomba di Ines Ledda non sapeva dove si trova il corpo Grazia Mereu. O vuole farcelo credere.

– Abbiamo battuto palmo a palmo tutto il territorio dove è stata trovata la bambina pensando a una sorta di cimitero, ma non c'è traccia di altri cadaveri.

– Sinceramente tutto questo non ha senso, non ha un briciolo di logica, – lamentò la dottoressa Comastri, cominciava a sentirsi veramente stanca.

– A meno che... – Il giudice Corona si prese qualche secondo per l'effetto, – Grazia Mereu non sia ancora viva.

Lo squillo del telefono interruppe la scena come nei film, quando i protagonisti stanno per baciarsi. Danila Comastri ci mise qualche secondo per realizzare che lo squillo proveniva dal suo apparecchio. Afferrata la cornetta stette ad ascoltare con lo sguardo che si rabbuiava.

– Vengo subito! – esclamò riattaccando con un gesto fulmineo. – Un cadavere, una vecchia, pare furto, – riassunse cercando il cappotto.

Il commissario Curreli cercò di farsi largo per raggiungere il cadavere. Un giovanotto in camice bianco era chino su di esso: aveva sollevato la gonna alla vecchia, ed esposto le natiche vizze di un colore giallognolo, per controllare la temperatura con un termometro.

La temperatura rivelava che la vecchia doveva essere morta da parecchio tempo.

– Tre giorni come minimo, – disse il giovane senza voltarsi. – Ha praticamente la stessa temperatura dell'ambiente –. Controllò la colonnina di mercurio che aveva fatto davvero poca strada. Facendo un mezzo giro su se stesso mostrò il termometro al commissario. Egli diede uno sguardo generico cercando di liquidare sbrigativamente quell'incombenza.

– La copra, – ordinò riferendosi al fatto che la gonna della vecchia era sempre sollevata sui fianchi.

Il medico segnò sul suo foglio prestampato il risultato dell'operazione appena compiuta. Poi sterilizzò il termometro con un batuffolo di cotone idrofilo impregnato di disinfettante e coprí il cadavere ritirando giú la gonna.

– Nessun segno di caduta, – continuò il giovane come ripetendo a voce alta quello che andava a scrivere.

Il commissario Curreli aspettò che finisse e si rialzasse. Un agente raccoglieva i grani del rosario sparsi sul pavimento e li riponeva in una bustina segnando con un pennarello il punto esatto da cui venivano raccolti.

– Ha lottato? – chiese il commissario al medico. – Parrebbe di sí. Ha un vasto ematoma sul collo. Due segni principali qui, all'altezza dell'epiglottide, due dita piuttosto forti, ma non abbastanza da ucciderla... è per questo che è morta, – concluse mostrando con la penna sul collo della vittima una lunga striatura continua qualche centimetro al di sotto.

Il commissario aggrottò le sopracciglia. Il medico si alzò mettendogli le mani al collo senza stringere. – Questi sono i primi segni, – spiegò appoggiando entrambi i pollici sull'epiglottide del commissario. – Ma non sarà stato facile, ha graffiature e due solchi lasciati dalle unghie dell'assassino proprio qui, – disse affondando leggermente le unghie nel collo ruvido del commissario. – Deve essersi liberata e deve aver tentato di raggiungere l'uscita, senza fortuna, l'assassino l'ha ripresa e strangolata, probabilmente col suo stesso fazzoletto: ecco il secondo segno. È chiaro che tutte queste sono ipotesi da confermare. L'unica cosa che mi pare fuori di dubbio è che non è stata uccisa dove l'abbiamo ritrovata. Direi anzi che è stata appoggiata al suolo quando era già morta. Ha un'escoriazione al calcagno destro e ha perso entrambe le scarpe. L'uomo era molto forte, almeno dieci centimetri piú alto di lei, l'ha sollevata mentre le stringeva il collo. Poi l'ha trascinata.

– Segni in tal senso? – chiese il commissario all'agente che aveva terminato di raccogliere i grani del rosario e si era fermato ad ascoltare le ipotesi del medico legale.

L'agente fece segno di no, ma c'era troppa confusione per stabilirlo con esattezza.

– Potrebbe trattarsi di striature appena visibili, avete controllato nel cortile?

L'agente guardò il commissario con un impercettibile moto di scetticismo. Il commissario abbozzò un sorriso, come a dire che poteva rispondere. – No, – sibilò l'agente dopo l'assenso e attese che il commissario parlasse. – Controllate il cortile, – si arrese lui. L'agente volò fuori posando sul tavolo la bustina contenente le sferette scure.

Giuseppina Floris si alzò dalla sedia. – Sono stanca, – implorò. – Ho già raccontato ogni cosa all'agente.

Il commissario Curreli la guardò scrollando le spalle. – E cos'è, signorina, io sono meno di un agente? – Ribatté mettendosi a sedere di fronte a lei. Poi si curvò in avanti per arrivare a pochi centimetri dal suo viso. – Non è che mi interessi sapere tutto, ma il problema è che se lei non mi racconta tutto, io non so che cosa mi interessa sapere.

Giuseppina continuò a guardarlo per qualche secondo. – Non è che non voglia parlare con lei, mi creda, ma vorrei evitare di ripetere tutto quando arriva il giudice istruttore. Che dice, aspettiamo? – provocò cercando di imitare il tono di lui.

– Il giudice istruttore, – sbottò il commissario. – Cose dell'altro mondo. Se questa è la stampa... – Lasciò la frase in sospeso come a enfatizzare la sua delusione. – Le cose sono cambiate, signorina, molto cambiate: il giudice istruttore, come lo chiama lei, è roba vecchia, passata, ha capito?

Giuseppina non si scompose, mantenne anzi un'aria assolutamente serafica. Prese la terza sigaretta in venti minuti e l'accese con calma. – Quando arriva il sostituto procuratore incaricato di coordinare le indagini faremo una lunga chiacchierata, – scandí.

Nella stanza faceva freddo, nonostante il via vai di persone che si davano da fare per selezionare reperti e compilare moduli. La dottoressa Comastri decise di non togliersi il cappotto. Strizzando leggermente gli occhi si sforzò di desumere una storia dagli spezzoni di racconti del medico legale, dell'agente di servizio, del commissario Curreli.

La signorina seduta era una giornalista, si stava occupando del caso delle bambine scomparse.

– E cosí la sua inchiesta l'ha portata in questa casa –. Danila Comastri non riusciva a frenare un tono di sufficienza mentre faceva questa constatazione.

Giuseppina sbuffò impercettibilmente. – Volevo tentare di inquadrare la vicenda a tutto tondo.

– Aveva qualche elemento che le facesse collegare la vittima all'ultima bambina scomparsa?

Giuseppina accusò il colpo, si fermò a guardare la donna che stava in piedi davanti a lei. Dovette sollevare il mento per farlo. – Lei cosa ne dice? – domandò in tono di sfida.

La dottoressa Comastri abbozzò un sorriso: non era sorpresa, ma leggermente infastidita dalla sicurezza della testimone.

– Non stiamo facendo un'intervista. Signorina?
– Floris!
– Signorina Floris. E in questo caso sono spiacente di doverle comunicare che, come accade nei piú triti telefilm, le domande le faccio io.

Il commissario Curreli cominciò a grattarsi il naso per non scoppiare a ridere.

– Se ci sono informazioni di cui è al corrente la sua principale preoccupazione dovrebbe essere quella di renderne partecipi gli inquirenti signorina Floris! – rincarò Danila Comastri, scegliendo il tono piú minaccioso che era in grado di esprimere.

– Niente del genere, – si affrettò ad affermare Giuseppina. – Semplicemente tentativi.

– È una storia vecchia! – inveí il commissario Curreli. – Non ci siete mai quando servite veramente! Sapete solo creare confusione e panico!

Danila Comastri fece un segno con il braccio per invitarlo a tacere. – Bene, – disse rivolta a Giuseppina. – Se lei non ha piú niente da dire, io non ho piú niente da chiederle. Lasciatela andare per ora, – ordinò mentre si dirigeva verso la stanza attigua.

– Non hanno preso niente, – spiegava l'agente. – Ma l'appartamento è completamente sottosopra. Cercavano qualcosa... – provò a concludere.

– O hanno tentato di simulare un furto, – rifletté Danila Comastri. – La donna non viveva sola.

L'agente fece cenno di no e mostrò la fotografia di un ragazzo in abito da prima comunione. – Era una ragazza madre, – spiegò. – Non deve essere stato facile per lei a quei tempi. Tuttavia il bambino fu riconosciuto quando aveva circa nove anni e porta il cognome del padre naturale.

– Sarebbe il ragazzo scomparso?

L'agente assentí con aria scorata. – Aveva dei precedenti: ubriachezza molesta; rissa. Credo che sia scappato con i risparmi della vecchia, non pare che manchi nient'altro.

– Ammesso che la vittima li tenesse a casa i risparmi.

– In tal caso non abbiamo trovato libretti bancari o comunicazioni di Istituti di Credito.

– Libretto Postale? Lo fanno spesso le persone anziane.

L'agente scosse la testa. – Non risulta, – comunicò.

Danila Comastri vide avanzare il commissario Curreli, aveva un'aria trionfante. Teneva in bella vista tra indice e pollice una sferetta scura. – Un grano del rosario! – Annunciò scoprendo una dentatura curatissima. – Nel cortile, vicino all'uscita!

Capitolo sesto

Eugenio Martis rimase interdetto per qualche secondo. – Paolo Sanna? – chiese per essere assolutamente certo di aver sentito bene.

Dall'altro capo del filo, tardava ad arrivare una conferma. Paolo si accorse che stava facendo di sí con la testa. – S...í, – rispose alla fine in modo stentato; improvvisamente non era piú sicuro di voler fare quello che stava facendo. – Ecco... – riprese. – Pensavo che forse...

Eugenio sapeva che, se lo avesse lasciato continuare, si sarebbe trattato di una telefonata troppo lunga. – Hai bisogno di vedermi? – chiese in modo un po' troppo sbrigativo.

– Be', bisogno... – riprese a tentennare Paolo.

– Ti va bene domani? – tagliò corto Eugenio.

– No –. La voce di Paolo adesso era chiara e priva di incertezze. – Non va bene domani. Devo vederla oggi!

Se non fosse stato per la risolutezza espressa dal suo interlocutore Eugenio avrebbe riso. – Non è possibile oggi! Ho un mare di pazienti che hanno già preso un appuntamento, senza contare che passerò la notte al carcere –. Com'è che improvvisamente gli pareva di scusarsi? Ricacciò quella domanda in un punto molto profondo della sua mente.

– Allora non fa niente, – gridò quasi Paolo, senza risolversi a riattaccare.

Passarono altri secondi di silenzio.

– Sei ancora lí? – ritentò Eugenio con voce piú calma.

– Sí, – rispose in modo appena udibile l'altro. – Dottore... – seguí ancora una pausa. – Dottore, non so cosa devo fare, davvero non ha senso, non ha senso: meglio morti...

– Paolo, adesso ascoltami bene: ti vengo a prendere a casa. Aspettami...

Questa volta fu Paolo a interromperlo: – Non sono a casa, – spiegò come se il medico potesse vedere l'appartamento di Maciste. – Era proprio questo: io a casa non ci torno...

– Dimmi dove sei allora, ti vengo a prendere! – ripeté Eugenio Martis.

Paolo fece una strana risata: – Lei mi ha detto che avrei potuto chiamarla, che... insomma... piuttosto che bere... – Non completò la frase, ma sentiva che il messaggio era stato percepito. – Ora mi berrei tutto quello che si può bere, non è possibile, cosí non è possibile... – continuava a parlare senza curarsi che qualcuno lo stesse ad ascoltare. – Non ce n'è lavoro, è inutile parlare di queste cose; che cosa ci sto a fare al mondo. Io non sono niente, capisce? Che cosa si può fare in un posto come questo?

Eugenio tentò di afferrare una sedia. Con uno stridio di metallo sul pavimento riuscí ad avvicinarne una al telefono. – Intanto si può tentare di stare calmi e di non prendere decisioni in momenti come questi, – disse mettendosi a sedere.

– E quando mai ho preso decisioni nella mia vita? Dottore, ma che decisioni vuole che prenda; io sono di quelli che le decisioni non le ha prese mai!

– Hai deciso di chiamarmi.

– Bella decisione: non è che abbiamo concluso molto.

– Dimmi che cosa succede Paolo! – Il tono di Eugenio si era fatto professionale. Con un gesto invitò la ragazza che gli faceva da assistente a controllare quanti pazienti fossero seduti nella saletta d'attesa. La ragazza sollevò la mano mostrando tre dita.

Paolo Sanna taceva. Attendeva, come se fosse in grado di vedere ciò che succedeva al di là del filo del telefono. Attendeva che si interrompesse quella specie di tramestio di messaggi muti tra il dottore e la sua assistente. – Non voglio farle perdere altro tempo, – disse a un certo punto.

Eugenio Martis strinse nervosamente la cornetta. – Che cosa succede Paolo! – ripeté.

Il ragazzo prese a respirare profondamente. Ansimava come se stesse tentando di trattenere il pianto. – Non lo so –. Si arrese emettendo piú un lamento che una frase compiuta.

– Che cosa vuol dire «non lo so»? – incalzava Eugenio Martis.

– Vuol dire che è una giornata storta! – concluse il giovane. Aveva assunto un tono definitivo. – Ma va meglio ora, va molto meglio.

– Dimmi dove sei, dimmi dove posso venire a prenderti!

La risata che seguí a questa frase era stridula, quasi emessa da un adolescente con la voce ancora informe. Eugenio imprecò mentalmente. – Non metterti nei guai Paolo, – implorò.

– Non c'è niente, niente, che vada per il verso giusto, dottore. È successo cosí: le ho messo le mani addosso. L'ho presa per il collo! Capisce? Che cosa devo fare?

– Di chi stai parlando! – La frase sfuggí al controllo del medico.

– Lei sapeva tutto, capisce? Lei lo sa perché Ines se n'è andata.

– Lei chi?

– Me ne sono accorto cosí, all'improvviso: «lei sa tutto» mi sono detto, avrei potuto ammazzarla in quel momento! Eravamo stati prudenti, molto prudenti. E io l'amavo, dottore. Ce ne dovevamo andare, fuggire insieme da qualche parte.

– Adesso ascoltami bene! – si intromise Eugenio Martis. – Non potrò aiutarti se non ti sforzi di essere piú chiaro: di chi stai parlando? Dove ti trovi?

– Troppe domande, dottore, lei deve rispondere,

non fare domande –. C'era qualcosa di tristemente definitivo in questa frase. C'era qualcosa di tristemente definitivo nel segnale che informava che la comunicazione era stata interrotta.

E ora, preparare il proprio, poverissimo, bagaglio, prima del ritorno di Maciste. Senza dare ascolto alle notizie locali trasmesse dal televisore perennemente acceso.

Capitolo settimo

– Non è esatto! – protestava il maresciallo Pili. Aveva un aspetto trasandato come di qualcuno che non dormisse da parecchie notti. Teneva fra le mani il promemoria stilato dalla dottoressa Comastri. – Qui per esempio, – disse indicando un punto della lista, – Giulio Mereu non era «un disoccupato», era disoccupato in quel momento: quando la figlia è scomparsa!

Il giudice Corona lo guardò come ai vecchi tempi con un misto di sorpresa e divertimento.

– Giulio Mereu ha lavorato per quindici anni come capocantiere in almeno tre imprese edili, ed era giudicato tra i migliori.

– Che cosa vogliamo fare maresciallo? – La domanda risultò piú severa di quanto Salvatore Corona avesse previsto. Il maresciallo non rispose, sapeva che se avesse aspettato qualche secondo il giudice avrebbe sviluppato il suo pensiero. Tuttavia non smise di agitare il foglio che stringeva tra le mani. – Vogliamo fare il contagocce? – insistette il giudice. – L'indagine è stata fin troppo complicata da questi atteggiamenti: questa è l'ultima occasione per dire tutto. La dottoressa Comastri sta facendo qualcosa che potrebbe costarle la carriera, lo capisce? Potrebbe mandarvi in galera. Si rende conto che sta occultando indizi fondamentali? Senza considerare che lei, maresciallo, si è occupato di un'indagine che non era nemmeno di sua competenza! Cos'ha che non va questo quadro?

– Non è preciso, – sussurrò il Nicola Pili come un bambino colto in fallo.

– Bene, – acconsentí Salvatore Corona. – Questa è una penna: voglio che lei mi segnali tutte le «imprecisioni».

Il maresciallo non prese la penna. Cominciò a grattarsi il mento con fare nervoso.

– Questa non è una storia sua, maresciallo, ma ci sono buone probabilità che questa sia la sua ultima storia, – rincarò Salvatore Corona.

Nicola Pili scrollò le spalle, segno che lo sapeva. Segno che era pronto. – Giulio Mereu non era un disoccupato, – ripeté con un filo di voce. – Cioè tecnicamente sí, ma non si poteva definire tale: lui si era licenziato.

Il giudice Corona si accomodò nella poltrona del suo ufficio per ascoltare meglio. – Vada avanti, – s'infervorò.

– Circa dieci giorni prima della scomparsa della figlia. Io penso che ci sia un collegamento fra le due cose. Durante le indagini questa circostanza non fu presa in considerazione.

– Certo che non fu presa in considerazione! Non ce n'era motivo!

– Penso che fosse sottoposto a pressioni, – continuò il maresciallo senza lasciarsi interrompere. Gli fu necessario solo sollevare un poco il tono di voce. – Al lavoro, intendo. L'ultima impresa in cui era stato assunto...

– Pressioni di che tipo, secondo lei?

– Ma non lo so, è solo un'ipotesi.

– Di che impresa si trattava, si è informato?

Il maresciallo tentò di prendere tempo. Aveva una sorta di pudore a dimostrare quante informazioni avesse tenuto per sé. – Edilbarbagia, – sussurrò.

– E sono due, – constatò il giudice Corona. Il maresciallo gli rivolse uno sguardo interrogativo. – Due imprese, – si affrettò a chiarire l'altro. – Salvino Cóntene è geometra presso lo studio Paggi, che è poi il padrone dell'Archisarda Srl –. Lesse con voce imperso-

nale direttamente dal quadro riassuntivo. – Le imprese edilizie, maresciallo? – chiese illuminandosi.
– I cantieri! – confermò il maresciallo.
– Questa è un'ipotesi che non avevamo considerato –. Salvatore Corona aveva un tono sovraeccitato. Con la penna tracciò una linea sulla colonna dove erano segnate le ipotesi di collegamento tra le varie bambine scomparse. *Imprese edilizie* scrisse con una grafia in stampatello.
Nicola Pili aspettò che finisse di scrivere prima di parlare: – C'è un'altra cosa... – disse misurando le parole, provava a vincere l'imbarazzo tastandosi le tasche della giacca della divisa. Ne tolse una piccola busta trasparente con una chiusura a cerniera, conteneva una forcina. Di quelle forcine che, un tempo, sarebbero state d'osso o di corno, ora sono semplicemente di plastica. Una grossa forcina per chi avesse molti capelli da mettere a posto. L'oggetto aveva una lunghezza di circa dieci centimetri.
Il giudice Corona guardò il maresciallo tentando di mantenere la calma, ma la rabbia, mista a uno stupore angosciato, si stava impadronendo del suo sguardo impedendogli di controllarsi. – Si rende conto! – sbottò. – Si rende conto –. Ripeté in maniera piú flebile deglutendo con uno strano rumore secco della gola. – Per questo c'è la galera! – Senza rendersene conto aveva detto l'ultima frase come un lamento. Il maresciallo non aveva spiegato nulla, ma lui sapeva, sapeva che quel «reperto» faceva parte dei ritrovamenti sul luogo della sepoltura dell'ultima bambina. Il maresciallo affrontò l'attacco atteggiando le labbra in una specie di broncio. – Siamo al capolinea, dottore, – ponderò senza scomporsi. – E lei sa benissimo cosa sarebbe successo: un indizio come un altro, c'è tanta di quella gente che va a fare spuntini in quella parte di bosco! – detto questo si piegò in avanti indicando con un dito un punto interrogativo che la dottoressa Comastri aveva segnato con la penna, all'altezza della voce *videocassette* nel quadro riassuntivo degli indizi. – Un altro punto

interrogativo, – continuò il maresciallo. – Che prova sarebbe, una vecchia che ha perso una forcina...

– Una vecchia, – ripeté Salvatore Corona sovrappensiero. – Chi le dice che si tratti di una vecchia?

Il maresciallo sorrise. – Andiamo, dottore, lo sa anche lei che questi aggeggi li usano solo le donne anziane, nessuna ragazza «moderna» porta il concio.

Capitolo ottavo

La strada verso casa.
Si fa e basta. Con la testa e le mani che agiscono da sole e i piedi che premono sui pedali dell'auto senza nemmeno consultare il cervello. Questo significa sapere le cose. Farle e basta. Fino al punto in cui bisogna fermarsi, aspettare che il cancelletto automatico finisca di spalancarsi e di uggiolare ed entrare verso il posto macchina.

Si era alzata la tramontana. Come sempre nei tardi pomeriggi bui. E scendere dall'abitacolo, innaturalmente surriscaldato, poteva significare dar corso a un piccolo atto di coraggio.

Il giardino condominiale era tutto un seccume di rami scheletrici e siepi ingiallite. Anche l'erba, tra le fessure del rivestimento in lastre di cemento del cortile, non era nient'altro che rafia giallastra.

Mettevano malinconia quelle sere e inducevano alla fuga.

Eugenio Martis tirò il freno a mano e cercò i guanti nel sedile di fianco, quello del navigatore come lo chiamava lui. Mani calde nei guanti caldi: questa era la regola, fin da bambino, per affrontare il freddo. Come si dice: se le mani e i piedi sono caldi il gelo non si sente. Attraversò i trenta metri che lo separavano dal portone di casa come un parà in esercitazione, chinandosi in avanti per non prendere il vento, che si faceva rabbioso, sulla faccia. Occorsero alcuni secondi per infilare la chiave ed entrare nel vano scale gelido, ma già confortevole. Poi sino all'ascensore. Quarto piano. E la porta di casa.

Dalla stanza del soggiorno arrivava il gracidio di una televisione accesa: il notiziario serale. Quello locale. Quello che si riconosce dall'inflessione dei giornalisti.

Giuseppina stava seduta al buio nel divanetto fiorato di fronte all'apparecchio televisivo. Eugenio poteva scorgerne la cupola del cranio in controluce. – Già a casa? – chiese con sorpresa gratitudine.

La donna non si mosse. Sollevò una mano oltre la spalliera del divano perché lui gliela stringesse. Lui gliela strinse, poi si chinò a baciarla. Giunse sino alla fronte afferrandole il mento per costringerla ad andargli incontro.

– Hai le mani calde, – disse lei strofinandosele sul viso come un gatto che pretendesse carezze. – Dormo da te stanotte, – gli comunicò.

Eugenio fece il giro per raggiungerla sul divano. Le cinse un braccio intorno alle spalle. E se la tenne stretta senza dire nulla. Le immagini davanti a loro potevano essere solo un'ipotesi della realtà che turbinava, come la tramontana, fuori dalla casa. Chiusa oltre la porta.

– Sei triste, – disse lei all'improvviso.

– Stanotte sono alle carceri, – fu la risposta. – È il turno mensile.

– Resto lo stesso se non ti dispiace.

– Domani mattina ti porto le paste calde.

Cosí passavano i secondi, in un calore che era una protesta. In silenzio. Con le teste che combaciavano dove il sangue pulsa piú forte.

– Come mai sei a casa? – richiese lui per rompere quel silenzio che si faceva pesante e cominciava a lasciare troppo spazio ai pensieri.

– Vacanza! – annunciò lei staccandosi dal contatto per ritornare alla realtà. – Mi hanno messo in vacanza, – chiarí con un po' di amarezza.

Eugenio la guardò interrogativo.

– Si dà il caso che mi sia imbattuta in un omicidio –.

Giuseppina scandí la frase guardando negli occhi il suo uomo. Si aspettava uno stimolo a proseguire. Ma lui restava immobile, solo pareva un bambino, che avesse un sorriso pronto a esplodere.

– Avevo deciso di parlare con Salvatora Fenu, sí: quella donna che teneva in casa Immacolata Cóntene e l'ho trovata... morta.

Dal viso di Eugenio si sarebbe potuto desumere che una folata di vento gelido fosse riuscita a investirlo dopo aver spalancato una finestra chiusa male. Ma tutte le finestre dell'appartamento erano chiuse benissimo.
– Fenu Salvatora? – chiese con lo stesso tono di un maestro che stesse facendo l'appello in classe. E il cognome rigorosamente prima del nome.

– Già, – confermò Giuseppina come se si trattasse di un ricordo che aveva fretta di cancellare. – E il bello è che non posso scriverci una riga, pena l'incriminazione per intralcio alle indagini!

Eugenio si spostò a sedere piú vicino al bracciolo del divano. Voleva avere una visione piú completa possibile di quella ragazza, una donna, che gli stava di fianco. – Vuoi dire che sei stata a casa sua e l'hai trovata morta? – Non che volesse articolare la domanda in quel modo, no: che l'aveva trovata morta l'aveva capito. Solo che non riusciva a capacitarsi che questo fosse successo proprio alla donna che gli stava di fianco. Scattò all'impiedi per un riflesso condizionato.

Intanto Giuseppina stava parlando: – Tutto aperto: sai il portone di ferro, quello del cortile? Era aperto. E sembrava tutto in ordine. Sono entrata, ho chiamato. Nessuna risposta, mi sono avvicinata alla porta della cucina e ho visto che c'era una confusione dell'altro mondo. Era aperta anche quella. Ma ho bussato varie volte. Poi sono entrata. Da principio non l'ho vista: ho visto solo roba dappertutto. Incredibile. Incredibile davvero. Lei era là. Con la faccia sul pavimento. Pronta per uscire, sembrava. Non l'ho nemmeno toccata. Ho chiamato la Polizia dal telefono vicino alla televisione. Poi sono andata fuori, al freddo e ho aspettato che arrivassero –. Nel corso del racconto la sua voce si era incrinata sino a ridursi a un fiato durante l'ultima frase. – Mi hanno messo a riposo, – continuò dopo essersi ripresa. Con un gesto nervoso si portò i capelli dietro le orecchie e si drizzò sulla schiena. – Non devo rilasciare dichiarazioni e non posso scrivere una riga! – Su questo punto sembrava particolarmente scoraggiata. – Cosí sono in vacanza per due settimane, a disposizione degli inquirenti.

– Non c'era nessun altro in casa? – chiese Eugenio. Aveva perso gran parte del racconto di lei, ma le linee essenziali gli erano abbastanza chiare.

Giuseppina controllò che nella tasca del cardigan di lana ci fosse il pacchetto delle sigarette, ma non aveva intenzione di mettersi a fumare. Solo quel gesto la richiamava al dovere di controllare sempre la cambusa perché non venissero mai meno i rifornimenti.

– Se è al nipote, o figlio, che ti riferisci, non c'era. Nessun dubbio sul fatto che avesse ripreso pieno controllo di sé. Ostentava quella specie di cinismo che veniva fuori ogni qual volta aveva paura di essere apparsa troppo debole.

– È proprio a lui che mi riferisco, – confermò Eugenio riprendendo a vagare con i pensieri. Non disse che, solo qualche ora prima, Paolo Sanna l'aveva chiamato.

– Lo cercano, – informò Giuseppina. – Sapevi che era suo figlio?

Eugenio negò scuotendo il capo. – Lui la chiamava «zia», – disse come se solo una parte del suo cervello si occupasse di tenere desta la conversazione. Il resto era diventato improvvisamente generico e privo di significato: Eugenio tentava di riacchiappare le frasi pronunciate al telefono dal ragazzo.

Cosí quando il telefono, quello vero, a pochi passi da lui, riempí la stanza con i suoi richiami, non si mosse. Fu Giuseppina a farlo, dopo una serie ininterrotta di squilli. Lo fece guardando Eugenio che si ridestava e la raggiungeva all'apparecchio.

– È per te, – disse lei. – Dal carcere.

Lina.
Si era risvegliata come la lava troppo a lungo assopita di un vulcano. E ora investiva con un fuoco di urla angosciate tutto il braccio femminile delle supercarceri di Badu 'e Carros.

Cosí era successo stavano dicendo al telefono. Dal nulla. La televisione e poi le urla. E poi la corsa all'impazzata come se la cella fosse diventata un campo sterminato. Questo stavano dicendo, che reclamava il suo ragazzo: il suo medico bambino.

Eugenio annuiva come un cagnolino meccanico posto nel pianale posteriore di un auto. Faceva *bau bau* alle auto in coda, sentendo che la testa oscillava sul collo a molla. Proprio ora che una decisione andava presa. Proprio ora che sarebbe stato meglio non riempirsi le orecchie di parole, per pensare.

– Parla con calma! – si sentí ordinare. Come se dicesse a se stesso «pensa con calma».

Giuseppina rimase a osservarlo mentre tentava di arginare la valanga di preghiere che provenivano dall'altro capo del filo.

– Lasciatemi mezz'ora! – implorava lui. – Il tempo di una doccia! Non mangio da ieri pomeriggio, Cristo!

Ma c'era qualcuno molto tenace che non voleva aspettare.

La questione era in questi termini: se avesse chiamato la polizia per raccontare della telefonata di Paolo Sanna, avrebbe passato tutta la serata al commissariato. Diceva a se stesso che nessuno lo obbligava a rivelare quella circostanza: si trattava pur sempre di un suo paziente. Diceva a se stesso che la conversazione con Paolo Sanna non poteva definirsi una seduta. Insomma si diceva un sacco di cose prima che lo chiamassero dalle carceri. E ora tutto si ingarbugliava: Lina aveva ricominciato con le crisi. Sembrava un motivo valido per rimandare di un giorno, di una notte, il suo dovere di bravo cittadino.

Sembrava l'unica soluzione accettabile: presentarsi al commissariato l'indomani di primo mattino, appena finito il turno alle carceri. «Il ragazzo che state cercando mi ha chiamato in studio ieri pomeriggio», questo avrebbe detto.

«Perché non è venuto subito da noi appena saputo dell'omicidio?» Questa sarebbe stata la domanda. Logica.

«Una paziente, sono un medico». Ecco la risposta.

– Arrivo... – disse, sentendo che la sua voce aveva raggiunto il tono di chi è costretto ad assoggettarsi da forze superiori.

Capitolo nono

Faceva un freddo tremendo. La borsa sportiva, tutto il suo bagaglio, pesava soprattutto perché tenuta da una mano anestetizzata dal gelo. Paolo la appoggiò su un muretto. Una di quelle recinzioni che in pieno boom economico si facevano intorno a gruppi di case popolari per dare loro la parvenza di piccoli quartieri esclusivi. Ed esclusivi lo sono diventati davvero, col tempo, quei palazzi. Non appena è cominciata a venir meno la fiducia nei propri stipendi. Non appena quegli appartamenti in usufrutto furono trasformati in case a riscatto. Tutti sanno quanto sia importante essere padroni di una casa. Tutti sanno con quanta cura quelle abitazioni modeste siano state modificate fino a raggiungere la parvenza di case signorili. Ecco l'importanza di quei muretti. Con aiuole trascurate finché gli affittuari non sono diventati proprietari. Così vanno le cose: si curano solo quando diventano parte di noi.

Comunque fu proprio su uno di questi muretti che Paolo appoggiò il suo unico bagaglio...

Il maresciallo Pili si accostò alla finestra. Sembrava notte piena. Il cielo era talmente terso da dare un'impressione di luminosità, come una lastra opalescente che pulsasse di luce propria. Doveva fare molto freddo. Un ragazzo aveva posato la sua borsa della palestra su un muretto e si scaldava le dita alitandovi sopra...

... E si portò le dita alle labbra per alitarle e sentire che il risveglio della circolazione periferica cominciava a scaldare le estremità. Un paio di guanti, per quanto potesse ricordare, non li aveva mai posseduti. Forse da neonato. Qual è il neonato per il quale mani industriose di zie, o madri, o madrine, non abbiano confezionato dei guanti piccoli come sacchetti per la lavanda da mettere in mezzo alla biancheria? Aveva la sensibilità contorta di un vecchio adolescente Paolo, mentre si regalava guanti di alito caldo.

Il freddo non contribuiva a dare certezze. Ma Paolo e le certezze non erano mai andati troppo d'accordo. Nemmeno la morte era una certezza: questo poteva affermarlo. Tutta la sua infanzia era stata costellata di morti rispediti sulla terra a fare i vivi. Perché a ben guardare i morti non avevano nessun interesse a ritornare, anzi pregavano il Signore, lo supplicavano che li tenesse con sé a gioire. Questo era stato un insegnamento: la morte bisogna sapersela guadagnare. Non è cosí comune come dicono. La morte vera, si intende. Certe immagini possono ritornare dopo anni di oblio. Quella dei morti supplicanti, per esempio. Paolo la vedeva cosí, e l'immagine non aveva subito alcuna modificazione col crescere, dunque: c'era Gesú, vestito di bianco e c'erano tutti i morti, nudi. Tutti nudi tranne i Papi e i Santi. Ma Papi e Santi erano quelli sicuri. Gli altri, quelli nudi, avevano le facce di bambini che cercassero la mamma. Erano imbronciati e tristi. Non ancora supplichevoli. È dopo che si diventa supplichevoli. Da prima si è solo tristi. Insomma tendevano le braccia, come si vede in quelle foto di capi di stato che fanno bagni di folla. Ma Gesú guardava altrove, e senza indicare nessuno mandava ai diretti interessati messaggi di questo tipo: «ecco la buona morte, tu riceverai uno scranno e un vestito e una luce luminosa intorno alla testa»; oppure «non ti sei meritato di morire, tu resterai nudo sulla terra». Quanta pena nei volti di quelli che sono costretti a restare!

Esisteva anche una specie di colonna sonora per questa immagine. Una canzone antica che ritornava dal buio ogni volta insieme alle figure. Una vecchia canzone. Forse piú vecchia della vecchia che gliel'aveva cantata la prima volta. E diventava un'ossessione, si fondeva con l'immagine: *Mentras ki tantu t'adoro, mustrami nessi sa cara, e kin sos okros mi nara, su kin sentis' in coro. Mentras ki tantu t'adoro, mustrami nessi sa cara, e kin sos ocros mi nara, su kin sentis' in coro...* Cosí all'infinito, fino allo stordimento.

Maria Vittoria s'incamminò verso il silenzio sibilante del vento. Sollevò il bavero del cappotto in quella solitudine talmente perfetta da far scomparire chiunque volesse romperla. Un ragazzo camminava davanti a lei, poi si era fermato: sembrava incerto sulla strada da percorrere. «Sono sola» pensò Maria Vittoria. «E lui non esiste!» decise, svoltando sulla sua destra per immergersi in un'altra strada completamente deserta.

Paolo aveva ripreso a camminare e aveva smesso di chiedersi da quale parte si volesse dirigere. Solo, con Gesú che guardava altrove e la canzone che replicava il suo testo con continuità bastarda. Col volume che si alzava dentro la sua testa.
Forse fu a quel punto che abbandonò la borsa, come una zavorra che rendeva piú faticoso pensare, liberarsi, librarsi. E forse fu allora che cominciò a correre verso la fine della città, che pure non accennava a finire, desiderando solo di buttarsi nel nulla della campagna. Ma cose banali, domande di poco conto facevano capolino fra i morti supplicanti e si insinuavano tra le parole della sua canzone: dove vado? Cosa faccio? Sentendo che tutto quel quadro si spaccava di fronte alla povertà di quella corsa, con i muscoli che denunciavano lo stress. Anche la canzone pareva balbettante dentro la sua testa, eppure non era stata emessa, non richiedeva dispendio di fiato.

Fu costretto a sterzare. Con un movimento secco del volante Eugenio spinse l'auto verso il centro della carreggiata. Un pazzo che aveva attraversato la strada senza guardare, l'aveva costretto alla manovra pericolosa. Riportò l'auto nella corsia di marcia col cuore che gli galoppava nel petto. «Questi stronzi che non guardano...» imprecò sentendo che le sue gambe, piano piano, smettevano di tremare.

Con gesto da capra Paolo saltò dal cavalcavia fresco di inaugurazione costruito sopra i binari della ferrovia a scartamento ridotto. Qualche metro piú in basso, superati i binari, si potevano raggiungere la macchia e gli alberi. Nel buio erano le sue gambe, i suoi piedi, a vedere, senza che gli occhi facessero niente. Avrebbe potuto correre a occhi chiusi e niente sarebbe cambiato, nessuno scarto sarebbe stato piú esatto in quel terreno diventato improvvisamente impervio, irto di cespugli secchi per il gelo e di cime di roccia. Come correre in un'area assolutamente piana. Aveva caldo, ora: tolse il giubbotto, si sfilò il maglione, senza fermarsi, e poi la maglietta, fino a sentire il gelo che penetrava nei pori. Fino a vedere la sua pelle fumante per l'aggressione del vento. Lasciandosi alle spalle gli indumenti che rimanevano incastrati nei cespugli. Una sosta, che era una specie di respiro, per strapparsi le scarpe dai piedi, e le calze facendo balzelli su una gamba sola. E i pantaloni badando a non perdere l'equilibrio, avendo anche il tempo di sorridere per quell'incertezza. Fino alla nudità. Fino alla completa, assoluta nudità. Fu allora che riprese contatto con se stesso. Vedendo il chiarore del suo corpo nel buio pesto. Sentendo che la canzone, la sua immagine cominciavano ad affievolirsi e le gambe rallentavano la corsa. Perdeva sangue dalle anche e dai piedi. Ma non sentiva freddo. Si voltò per capire quanta strada avesse fatto. Non molto distante la città era un presepio illuminato. Cadde in ginocchio cercando di respirare con calma, ma sembrava che ai suoi polmoni occorresse piú aria di quella che lui riusciva a immettervi. Si lasciò andare tra l'erba e il terriccio. Emanava da tutto il suo corpo un odore sordido di umori stantii: questo era in grado di percepirlo. L'afrore di un vecchio cinghiale che aveva razzolato nella merda e nel fango. Il puzzo di visceri di pecora lasciati ad asciugare prima di finire in tavola artisticamente intrecciati. Il fetore di genitali trascurati, genitali che avessero subito l'assenza delle piú elementari norme igieniche per un tempo infinito. Era confuso, tremava con i peli irti dalla testa ai piedi e l'epidermide trasformata in un assurdo territorio di sussulti. Ora le solite domande erano diventate insistenti come se non fossero capaci di trovare un pertugio per uscire dalla sua testa. Spalancò la bocca per farle esplodere nel silenzio di quella notte cosí precoce: dove vado, cosa faccio? Ed esse restavano inespresse, agitate nel cranio come due dadi che frullassero nel bicchiere prima del lancio. Ma dal ventre, straziato dai rovi, si faceva largo un urlo, come un tramestio sordo che si preparava a esplodere. Quello che uscí dalla sua bocca non pareva emesso da un essere umano. Un lamento da bestia che non voleva finire. E frantumò quella porzione di cielo senza stelle.

Lina si voltò, aveva accennato un sorriso che apriva abissi di disperazione.
– Avete sentito? – chiese. – L'urlo della Bestia! – spiegò facendosi il segno della croce.

Capitolo decimo

Lina.
Non si era potuto fare altrimenti. Avevano dovuto legarla. Come non accadeva da tempo.
L'infermiera corpulenta controllò la paziente. Sembrava calma ora. Le mani si erano rilassate riprendendo un colore rosato. Aveva smesso di strattonare le cinghie e si era lasciata andare in una specie di flusso incomprensibile di parole.
– Abbiamo avvertito il dottor Martis, – la rassicurò l'infermiera chinandosi per non rischiare di parlare a voce troppo alta.
Lina serrò le palpebre in segno di assenso. Il suo farfugliare si era interrotto, il sedativo pareva fare effetto, costringendola a piombare in uno stato di calma incoscienza.
Passarono minuti in cui la donna sembrava del tutto stordita. Poi senza un'avvisaglia ricominciò ad agitarsi.
Quell'infermiera non avrebbe potuto dimenticare i minuti che seguirono. Lo avrebbe raccontato ai figli e poi ai nipoti di quella sera quando Lina Piredda riuscí a liberarsi dalle cinghie con uno strappo secco. «Come se fosse stata legata con strisce di carta» avrebbe raccontato «ha dato un colpo secco, con calma, semplicemente riportando le braccia perfettamente aderenti ai fianchi; uno strattone nemmeno troppo violento». E forse avrebbe taciuto di quell'attimo in cui lei stessa non sapeva se guardare le cinghie spezzate, quasi che

la paziente avesse delle lame ai polsi, o la paziente stessa che, senza curarsi delle caviglie ancora legate, si era proiettata a sedere sul letto. Come se tutta la parte superiore del corpo fosse assolutamente autonoma dalla parte inferiore. E sarebbe stato necessario trovare una formula convincente, perché nessun linguaggio sembrava adeguato a descrivere lo sguardo che si andava formando nel volto di Lina Piredda. Era successo cosí: aveva strappato le cinghie e si era messa a sedere come un pupazzo a molla. Poi aveva aperto gli occhi. Senza guardarsi intorno, fissando un punto da qualche parte oltre lei.

L'infermiera aveva cercato di difendersi dallo spavento con un urlo che aveva richiamato le altre colleghe e persino qualche inserviente del piccolo ospedale carcerario.

Ma non fu necessario intervenire, la paziente pareva essere paga della posizione appena raggiunta. Aveva ripreso a sussurrare qualcosa. Si era voltata verso tutta quella gente che era accorsa e aveva accennato un sorriso che apriva abissi di disperazione.

– Avete sentito? – chiese. – Era l'urlo della Bestia!

– Cos'hai detto?! – Chiese Santino con la voce alterata dalla rabbia.

Maciste abbassò la testa. – Morto... – Ripeté in un soffio. – Morto senza dire niente –. Aggiunse con la coscienza che era meglio dire tutto subito e farla finita.

La fronte dell'uomo ebbe come una contrazione.
– Fammi capire... – incalzava, – in parole povere: non sappiamo a chi sono andate quelle fotografie!

– Non lo sappiamo, – acconsentí Maciste tenendo un volume bassissimo.

– Non lo sappiamo! – L'urlo di Santino fece sobbalzare il suo interlocutore che si era spostato indietro per assorbirne la potenza. – Allora è finita: se mi collegano al sindaco, cominciano a fare controlli. Lo sai cosa vuol dire? – Si era seduto strofinandosi, con la grossa, ruvida mano, i pochi capelli rossi sul cranio semi calvo. – Non sei capace di fare niente! – incalzò con una calma innaturale che mise in grande agitazione Maciste.

– Non so come è successo, non abbiamo fatto nulla... – Provò a dire. Ma non riuscí a finire la frase: il colpo, di una potenza inaudita, lo scaraventò contro la parete alle sue spalle. Si raggomitolò per ripararsi. Santino pareva mosso da una forza estranea alle sue possibilità fisiche.

– Non avete fatto nulla! – ripeteva mentre calciava il corpo di Maciste. – Non avete fatto nulla! – E vibrava calci ai fianchi e alla testa del giovane che smise di opporsi. Anzi, in qualche modo sembrava grato di quelle percosse. – Era semplice: bisognava farlo parlare, – continuava Santino sentendo la mascella del giovane cedere sotto la pressione del suo scarpone da campagna.

Si fermò ansimante. Maciste era immobile, sanguinava dal naso e dalla tempia sinistra. Le sue braccia erano diventate tutt'uno col costato. La camicia andava lentamente inzuppandosi di sudore, sangue e vomito.

Uno sprazzo di lucidità si faceva largo all'interno della testa di Santino, una certezza che aveva il sapore di qualcosa già vissuto, molti anni prima. Pensò alle poche cose che sarebbe stato necessario portare via. Pensò alla Germania, alle sue fabbriche, alle sue foreste. Pensò a se stesso ringiovanito di decenni e al suo viaggio verso il nulla. Questo si ripeteva: sparire nel nulla, come lui sapeva fare. Guardò ai suoi piedi e notò con sorpresa il corpo immobile di un giovane. Non c'era un attimo da perdere, questo lo capiva con chiarezza. Non si poteva aspettare che la ruota compisse il suo giro, se questa ruota cominciava a girare contro di lui... Si voltò per guardarsi attorno e sfuggire quel corpo inanimato sotto di lui. Vide le macchie di sangue sui suoi scarponi. Abiti non ne avrebbe presi, non erano necessari. Dirigendosi verso la sua camera, incurante delle impronte lasciate dappertutto, cercò di ricordare la combinazione della piccola cassaforte a muro nascosta dietro una brutta stampa nella parete di fronte al letto. I soldi. Quelli avrebbero fatto la differenza. Afferrò le mazzette di contanti ignorando i libretti di risparmio. Erano abbastanza per sparire senza problemi. Il resto non contava.

Capitolo undicesimo

La notizia della donna trovata morta era corsa per i corridoi e aveva raggiunto l'ufficio del giudice Corona. Nessuno parlava. Il maresciallo continuava a guardare fuori senza risolversi a congedarsi. Il ragazzo di poco prima era sparito, si era incamminato reggendo la borsa con l'avambraccio per riuscire a infilare le mani in tasca.

Salvatore Corona aveva preso atto dell'omicidio Fenu senza commentare. Guardava la forcina nel suo contenitore trasparente appoggiata alla scrivania. Scriveva con la sua penna stilografica sul foglio stampato che la dottoressa Comastri aveva compilato.

– Sta pensando quello che penso io? – chiese improvvisamente sollevando la testa dal foglio.

– Sto pensando che abbiamo sbagliato tutto, – rispose seccamente il maresciallo. – Vede, – proseguí, – credo che ci siamo lasciati fregare dalle certezze. E se questa forcina appartiene a chi penso che appartenga, allora dobbiamo iniziare tutto daccapo.

– Deve essere analizzata subito, – commentò il giudice, – la dottoressa Comastri non la prenderà bene. E non posso darle torto.

– Non mi crederebbe se dicessi che l'avevo scordata?

– Non le crederebbe, maresciallo: sarà un miracolo se non verrà incriminato.

– Lo so, lo so. Ma lei pensa veramente che se avessi consegnato subito il reperto sarebbe cambiato qualcosa?

– Probabilmente no, ma era suo dovere consegnarlo. Poteva parlarmene quando è venuto a casa mia.

– Il mio dovere. Sono tanti anni che faccio solo il mio dovere. Non ne ho parlato prima perché sapevo che nessuno ne avrebbe tenuto conto. E pensavo che sarebbe stata presa in considerazione solo se l'avessi tirata fuori al momento giusto.

– E questo sarebbe il momento giusto?

Il maresciallo scrollò le spalle.

– C'è qualcosa che non sa, – continuò Salvatore Corona, – ma ora non fa nessuna differenza continuare a tenerglielo nascosto.

– L'autopsia? – proruppe il maresciallo.

– L'autopsia di Ines Ledda, – confermò il giudice, – sono arrivati due giorni fa i risultati definitivi: la bambina è morta da almeno un anno in seguito a strangolamento, ma sarebbe morta lo stesso di lí a poco: setticemia acuta per un intervento abortivo clandestino.

Le parole del giudice suonarono in modo straordinariamente nitido alle orecchie del maresciallo. Sembrava che un pulsante invisibile avesse eliminato d'improvviso ogni traccia di rumore esterno.

– Qualcosa ritorna al suo posto, come vede: Ines Ledda non ha niente a che fare con le altre bambine scomparse. E probabilmente nemmeno Lorenza Ibba.

Nicola Pili resistette al pianto serrando la bocca.

– Se avessi il coraggio di tirarmi un colpo in testa lo farei, mi creda, lo farei, – si lamentò.

– So che cosa vuol dire, maresciallo, e non sa quante volte ho avuto la stessa tentazione. Ma è meglio rimettere ordine e lasciare la coscienza a posto, non è cosí che mi disse qualche giorno fa?

– Che cosa devo fare?

– Non credo che ci resti troppo da fare: intanto si parla alla dottoressa Comastri e se la forcina apparteneva alla donna trovata morta questo pomeriggio almeno un caso è risolto.

– Pensa che sia stata lei a eseguire l'operazione? – il maresciallo non osava pronunciare la parola aborto.

– Non ci sono dubbi, ma credo che sarà facilmente comprovabile ora. Sarà necessario capire quando la Fenu è stata uccisa innanzitutto; esaminare l'alibi del ragazzo che viveva con lei, e quello del padre della bambina. È molto probabile che sapesse qualcosa. Gli agenti di Polizia stanno battendo a tappeto il quartiere per sapere se la donna «esercitasse» da fattucchiera.

– Vede che avevo ragione? – esclamò il maresciallo con una strana ilarità nel volto. – Non sono più adatto per questo mestiere.

Danila Comastri scattò sulla sua poltrona. Chi aveva bussato oltre la porta del suo ufficio l'aveva fatto con discrezione, ma tanto era bastato per farla sobbalzare. – Avanti! – disse schiarendosi la gola. L'agente infilò la testa prima di penetrare col busto nell'ufficio come se temesse di essere troppo invadente.

– C'è... una persona che ha chiesto di parlare con lei, dottoressa.

Danila Comastri guardò l'orologio. – Solo se è importante, è piuttosto tardi, mi stavo preparando a uscire, – disse con una secchezza che testimoniava il recupero di tutte le sue facoltà.

L'agente sparí oltre la porta per qualche secondo. Poi ricomparve.

– È un prete, – rivelò. – Si tratta dell'omicidio Fenu.

Il religioso non doveva aver superato i cinquant'anni. Era entrato nell'ufficio del Pubblico Ministero con la deferenza con cui avrebbe attraversato i corridoi del Vaticano. Invitato a farlo si rifiutò di sedersi.

– Non le ruberò troppo tempo, – disse. – Devo solo consegnarle questo –. E porse un plico non troppo voluminoso alla dottoressa.

Danila Comastri lo prese d'istinto, o per cortesia, chiedendosi di cosa potesse trattarsi.

– Salvatora Fenu era una mia parrocchiana, – spiegò il prete. – Mi ha consegnato questo plico due anni fa pregandomi di farlo giungere alle autorità qualora... si insomma credo che si aspettasse quello che le è capitato.

– Crede o lo sa per certo? – La domanda della dottoressa Comastri risuonò nell'ufficio come un'affermazione.

– Lo so per certo, – rispose il prete senza scomporsi. – Ma lei capisce che non posso andare oltre.

– Già... – rifletté il magistrato, – il segreto del confessionale. – Capiva che il religioso attendeva solo di essere congedato. – Grazie, – gli disse per liberarlo dall'imbarazzo.

Lui scattò verso la porta alle sue spalle.

Capitolo dodicesimo

L'appartamento era riscaldato. L'ingressino col portaombrelli e l'attaccapanni, parevano veramente poca cosa. Maria Vittoria appese il cappotto lasciandosi avvolgere dal tepore circostante. Entro mezz'ora Alberto l'avrebbe raggiunta. Dal pomeriggio non si era piú fatto vedere, ma l'appuntamento era stato fissato prima che lui uscisse. Mentalmente fece il punto della situazione: alla gara d'appalto per la costruzione del parcheggio si erano presentate varie ditte, Maria Vittoria ne scorse l'elenco, la SARCOS era risultata vincente. Detto questo si passava alle specifiche: l'Archisarda aveva ritirato la sua candidatura; l'Edilbarbagia non era risultata idonea perché la cifra dei lavori superava quella per la quale l'impresa era segnata nell'Albo Regionale degli Appaltatori; la Città domani era fallita. La SARCOS aveva subappaltato parte dei lavori, tutta la fase di demolizione, alla Nuorese Costruzioni. Cosí stavano le cose secondo i documenti. Dalla Cancelleria Commerciale era riuscita a sapere ben poco: nei Consigli di Amministrazione di nessuna di queste imprese risultava il nome di Santino Pau.

Ma c'erano le fotografie. Maria Vittoria andò a prenderle dalla tasca del suo cappotto.

Le guardò soffermandosi su ognuna. Quelle immagini parlavano chiaro. E dicevano con quanto disappunto, quell'uomo apparentemente estraneo, avesse accolto il pasticcio dell'Assemblea cittadina. Di questo si trattava. Non c'erano dubbi. Se avesse potuto trovare un collegamento vero, qualcosa che non fossero pettegolezzi. Allora sí! Allora la sua inchiesta avrebbe avuto un senso.

Dalla busta delle fotografie scivolarono a terra i negativi. Tanti rispetto al numero delle immagini stampate, veramente tanti.

Maria Vittoria li raccolse, un disagio crescente, un dubbio assurdo l'aveva colta. Con la mano che tremava sistemò in controluce una striscia brunita e trasparente: due sposi tagliavano una torta nuziale...

Parte quinta

A che servono le prove materiali, se la mente è stimolata a credere l'opposto di quel che esse dimostrano?

N. MAILER, *I duri non ballano*

Collegare, solo questo. Essere capaci di conoscere significa capire come le cose sono collegate.

P. KERR, *Un killer tra i filosofi*

Capitolo primo

– Digli quello che hai detto a me! – ordinò il maresciallo Pili. Aveva una nota ansiosa che metteva a disagio Luigi Masuli. Egli infatti abbassò il capo, senza risolversi ad aprire bocca.

– Avanti! – insistette il maresciallo. – Dài! Quello che hai raccontato a me, parola per parola!

– Ho fatto l'impresario edile per sedici anni... – cominciò Luigi Masuli con un filo di voce.

Salvatore Corona provò a mettersi comodo: se il maresciallo gli era piombato in casa a quell'ora di notte, il motivo doveva essere importante. Guardò il graduato con fare interrogativo.

– È per la questione delle imprese edili, si ricorda? – spiegò lui senza far proseguire Luigi Masuli. – Senta, senta; ne sa qualcosa, dottore, senta, senta –. E si bloccò indicando con lo sguardo il compagno di caccia che era ripiombato nell'incertezza. Quest'ultimo lo guardò con un moto d'angoscia. Quasi ce l'avesse con lui perché l'aveva costretto a ripetere le confidenze che, solo un'ora prima, sembravano talmente innocue davanti al bancone di un bar.

– Non so... – ricominciò a farfugliare. – È per gli appalti. Io non c'entro piú adesso. Faccio il commerciante, – si giustificò. – Solo grazie a mia moglie, perché se fosse stato per quello che si è salvato della mia impresa sarei finito in mezzo alla strada a chiedere l'elemosina. Invece c'era la tabaccheria di mia moglie, – prendeva tempo.

– Questo non ci interessa, – esclamò nervosamente il maresciallo Pili. – Non è importante adesso, – smorzò.

– Sono finito in concordato, – disse finalmente l'uomo.

Il giudice Corona accennava col capo per invitarlo a proseguire, gli risultava sempre piú difficile mantenere la calma.

Luigi Masuli parlava con la faccia rivolta al pavimento e non osava appoggiare la schiena alla spalliera della sedia. – Nicò, – si lamentò all'improvviso, – ascolta, io non voglio guai, non credo che possa essere utile; è una storia vecchia ormai.

Salvatore Corona guardò il maresciallo come a chiedere per quale motivo avesse ritenuto importanti le dichiarazioni di quell'uomo.

– Dài! – lo stuzzicò il maresciallo strattonandolo per una spalla.

– Avevo comprato un terreno edificabile, una spesa grossa. E avevo fatto debiti, ma il posto era buono, c'era da ricavarci un bel po' di soldi e di lavoro. Ha presente l'area vicina al mercato ortofrutticolo? – Luigi Masuli si rivolgeva direttamente al giudice, che si limitò a guardarlo senza preoccuparsi di rispondere. – Il comune doveva deliberare entro un mese sulla cubatura edificabile. Ma quella delibera non arrivò mai e quel terreno mi fruttò solo interessi passivi nelle banche. Provai a chiedere in giro, ma non c'era modo di uscirne. Era chiaro che qualcuno si stava impegnando a farmi le scarpe. Ma avevo ancora qualche amico nell'ambiente, la mia impresa ha sempre lavorato pulito, dottore –. Quel riferimento diretto alla sua persona fece sobbalzare Salvatore Corona.

– Lavorare pulito? – domandò senza controllare il tono di voce.

– Proprio cosí! – confermò l'uomo raddrizzando la schiena. – Non si facevano accordi preliminari con me. Ah, no, lo sapevano tutti. Lo sa come vanno queste cose? – domandò vedendo lo sguardo interrogativo del giudice. – Si decide un appalto, – proseguí senza attendere una risposta, – poi cominciano le grandi manovre. Questo a quello, quello a quell'altro poi, ciò che resta, le briciole dottore, si appaltano regolarmente. Mi spiego?

Il giudice Corona guardò il maresciallo: cosa aveva a che fare tutto quello sproloquio con l'indagine? Il graduato capí al volo. – Vai avanti! – esclamò rivolto all'amico. Il giudice Corona sbadigliò.

– Insomma fui costretto a vendere tutto. Per pagare le banche: era l'unico modo per interrompere la corsa degli interessi passivi e prendere un po' di tempo.

– Si rivolse all'autorità giudiziaria? – La domanda di prammatica del magistrato aveva il sapore di una deformazione professionale.

– No, – rispose Luigi Masuli, – si trattò di un concordato stragiudiziale, dottore. Dicevo che avevo degli amici nell'ambiente, uno in particolare: Giulio Mereu. Era un capomastro fidato, mi assicurò un aiuto. Mi disse che di lí a poco sarebbe scoppiato uno scandalo per certe cose che aveva scoperto a proposito di appalti truccati con la complicità di qualcuno molto in alto nell'amministrazione comunale: miliardi, dottore. Poi accadde quel che accadde. Sparí la bambina e dissero che era stato lui, ma non lo conoscevano...

– Perché non è venuto a parlarne subito! – Lo scoramento del magistrato si era trasformato in un moto di rabbia. – C'è stata un'inchiesta per Dio!

L'uomo provò a giustificarsi: – Dicevano un sacco di cose in quel periodo, perfino che avesse venduto la figlia. Lei ha idea di cosa significhi mettersi contro...
– E qui si interruppe. Il maresciallo raggricciò il viso in una specie di smorfia.

– Luigi! – urlò quasi. – Mettersi contro chi? – L'impeto di quella domanda rivelava la sua sorpresa.

– C'era la questione del nuovo piano regolatore! – dribblò Luigi Masuli per evitare la risposta. – C'erano tanti di quei soldi in ballo. E tutti si muovevano per metterci le mani. È cosí che si fa, dottore, si elimina la concorrenza prima che sia troppo tardi. Questo mi hanno fatto. Questo mi hanno fatto. Non ero certo in grado di pensare ad altro. Solo che avevo decine di operai e che li stavo licenziando. Questo pensavo! Tutto il resto mi è venuto in mente dopo, quando ho visto a chi sono finiti gli appalti.

– E a chi sono finiti? Se non è troppo fare questa domanda, – chiese Salvatore Corona allo stremo delle forze.

L'uomo prese tempo: – Lo sanno tutti, dottore, a chi sono finiti!

Il maresciallo ebbe un moto di stizza. Si sentiva tradito, Luigi Masuli sapeva quanto fosse importante per lui questa indagine. Sapeva che lui riteneva la scomparsa delle bambine parte di un unico piano; sapeva che quell'elemento su Giulio Mereu sarebbe stato fondamentale al momento giusto e forse gli avrebbe salvato la vita.

– Non si poteva fare niente, – piagnucolò l'altro guardandolo negli occhi. – Nicò, non si poteva fare niente. L'avevano inchiodato con quei soldi. Si era messo a fare un gioco piú grande di lui. Non l'ho piú visto per mesi, mi dissero che si era licenziato dall'impresa, poi successe il fattaccio. Solo che tutto questo l'ho capito dopo: due piú due fa quattro, mi sono detto, ha giocato e ha perso. Si era messo a fare ricatti, capisce?

– No che non capisco! – Salvatore Corona diede sfogo a tutto il suo disappunto.

– Quei soldi, – affermò l'uomo candidamente. – Se aveva tutti quei soldi in banca. Voleva dire che aveva visto giusto e scovato il cinghiale.

Il maresciallo fece uno scatto in avanti, strattonò Luigi Masuli con una presa sicura fra la spalla e il collo. – Basta con le metafore Luigi! Di chi stai parlando!

L'uomo ebbe una scossa, cercò di bloccare il tremolio alle labbra.

– Non posso... – implorò. – Non posso.

– Allora il nostro colloquio è finito! – Il tono minaccioso di Salvatore Corona fruttò qualche secondo di silenzio. – Non possiamo perdere altro tempo.

– No! Porca puttana! Mi hai fregato per tutti questi mesi! Ecco cosa hai fatto, hai fatto l'amico! – si sfogò il maresciallo.

Luigi Masuli lo guardò come se lo vedesse per la prima volta.

– Santino Pau, – sibilò d'un fiato. – Santino Pau! Contenti?

– È disposto a ripetere queste dichiarazioni davanti a una Corte? – chiese Salvatore Corona. Cercò di formulare la domanda perché sembrasse piú innocua possibile.

Luigi Masuli sgranò lo sguardo come se si fosse appena svegliato e non capisse dove si trovasse, poi fece un sorriso dal quale traspariva inquietudine mista a stupore.

– No, – disse semplicemente. – Non sono disposto.

Nell'elenco telefonico i Pau non erano molti. Il maresciallo Pili li scorse con un dito: ecco, Pau Santino, tra Pau Pierina e Pau Tolu Vincenzo, Viale del Lavoro 24. Non era distante dal Palazzo di Giustizia, ammesso che, a Nuoro si potesse parlare di distanze. Ma questo contava poco...

E ora si trattava di ricominciare. Il paesaggio che scorreva fuori dall'abitacolo mise in chiaro una decisione non ancora presa coscientemente: tornare a casa. Con una sterzata brusca Santino guadagnò una piazzola ai bordi della provinciale verso Cagliari. Uscí dalla macchina lasciandosi investire dal vento gelido. La piana brulla davanti ai suoi occhi era smossa e vibrante.

Forse si trattò solo del fatto che il maresciallo Pili fu costretto a mantenere la distanza necessaria per non essere scoperto mentre lo seguiva, ma Santino Pau, fuori dalla macchina, di fronte alla piana battuta dal vento, gli parve piccolo, talmente piccolo da sparire completamente dietro la fiancata dell'auto che si affacciava verso la distesa. L'avrebbe seguito. In capo al mondo l'avrebbe seguito... In qualunque tana avesse deciso di rifugiarsi.

Cosa faceva, in piedi di fronte a quel paesaggio desolante? Il maresciallo cominciò a battere ritmicamente le dita sul pomello della leva del cambio. Si sentiva piú leggero adesso. Era deciso a considerarsi appagato per la fortuna di essere arrivato sotto la casa di Santino Pau, qualche secondo prima che lui uscisse e si mettesse al volante.

L'avrebbe seguito, perdio!, gli sarebbe rimasto attaccato addosso come la sua ombra. Ammesso che Santino Pau avesse un'ombra.

Capitolo secondo

Quando arrivò le avevano già slegato le caviglie. Eugenio guardò Lina: sembrava rilassata, del tutto calma. Aveva chiesto un pettine per sistemarsi i capelli arruffati. La luce accecante dei neon offendeva i colori, soprattutto il bianco, dandogli una patina giallastra.

Non si dissero niente. Le pupille della donna, leggermente dilatate, avevano una serena fissità.

– Dobbiamo parlare, – disse lei a un certo punto.

Eugenio cercò dietro di sé una sedia.

– Ora non c'è piú motivo di tacere.

Vederla cosí disponibile faceva un effetto strano. Lina prese il silenzio di Eugenio come un muto rimprovero.

– L'ho fatta grossa! – cercò di giustificarsi.

Eugenio tentò un sorriso per incoraggiarla ad andare avanti.

– Lo sa cosa succede quando i pianeti si allineano? – La domanda risultò comica. – Succede che la gente impazzisce –. Rispose direttamente senza lasciare tempo al suo interlocutore. – Succede che una persona normale non riesce piú a sopportare il peso delle cose.

– È questo che ti è successo? – domandò a bruciapelo Eugenio.

– Qualcosa del genere, – disse lei senza pensare. – Qualcosa del genere, – ripeté con piú calma. – Ma era solo un esempio, – si affrettò a chiarire. Cercava le parole mordendosi il labbro inferiore. Chiuse gli occhi come a ripetersi un discorso che aveva imparato a memoria. – Ho le mie colpe, – scandí. – Ma ora non ha piú senso continuare a tacere. Comunque non ho ucciso nessuno. Era questo che voleva sapere?

I battiti nel petto di Eugenio cominciavano a ripercuotersi nelle sue orecchie con un sordo tamtam. – Come è andata? – balbettò.

La donna glissò la domanda cosí diretta riprendendo a pettinarsi.

– Erano due fratelli, – disse quando l'operazione sembrò a buon punto. – E io ho sposato il maggiore –. Poi sorrise assumendo un'aria fanciullesca. – Ma mi piaceva l'altro, – disse come se comunicasse una confidenza piccante. – Avevano un'azienda non troppo grande, ma fruttava bene e si mangiava tutti i giorni. Erano orfani. Mio marito era un bell'uomo, ma io ho sempre preferito il fratello piú giovane...

– Santino? – chiese Eugenio avvicinandosi per non costringerla a sollevare il tono di voce.

Lina sorrise guardando davanti a sé. – Santino – confermò contraendo impercettibilmente il labbro. – Lo vedevo tutti i giorni, lui era un bambino, e io pure, – continuò senza cambiare tono. – La mattina presto, quando facevo il tragitto con mio padre per raggiungere la scuola. Avrebbe dovuto conoscerlo allora, aveva una testa di capelli scuri, era bello, dottore.

– Ma sposasti il fratello maggiore –. Eugenio intervenne per colmare una lunga pausa durante la quale Lina sembrava cercare il filo del suo racconto.

– Cosimo, – rispose lei all'improvviso. – Lui rimaneva in paese e si occupava delle economie, Santino viveva in campagna. Tornava dall'ovile solo una volta alla settimana per prendere le provviste, il cambio e farsi un bagno come si deve. Non è che in campagna ci fossero molte comodità; allora le pecore e i pastori vivevano allo stesso modo. Il primo mese dopo il matrimonio andò tutto bene. Ma ero troppo giovane e inesperta, perché adesso capisco che le cose andarono male da subito. Insomma, Cosimo non si comportò da marito –. Nel pronunciare quest'ultima frase ebbe un sobbalzo. Poi si riperse nel silenzio.

– Nel senso che...? – tentò Eugenio.

Lina cominciò a martoriarsi le mani. – In quel senso, – rispose pudicamente.

– Sicché, – intervenne il medico, – non avevate... rapporti, – gli parve inutile chiarire a quale genere di rapporti si riferisse.

– Proprio cosí. Diceva che non stava bene. Mio marito non mi ha mai toccata, dottore. Vede, io non ero del tutto sprovveduta, ingenua forse, ma non stupida. Capii da subito che qualcosa non andava bene in quell'uomo. E guardi che non aveva niente fuori posto, mi capisce?

Guardò Eugenio per attendere una conferma.

– Gli piaceva guardarmi, gli piaceva quando mi spogliavo per andare a letto. E per il resto faceva da solo. Si amava per conto suo.

– Si masturbava.

– Esatto, si dice cosí. Me ne accorsi per caso una notte. Avevo paura che stesse male... Allora facevo finta di addormentarmi, e tutte le notti era la stessa cosa.

– Non hai cercato di parlargli della cosa?

– Certo, dopo un po' di tempo. Gli chiesi se fosse colpa mia: forse non ero all'altezza, forse ero troppo inesperta, non ci sapevo fare; forse non gli piacevo abbastanza. Questo glielo dissi. Feci male. Dovevo stare zitta. Diventò aggressivo. Disse che non sapevo niente di come vanno queste cose. Disse che al momento giusto mi avrebbe fatto vedere lui di che cosa era capace. Una volta mi saltò addosso, aveva il volto paonazzo, sembrava un diavolo con quei capelli rossi tagliati a spazzola. Mi fece male, ma non dissi nulla; sentivo il suo peso addosso, la barba che mi graffiava il viso... Ma non successe nulla, nulla di quello che deve succedere tra marito e moglie. Pianse, si scusò; affondò il viso nel cuscino per nascondere le lacrime. Quello fu un momento di grande dolcezza, ci crede? per quanto mi ricordi fu il solo momento d'amore tra me e l'uomo che avevo sposato. Lo cullai fra le braccia, si addormentò piangendo. Solo allora mi alzai. Era sabato. Ricorderei quel sabato anche se mi cancellassero il cervello. Era una notte molto simile a questa. Faceva freddo, ma il cielo era talmente limpido e la luna talmente luminosa... Santino era arrivato da poco. Aveva cenato. La tinozza fumava davanti al caminetto. Lo spiai, dottore. Mi sono messa a guardarlo mentre si levava gli abiti.

– E lui se ne accorse.
– Non subito, credo, ma da un certo punto cominciò a tornare tutte le notti. Cosimo protestò, disse che si perdeva troppo tempo tra andare e venire dall'ovile. Santino rispose che pretendeva di vivere come un cristiano e di dormire in un letto pulito. Disse che la distanza non era tanta da giustificare che non potesse cenare a tavola. Cosimo era brusco, credo che non lo volesse per casa, ma non sospettava niente: era come una bestia, dottore, annusava il pericolo, ma non se lo sapeva spiegare. Le cose cominciarono a precipitare: ero sempre distratta; appena sveglia contavo le ore che mi separavano dalla notte. Finché accadde l'inevitabile. Credo che sia stata mia l'iniziativa, Santino non avrebbe mai osato. Ma io lo feci. Entrai in cucina... Fu la cosa piú bella, la cosa piú straordinaria della mia vita: amavo quell'uomo in un modo che faccio ancora fatica a descrivere. È stato un periodo felice. Il solo periodo felice. Eravamo troppo giovani, ci amavamo troppo per capire fino in fondo quello che stava succedendo.

– Santino non si accorse del fatto che eri ancora vergine?
– Se ne accorse, con stupore. E si spaventò. Ma questo non cambiò le cose. Eravamo giovani, ci amavamo. Due mesi dopo ero certa di essere incinta. Ma tutto precipitò prima che potessi fare qualcosa. Cosimo ci aveva scoperto. Ebbe una lite col fratello. Gli impedí di ritornare a casa. Certo mi picchiò. Io pensai che era un bene. Se fossi stata abbastanza fortunata avrei perso il bambino. Ma non fui fortunata. Eh no, dottore, io e la fortuna non ci siamo mai incontrate. Ma sa cosa le dico? Avevo la sensazione che mio marito non fosse cosí infuriato come diceva di essere. Era solo una

sensazione, forse si trattava solo del fatto che io tentavo di giustificarmi. Il peggio arrivò col tempo, quando era diventato impossibile nascondere la gravidanza. Cosimo divenne pazzo. Mi sottopose a ogni tipo di trattamento perché la creatura che avevo in grembo non nascesse. Però fuori, con gli altri, faceva la bella faccia e il padre orgoglioso. Quella povera creatura resisteva, a dispetto di tutto. E cresceva. Partorii. Era un maschio. Ma questo lo aveva capito.

Eugenio Martis era troppo inquieto per gioire di quel riconoscimento.

– Ma prima finii nelle mani di tutte le fattucchiere del circondario. Al settimo mese di gravidanza fui sottoposta al rito dell'olio, – continuò Lina. – Conosce la storia? – Uno sguardo di infantile furbizia prese il posto della maschera neutra del suo viso. – Non era questo che voleva sapere?

– No, non la conosco, – si affrettò a rispondere Eugenio. Le parole appena pronunciate risuonarono in un silenzio colmo di attesa. – Mi aveva incuriosito... – disse cercando di nascondere l'ansia.

– Certo che non la conosce, sono cose incomprensibili per lei, – incalzò Lina come a toglierlo dall'imbarazzo di apparire troppo curioso. – Comunque dicevano che c'era un modo per far morire quella creatura prima che venisse al mondo.

Eugenio si sporse in avanti per sentire meglio quest'ultima parte del discorso di Lina che lei aveva solo sussurrato. – Al settimo mese? – domandò inarcando le sopracciglia.

Lina sorrise, voltandosi verso di lui. Aveva il volto di una madre indulgente. – Ci sono donne, dottore, che sono in grado di manipolare il feto, di spostarlo fino a che il cordone ombelicale non si attorciglia al collo. Capisce? L'olio serve a rendere elastica la pelle del ventre, che è tesa. E poi serve al rito –. Detto questo si prese un po' di tempo per riordinare i pensieri. Improvvisamente rise. Poi si ammutolí. – Sono confusa, – riprese sospirando.

– Il rito... – incalzò Eugenio.

– Il rito consisteva nell'immergere il dito indice della mano sinistra in un olio particolare, la composizione del quale è nota solo a pochi iniziati. Cosí, con questa specie di battesimo, si diventava alleati del male. Qualcuno aveva viaggiato nello spazio e nel tempo, grazie a questo rito, si ungeva l'indice e si pronunciava la formula: *un'ora per andare, un'ora per tornare*. Poteri talmente straordinari richiedevano una contropartita verso chi li aveva resi possibili. Era la vita di un neonato o di un nascituro. Questo era il rito: liberarsi dalla responsabilità di commettere un omicidio. Tuttavia le cose andarono diversamente: e il mio bambino nacque. Bello come il padre che l'aveva generato e non fu necessario sculacciarlo perché urlasse, non fu necessario: la sua voce risuonò per tutta la casa come un grido di vittoria. Cosimo si coprí le orecchie con le mani e pianse aggirandosi per la stanza come una bestia in gabbia. Credo che tutto sia iniziato in quel momento. Credo che in quel preciso istante si siano decise le nostre vite. Passarono cinque mesi, durante i quali fu necessario fare le cose in modo che tutto sembrasse normale. Facemmo le fotografie –. Si tastò all'altezza della coscia per controllare che la sua foto fosse ancora in tasca. – Per la gente eravamo una coppia felice, – continuò, – ubriaca di felicità per la nascita del figlio maschio, ma dentro casa era un inferno. Cercai Santino, gli feci giungere un messaggio all'ovile, ma non ottenni risposta. Non potevo perdere di vista il bambino, lo tenevo attaccato a me come se non fosse ancora venuto al mondo e smisi di dormire, ci crede? Poi, una notte, Cosimo tentò di ucciderlo, soffocandolo con un cuscino. Lo colpii con un martello, al collo credo, lui cadde a terra privo di sensi. Preparai le poche cose del bambino, decisa a portarlo via da quella casa. Ma non feci in tempo a raggiungere la porta, Cosimo si era rialzato ed era balzato su di me per impedirmi di uscire. Mi tratteneva per i capelli. Urlai cercando di liberarmi, tenendo stretto il mio bambino. Mi tappò la bocca con una mano. Rideva, dottore. Da quel momento in poi i ricordi si fanno piú confusi. Mi parve di vedere Santino. Fui certa che era arrivato veramente solo quando lo vidi a terra lottare col fratello. Scappai, non troppo distante, ma nell'unico posto dove il bambino sarebbe stato al sicuro: raggiunsi la casa di mia cugina. Seppi cosa era successo a casa mia solo la mattina dopo. Santino aveva ucciso il fratello, l'aveva sfigurato a colpi di martello, poi era fuggito. L'avevano visto abbandonare la casa per dirigersi all'ovile.

– E nessuno denunciò il fatto?

– Nessuno dottore, non c'era niente da denunciare: fui io a costituirmi, capisce? Il bambino era al sicuro e Santino... – cominciò a singhiozzare sommessamente. – Santino sarebbe finito in galera: spettava a me fare qualcosa. Tornai a casa. Diedi appena uno sguardo al cadavere. Era orribile, col volto spappolato. Mi sedetti ad aspettare. Non so cosa precisamente, ma passai tutta la giornata come inebetita. Mi sollevai che era già notte richiamata dal vocio giú in strada: il palazzo del comune era andato a fuoco. Corsi a guardare le fiamme e non tornai piú a casa. In caserma i carabinieri mi trattarono bene... Mia cugina si trasferí nemmeno un mese dopo, col neonato. Santino era scomparso, si era volatilizzato, non venne al processo. L'avvocato mi disse che non era una buona cosa, disse che se non si presentava era come se fosse un testimone a carico. Poi fu emessa la sentenza, nessuna attenuante, tranne il fatto di aver confessato: trent'anni.

– Per un omicidio che non hai commesso, – rifletté Eugenio.

La donna ebbe un moto di stizza. – Senta, dottore, – incalzò con un tono improvvisamente esasperato, – non voglio perdere tempo a spiegarle quello che si rifiuta di capire! Non ha nessuna importanza adesso che io sia colpevole o no. Quello che importa sta succedendo adesso e lei deve aiutarmi!

– Che cosa devo fare?

– Deve trovarlo, trovarlo prima che lo trovi lui!

– Chi? – La domanda era scaturita come un urlo di disperazione.

Lina non si scompose. – Mio figlio, – disse con un tremito leggero. – Mio figlio, – ripeté. – Deve essere un giovanotto adesso –. Poi sembrò destarsi e riprendere possesso del discorso. – Due anni fa ho ricevuto una visita qui al carcere, – cominciò.

Eugenio accennò col capo. – Santino, – la anticipò. – Ho controllato nella lista dei visitatori.

Lina sollevò un braccio in aria tracciando una parabola verso di lui, segno che voleva che tacesse. – Certo, – disse, – si era presentato cosí e aveva anche i documenti per provarlo. Ma la persona che venne a trovarmi non era Santino: era Cosimo, mio marito.

Eugenio sgranò gli occhi nello sguardo piú inebetito della sua vita. – Tuo marito? – La domanda fuoriuscí come emessa da un bambino terrorizzato.

Senza spostare lo sguardo da un punto qualunque davanti a sé Lina ebbe un singulto. – Mio marito, – confermò, – vuole che non riconosca mio marito? Certo erano passati quasi trent'anni, ma il viso era sempre lo stesso. Si faceva passare per il fratello. Questo è successo! Mi disse che non avevo scampo, mi disse che mio figlio sarebbe morto.

– Cosí hai cominciato a inventare tutte quelle storie... Avresti fatto bene a parlare da subito; lo avremmo aiutato, tuo figlio.

– Ci avevo pensato, ma avevo sempre in mente le parole di mio marito: disse che non sarei mai riuscita a provare la sua identità perché documenti non ne erano rimasti. Allora fu chiaro che quell'incendio, al comune, non fu un incidente. È diventato una persona importante, ora è ricco... Poi ho deciso che lei, dottore, era l'unico che poteva aiutarmi.

Eugenio si frugò le tasche per cercarvi un fazzoletto col quale asciugarsi il sudore che gli si stava formando sulla fronte. Non voleva rifare quella domanda che gli pareva frutto di impotenza e confusione, ma Lina taceva e lui non resistette. – Perché? – chiese arrendendosi all'impossibilità di trovare altre formule. – Perché proprio io?

Lina si voltò per guardarlo negli occhi, lo fissò per un tempo che parve interminabile fino a costringere il suo interlocutore ad abbassare lo sguardo. – Perché lei lo ha già aiutato una volta...

Questa volta la sorpresa fece esplodere il pavimento sotto ai piedi di Eugenio.

– Lei conosce mio figlio, – incalzò Lina senza curarsi del suo sguardo sgomento. Aveva assunto l'aria fanciullesca di una ragazzina che volesse fare la preziosa. Sembrava sfidare Eugenio a concentrarsi.

E lui lo fece, come se dall'esattezza della sua risposta dipendessero le sorti del mondo. Parve scartare l'ipotesi piú diretta, quella tanto logica da fargli accapponare la pelle. Si sfregò una spalla per scacciare un brivido. Poi si alzò dalla sedia sulla quale era rimasto incollato fin dal principio e si diresse verso i piedi del letto di Lina, le afferrò una mano, che sentí calda e morbida. La donna ricambiò quel gesto d'affetto con un sorriso e un accenno del capo che era un invito a osare.

– P...a...o...l...o? – tentennò Eugenio, sperando in un diniego deciso da parte della donna.

– Paolo, – confermò lei, piena di riconoscenza.

Capitolo terzo

Minacciava di essere una di quelle notti da segnare sull'agenda. Percorrendo lo stretto corridoio che dalla cucina conduceva al soggiorno Maria Vittoria, col braccio teso verso l'alto, badava a tenere la pellicola fotografica contro la luce diffusa dai lampadari. Forse con quel gesto l'immagine in essa impressionata sarebbe cambiata, si sarebbe trasformata in qualcosa di meno pericoloso. Perché di questo si trattava: di qualcosa di molto pericoloso. Sorrise un poco al pensiero che pose tanto allegre di invitati festanti e sposi felici potessero generare inquietudine e paura. Era paradossale in fondo, anche perché qualcun altro aveva ricevuto i negativi delle fotografie scattate durante il colloquio tra Santino Pau e il sindaco. E quel qualcun altro era proprio la persona che per nulla al mondo doveva conoscere l'esistenza di quelle fotografie. Non c'è male, pensò Maria Vittoria, quando si dice scherzi del destino... Ora restava solo da capire in che modo si potesse uscire da quella situazione. Prima di fare qualunque cosa avrebbe aspettato Alberto. Prima di decidere era necessario ragionare. C'erano buone probabilità che gli sposi, ricevendo i negativi sbagliati e riconoscendovi Santino Pau, si fossero già messi in contatto con lui. Tempo non ce n'era...

Maria Vittoria cominciò a camminare avanti e indietro per il corridoio, «stai calma, stai calma» si ripeteva, in modo talmente ossessivo che la sua voce pareva formarsi nel ventre. Dopo qualche minuto il controllo venne meno: il labbro inferiore cominciò a tremarle senza che lei potesse fare niente per fermarlo. Non era un tremito vero e proprio, piuttosto una contrazione. Obbligandosi a fermarsi prese posto davanti alla sua scrivania, controllare i suoi appunti poteva aiutarla a ignorare il tempo e il campanello che non squillava.

Dunque: Santino Pau, a Nuoro da quasi cinque anni dopo una vita passata in Germania; il suo trasferimento è la conclusione di una serie di operazioni finanziarie e immobiliari portate avanti a distanza. A Nuoro arriva con un collega di fabbrica: Bachisio Corda, e la famiglia di lui, «parenti procurati» che sistema in una grande casa in centro comprata dieci anni prima e ristrutturata in stile tirolese. Per sé sceglie un appartamento piú modesto non troppo distante dalla casa. È un dispensatore Santino Pau. E ha il senso degli affari. In due anni mette le mani sul settore edilizio della città. Senza mai comparire direttamente si aggiudica appalti, compra terreni, riscatta immobili ipotecati. Sistema i suoi «parenti» comprando licenze per piccole attività commerciali: il mini market, la merceria, l'edicola... Quando la figlia di Bachisio Corda si sposa le regala la casa, una villetta a schiera nella parte nuova della città, e per il matrimonio vuol pagare tutto lui... servizio fotografico compreso...

Brava Maria Vittoria, un bel lavoro, proprio un bel lavoro. Tutto basato sulle dicerie, senza una prova. Storie di paese a pensarci bene. Storie che qualunque combriccola di invidiosi è pronta a infarcire. Come quella delle tresche tra Santino Pau e il comune, certo c'erano le fotografie, ma che cosa significavano in fondo? Niente di niente, anche l'avvocato piú sprovveduto in un tribunale avrebbe riso di quelle immagini. Che cosa provavano? Niente di niente. Due persone, un uomo e una donna, che discutono. E allora?

Perché era stata cosí stupida? Perché Alberto tardava tanto? Con gesti meccanici fece scattare il bottone automatico di quella cartella che lei, quando c'era l'entusiasmo, il delirio investigativo, aveva chiamato *dossier Pau*. Ma ora si sentiva stanca, stanca sino all'ilarità. Le certezze cominciavano a sfocarsi nella sua testa, conosceva bene quel sentimento, lo odiava perché sentiva che poteva significare solo una cosa: paura. Lo disse finalmente: «ho paura». A voce alta, percependo se stessa come un'estranea, come una presenza inattesa che le stesse seduta davanti. Riprese ad armeggiare con la cartella: la *vox populi* diceva che Santino Pau era il padrone di tutto. La maldicenza si esprime in questi termini, non è molto articolata nelle sue affermazioni: «padrone di tutto», che fatte le debite scrematura poteva significare «padrone di molto». Poteva significare, per esempio, il potere di incidere preventivamente sulle gare d'appalto; il potere di sbaragliare la concorrenza con l'aria di piegarsi alle leggi del mercato; di rovinare imprese per riuscire ad assorbirle. Era su questo punto che le dicerie diventavano piú circostanziate. La SARCOS era, ufficialmente, in mano al «parente» di Santino Pau, Bachisio Corda. La SARCOS si era aggiudicata l'appalto per la costruzione del parcheggio in centro, in piazza Vittorio Emanuele; poi i lavori erano stati bloccati, si erano interrotti per qualche mese, ma già durante le prime giornate di lavoro effettivo si era visto che i fondi richiesti per l'intera operazione non erano sufficienti e si era provveduto ad alzare il prezzo in corso d'opera: tutto previsto. Tutto regolare. Si era avviata la giostra dei subappalti, le demolizioni a questo, le opere in ferro a quello, lo sterramento a quell'altro... E la cifra saliva... La «cifra» poteva diventare una strana signora che tendeva a ingrassare, nonostante la quotidiana attività fisica: una vecchia ed esperta prostituta che, tra un cliente e l'altro, mangiava cioccolatini sporcandosi la bocca. Poteva diventare una puttana di lusso, una donna per pochi che sapeva regalare istanti di autentica felicità a saperla prendere, a fare le cose giuste; una di quelle puttane che chiedono un extra solo quando il cliente è impossibilitato a rifiutare...

Guardò l'orologio, aveva dormito? Non era tardi, solo le otto. Si era appisolata. «Tutto era già successo e Alberto correva un serio pericolo», questo pensiero l'aveva sottratta al sonno. Con un tonfo tra i seni che era stato come una manata violenta al centro del torace.

Imbacuccata, per strada, Maria Vittoria fece un mezzo giro per evitare una buca sul marciapiedi. Qualche incertezza cominciava a coglierla quanto piú si avvicinava al commissariato di Polizia. Se avesse potuto esaminarsi dall'esterno avrebbe riso della sua goffaggine mentre cercava di sistemarsi la cartella, il suo dossier, davanti al seno per schermare il vento. Certo aveva deciso di raggiungere a piedi il commissariato, che non era troppo distante da casa sua; certo quel tragitto le serviva per trovare una formula abbastanza efficace a spiegare la sua denuncia. L'avrebbero presa per matta, ne era sicura; l'avrebbero presa in giro dicendo che si era persa il fidanzato da qualche parte e avrebbero sogghignato alla sua affermazione che il ragazzo era solo un collega. Ci volevano almeno quarantotto ore prima di dichiarare scomparsa una persona, questo lo sapeva; ma sapeva anche che ogni minuto perso poteva essere fatale. Accelerò il passo...

L'interno del commissariato le parve stranamente lindo. L'agente di turno, che era un ragazzotto continentale a giudicare dalla parlata, la invitò a sedere in attesa del commissario che era al telefono. Maria Vittoria declinò l'invito restando in piedi davanti alla sua scrivania. Preferiva guardarlo, con la speranza di guardare qualcosa di bello: una persona normale, un giovane al lavoro che affronta il turno di notte con l'aria di chi ha un dovere da assolvere. Quella pacatezza, quella atmosfera tranquilla, la faceva star meglio. Si sedette. Il ragazzo le sorrise per riempire il tempo. Dalla porta chiusa del suo ufficio si sentí la voce del commissario Curreli che discuteva al telefono. – È stanco, – disse il giovane agente rivolto a Maria Vittoria, come per scusare l'intemperanza del suo capo. – Oggi non ha staccato un attimo.

Maria Vittoria accennò un sorriso. Tastò la tasca del cappotto per sincerarsi che la busta con le fotografie ci fosse ancora.

Capitolo quarto

Danila Comastri tirò su col naso. Lo fece in modo che paresse un sospiro. Guardando l'orologio non smise di assentire per quanto le giungeva dall'altro capo del telefono. Appena messa giú la cornetta si prese qualche secondo di silenzio per riordinare le idee. Guardò Salvatore Corona seduto di fronte a lei.
– Il commissario Curreli, – informò la donna. – La nostra cena è saltata, – annunciò rivolta al giudice Corona. – Se ci sbrighiamo siamo dentro ai limiti temporali notturni per una perquisizione domiciliare.
– Di che si tratta? – chiese, alzandosi, Salvatore Corona.
– Santino Pau, amico mio: le cose cominciano a collegarsi sul serio. Devo aspettare ancora molto? – chiese la dottoressa Comastri vedendo che il giudice Corona non accennava a seguirla.

La porta d'ingresso dell'appartamento sembrava molto solida. Il commissario Curreli riprese a suonare con un impeto che suscitò la curiosità di una vicina. La donna si affacciò timidamente sul pianerottolo. – È inutile suonare, – annunciò. – Non c'è nessuno: è uscito almeno da due ore.
– Polizia! – la aggredí bruscamente il commissario Curreli. La donna per tutta risposta scattò all'interno del suo appartamento chiudendo con tutte le mandate di sicurezza.

Danila Comastri e Salvatore Corona arrivarono in quel momento, il freddo gli faceva fumare l'alito.
– Pare che non ci sia nessuno, – informò il commissario.
La dottoressa Comastri accennò col capo, segno che si poteva procedere.
La porta si spalancò dopo qualche minuto di forzatura. Nell'appartamento qualche luce era stata lasciata accesa.

Giuseppina controllò che il catenaccio alla porta fosse inserito, non che servisse a granché, ma aiutava a dare una parvenza di sicurezza. Non amava star sola. Non amava star sola di notte. Ritornando verso il salotto si accostò alla bocca il collo del pesante cardigan che aveva indossato sopra il pigiama. Sentí il tepore di quel contatto e percepí l'odore della colonia usata da Eugenio di cui il capo era impregnato. Con disinteresse diede uno sguardo alla televisione che mandava un film già visto.
Il suono del campanello la fece scattare in piedi. Restò ferma a guardare la porta d'ingresso che immaginava alla fine dell'andito completamente in oscurità. Il campanello trillò ancora una volta. Ora le vibrazioni si disperdevano all'interno, nelle stanze, la pressione sul pulsante era stata impaziente. Seguirono dei colpi dati alla porta con la mano aperta.
Giuseppina fece qualche passo avanti. – Chi è? – chiese timidamente. – Chi è? – ripeté, sollevando il tono, rendendosi conto che chiunque fosse non avrebbe potuto sentirla se non alzava la voce.
Per qualche secondo restò tutto silenzioso. Giuseppina fece qualche altro passo avanti portandosi proprio a ridosso della porta. La visuale dello spioncino era vanificata da una massa di capelli neri. – Dottore... – ansimò una voce lamentosa. – Sono io, mi apra la prego...
Il volto del giovane appariva deforme ora che si era spostato di qualche centimetro dallo spioncino.

Santino aggredí la notte. Spingendo il pedale dell'acceleratore, aveva perso troppo tempo, doveva tornare. Tornare a casa. Il respiro gli diventava pesante. Era finito. Era tutto finito.

Il maresciallo Pili lasciò che la berlina di Santino Pau si distanziasse. Non c'erano troppe possibilità di deviazione in quella strada, bastava tenerlo d'occhio prima degli svincoli.

Maria Vittoria aprí la porta di casa sperando che la spia della segreteria telefonica pulsasse di un segno di vita. Tutto quello che c'era da fare era stato fatto... E Alberto non aveva chiamato.

Lina sorrise della preoccupazione di Eugenio.
– Che cosa si deve fare? – aveva chiesto lui in preda a un'inquietudine che gli impediva di star fermo.
E Lina aveva sorriso. – Bisogna prenderlo, ora che è stato stanato, – aveva risposto semplicemente. – È l'unica possibilità. Come succede con i cinghiali: quando sono spinti allo scoperto sbagliano da soli e fanno tutto quello che non devono fare, si lasciano prendere dal panico, perché i battitori fanno un rumore che li stordisce. Per questo sbagliano: vanno incontro alle armi dei cacciatori che li aspettano allo scoperto, fuori dalla macchia... Bisogna prenderlo, dottore, – ribadí, – prima che abbia il tempo di riflettere!

Capitolo quinto

Maciste, piegandosi in due, cercò di affrontare un accesso di tosse. La luce del Pronto Soccorso gli dava le vertigini, tentò di mantenere gli occhi chiusi. Gli pareva di afferrare meglio le parole del commissario in quel modo. – Ti conviene collaborare, – disse lui, – abbiamo le fotografie e i negativi, stai bene in abito elegante, davvero bene. Non puoi certo dire che non lo conosci. È lui che ti ha ridotto in questo modo?

Abbassando la testa Maciste cercò di dimostrarsi disposto a collaborare. Ma non era ancora convinto, solo voleva che smettessero di fargli domande, voleva che gli lasciassero il tempo di ragionare.

– Abbiamo le fotografie e i negativi, – ricominciò il commissario. – Sei ancora in tempo: se ci dai una mano, ne terranno conto...

– «Ne terranno conto» perché? Non ho fatto niente! – provò a opporsi Maciste con un acuto che lo fece tossire ancora una volta.

– Va bene, non hai fatto niente, lo vedremo se non hai fatto niente...

Il giovane si chiuse in un mutismo che non prevedeva repliche.

– Lo so quali sono i miei diritti, – bofonchiò senza sollevare la testa.

Il commissario Curreli rimase a guardarlo: un sorriso di stanchezza gli si era stampato sul volto. Si scrollò la zazzera come a riordinare i pensieri, quindi estrasse di tasca qualcosa che espose perpendicolarmente rispetto al viso chino del giovane raggiungendo la punta del suo naso con la mano aperta.

– Lo sai cos'è questo? – chiese.

Il giovane trasalí. Cercò di tirarsi indietro. Spalancò gli occhi per inquadrare meglio il grano nero di un rosario che navigava nella mano immensa del commissario.

– Ti è finito in una tasca del cappotto, – lo informò quest'ultimo. – Sei stato distratto, – concluse serrando il palmo. – E ora credo che ti convenga dire tutto quello che hai da dire.

Maciste accennò di sí dolorosamente. – Era una vecchia strega! – cominciò... Ma non sembrava che avesse voglia di continuare. Il dottore di turno fece un cenno interrogativo al commissario che lo invitò a uscire. Rimasti soli, i due uomini si scrutarono per qualche secondo. Il commissario consumò quei minuti di silenzio per avanzare verso la finestra. – È bello qua fuori, – disse senza staccare lo sguardo dalla collina. – Approfittane, dagli un'occhiata anche tu, perché finisci in galera e buttano via la chiave.

Maciste non si voltò, continuò a tenersi il costato con entrambe le braccia, puntando lo sguardo assente verso le sue ginocchia. Aveva il respiro pesante. – Giuro che non lo so... – disse senza alzare la testa. – Giuro che non lo so perché la voleva morta. Era una strega...

– Sei tu che facevi i filmini? – chiese il commissario tentando di mantenere un tono di voce impersonale.

Il cambio d'argomento fece voltare il giovane. – Che cosa c'entra la storia dei filmini? – domandò veramente stupito.

Questa volta il commissario non riuscí a mantenere la calma. – Non lo so che cosa c'entra, sei tu che me lo devi dire! – sbottò. – Li facevate per costringere gli imprenditori a rinunciare agli appalti? – Maciste si richiuse nel suo mutismo.

– Certo, – continuò il commissario, – quando uno ha famiglia... È cosí? È cosí? – ripeté alzando la voce e scattando verso Maciste.

Il giovane lo guardò con uno stupore negli occhi del tutto simile al panico. – Io non lo so, – tentò. – Io facevo quello che mi diceva lui. Non facevo troppe domande; io non chiedevo nulla, credevo che volesse quelle cassette perché a lui... – Si rese conto che stava dicendo piú di quanto il commissario si aspettasse e smise di parlare.

Il commissario si accasciò su una sedia metallica di un bianco ingiallito. – Difenderlo non ti servirà a nulla, – disse. – Abbiamo perquisito la sua casa e abbiamo trovato tutto quello che ci serve per farti passare in una cella il resto della tua vita. E sai cosa ti dico? Lui non ti aiuterà. Tenterà di darti la colpa di tutto! – forzò il commissario, sperava che il giovane lo credesse piú informato di quanto effettivamente fosse.

Maciste si guardò intorno, per un attimo sembrò avere un mancamento.

– L'omicidio di Grazia Mereu, quello di Ines Ledda. La morte di Salvatora Fenu, – incalzò il commissario. – Sarai accusato di tutto!

Il risultato di questa sfuriata fu che una strana ilarità si dipinse sul volto di Maciste. – Questa scena l'ho vista tante volte alla TV, – ironizzò. – Lei non sa niente, commissario, non ha la piú pallida idea di come siano andate realmente le cose. Ma su un punto ha ragione: sarò accusato di tutto, anche della Terza Guerra Mondiale.

– Non se sarai disposto a collaborare. Perché voleva quei filmini? – ricominciò il commissario.

– Perché al vecchio piacciono le bambine, – rispose Maciste, come se si trattasse dell'unica cosa logica da pensare. Aveva dato alla frase un che di ironico.

– ... L'utile e il dilettevole, – commentò il commissario riprendendo a grattarsi la testa.

– Qualcosa del genere, – confermò Maciste.

Capitolo sesto

– Dice che con Grazia Mereu e Ines Ledda lui non c'entra e credo che non menta, – riassunse il commissario Curreli.

La dottoressa Comastri si voltò verso Salvatore Corona, traendo un profondo sospiro. – Per quanto riguarda Ines Ledda, lo sappiamo, – disse guardando l'orologio. – Sono le dieci, – constatò sconsolata.

Il commissario sorrise di compiacimento. – Lorenza Ibba è stata uccisa, – annunciò. – Hanno riempito la casa di topi. Hanno messo i genitori della bambina nella necessità di comprare il veleno. La bambina restava sola in casa al mattino prima di recarsi a scuola, per mezz'ora al massimo. Si sono presentati in casa, la bambina ha aperto...

– Le hanno fatto ingerire il veleno? – domandò Salvatore Corona con un brivido.

I commissario Curreli confermò: – Ha confessato, ha denunciato i complici, due balordi, ma sono solo gli operai. Ha detto che il piano era del capo. Aveva paura che la bambina avesse il diario della sua compagna.

La dottoressa Comastri guardò la busta sul tavolo, quella che le aveva consegnato il prete. – Ecco i risultati della coscienza sporca, – disse estraendo il diario dalla busta. Si trattava di un quadernino con la copertina morbida, chiuso da un piccolo lucchetto dorato. – L'ho letto da cima a fondo e non c'è niente di niente; nemmeno il piú lieve accenno a qualcuno che la importunasse o a videocamere.

– Ma sulla prima bambina: Grazia Mereu, l'imputato dice di non sapere assolutamente niente, – completò il commissario Curreli.

– E non ci sono motivi per dubitare che menta, a questo punto, – constatò la dottoressa Comastri.

– Tutto ritorna, – intervenne il giudice Corona. – Se Grazia Mereu ha affidato il suo diario a Ines Ledda è da lei che l'ha avuto Salvatora Fenu. Quest'ultima è la responsabile della morte della Ledda: le aveva praticato un aborto e aveva paura che la bambina parlasse. L'ha uccisa non sapendo che sarebbe morta lo stesso di lí a poco, grazie al suo intervento. L'errore è stato cambiare idea: pensare che si trattasse di fatti collegati, – rifletté all'improvviso.

– Che cosa vuol dire? – lo interruppe il commissario.

– Voglio dire che le morti di Grazia Mereu, Ines Ledda e Lorenza Ibba sono il risultato di fatti diversi. Esattamente quello che pensammo all'inizio. Voglio dire che il fatto che si trattasse di tre bambine quasi coetanee che frequentavano la stessa scuola è stato un puro, maledetto caso! Questo voglio dire. C'era la questione degli appalti e frugare nel posto giusto vedrete che troveremo videocassette di altre bambine, ma anche di bambini, vedrete che ognuno corrisponderà a qualcuno interessato a partecipare ad appalti pubblici.

– Un modo per eliminare la concorrenza, – s'infervorò la dottoressa Comastri.

– Proprio questo, – confermò con un sorriso Salvatore Corona.

– Ma non è abbastanza, – intervenne il commissario Curreli. – Per essere sicuri al cento per cento si foraggiano gli uffici del comune, quelli che contano s'intende. Vorrei ricordare che l'uomo che ha scattato queste fotografie risulta irreperibile.

– Probabilmente si è nascosto quando si è reso conto dello scambio dei negativi, sa bene che ha a che fare con gente che non scherza, – lo rassicurò Salvatore Corona.

Danila Comastri assentí con foga. – Non appena

queste notizie usciranno sui giornali, si rifarà vivo. O almeno lo spero.

– C'è troppa gente irreperibile in questa storia. Nessuna notizia del figlio della Fenu? – chiese Salvatore Corona.

Il commissario Curreli fece cenno di no, senza riuscire a trattenere un moto di scherno. Il giudice Corona lo registrò rivolgendosi alla dottoressa Comastri che pareva sul punto di scoppiare a ridere.

– Non è il figlio della Fenu, la necroscopia sul cadavere della donna ha rivelato che era illibata... Roba da non credersi: una dodicenne incinta e una sessantacinquenne illibata. Adoro la Sardegna, – commentò d'improvviso senza controllo. Aveva l'aspetto di una che sarebbe crollata a dormire anche su un letto di chiodi.

Comunque quella che doveva essere una battuta non sortí il suo effetto. Il commissario e il giudice non parevano essersi divertiti.

– Scusate, – tentennò Danila Comastri, sentendo sulla pelle il gelo che era calato nella stanza nonostante il riscaldamento. – Non volevo dire in quel senso. È la stanchezza che mi fa straparlare.

– Poi rimane Santino Pau, – continuò il giudice per rompere il silenzio che stava diventando imbarazzante.

– Le assicuro che dovunque sia non potrà abbandonare l'isola, dottore, abbiamo avvertito tutti i porti e gli aeroporti, se solo si presenta lo beccano! – promise il commissario.

Un bussare discreto li fece voltare tutti e tre verso la porta. L'agente del turno di notte parve scusarsi di quell'intrusione. – Il dottor Martis per la dottoressa Comastri, – annunciò, senza alzare la voce.

Eugenio aveva sul volto i segni di una stanchezza infinita.

Capitolo settimo

Dopo qualche insistenza Paolo si sedette lasciandosi andare sul divanetto davanti alla televisione. Non voleva disturbare, ma non riusciva a rimettersi in cammino.
– Hai bisogno di una medicazione, – constatò Giuseppina vedendo le caviglie, le mani e gli avambracci feriti.
– Non è niente, ho bisogno di un bagno e passa tutto. Ma non voglio disturbare! – disse tentando di rimettersi in piedi. Si era infilato le scarpe senza le calze e aveva perso la giacca a vento chissà dove. Tremava, ora. Il calore della stanza sembrava dargli un'idea chiara del freddo che gli percorreva il corpo. Ebbe un brivido.
– Eugenio, il dottore, sarà qui da un momento all'altro! – mentí Giuseppina invitandolo a restare seduto.
E lui si lasciò andare. Appoggiò la testa allo schienale chiudendo gli occhi. Lo sguardo di quella donna lo metteva al sicuro come un bambino che avesse bisogno della presenza della mamma per addormentarsi.
– Sono stanco... – farfugliò. – Non credevo che si potesse sentire tanta stanchezza... Lei è la moglie del dottore! – affermò all'improvviso con deferenza, come se si rendesse conto solo allora del posto in cui si trovava.
Giuseppina gli sorrise con un gesto appena accennato delle labbra. – Non ancora, – disse.
– È una bella cosa amare qualcuno, – rifletté lui. Aveva l'aria di un animale che si fosse arreso alla trappola e che aspettasse solo di essere preso.

PARTE QUINTA 251

– Ti porto qualcosa per medicare le ferite, – disse Giuseppina.

Quando ritornò nella stanza con cotone idrofilo e disinfettante lo vide chino sulle sue scarpe. – Ti aiuto io, – disse inginocchiandosi davanti a lui.

Paolo si ritrasse senza violenza. – Lasci, lasci, – protestò. – Queste non sono cose che deve fare lei!

– Ho fatto di peggio, – tagliò corto Giuseppina sfilandogli le scarpe con un gesto deciso.

Il ragazzo trattenne il respiro per il dolore.

– Fa male, – constatò lei riferendosi all'abbondanza di disinfettante che versava direttamente sui piedi sanguinanti. – Ma è l'unico modo per evitare infezioni.

Paolo sorrise strizzando gli occhi come a dire che proseguisse senza preoccuparsi. Teneva le mani ferite abbandonate sul cuscino del divano, con le palme verso l'alto per non sporcare il tessuto a fiori.

– Dobbiamo togliere questa roba –. Giuseppina controllava i polpacci graffiati sotto ai calzoni.

Il ragazzo ebbe uno scatto in avanti. Poi ritornò a rilassarsi. Anche il pudore sembrava uno sforzo insormontabile. Vide, anzi sentí, che lei si alzava dirigendosi verso un'altra stanza. E rimase solo per qualche minuto a godersi l'assenza di quella donna che non gli aveva chiesto niente; che l'aveva fatto entrare in casa nonostante fosse uno sconosciuto.

Giuseppina ritornò portando degli abiti puliti e un asciugamani.

– Il bagno è subito a destra, – gli disse. – Ti aiuto ad alzarti...

Capitolo ottavo

Aveva lasciato la macchina a poca distanza dall'ingresso del paese. Ora Santino Pau si dirigeva a piedi verso il centro abitato. Il maresciallo Pili doveva stare attento, piú attento che mai ora che i passi risuonavano sul selciato rustico delle stradine di Laconi. Si era trattato di un viaggio piuttosto faticoso. Almeno un paio di volte aveva temuto di essere stato visto, aveva rallentato rischiando di perderlo definitivamente. Ma poi era sempre riuscito a raggiungerlo.

Per strada, fuori dalla macchina, Santino era piú guardingo: camminava affondando il viso nel colletto della giacca a vento e calandosi il cappello sino agli occhi.

La temperatura non era piú tiepida, solo leggermente piú sopportabile, ma il maresciallo non sentiva freddo. Scivolava rasente i muri cercando di non emettere il minimo rumore. Dal vicolo che dava in una piazzetta vide Santino armeggiare con le chiavi davanti al portoncino di una vecchia casa. Il maresciallo venne allo scoperto solo quando l'altro, inghiottito dall'oscurità, fece scattare la serratura dietro le sue spalle.

Si trattava di capire in che modo il maresciallo, non piú giovane e nemmeno tanto allenato, potesse penetrare in casa attraverso una finestra semidistrutta da anni di incuria a tre metri dal suolo. Il lato della casa, che dava in un viottolino talmente stretto che non sarebbe stato possibile aprire le braccia, era perfetto per tentare l'effrazione. Ma, per quanto si guardasse attorno, il maresciallo Pili non trovava niente che potesse aiutarlo nel suo intento. Pensò alla corda da traino lasciata in macchina, ma l'auto era troppo distante, parcheggiata poco prima del centro abitato. Uscí allo scoperto, verso la piazzetta per vedere se tra le aiuole curatissime del giardinetto che la circondava ci fosse qualcosa di utile. Niente di niente. A qualche metro di distanza, se non se l'era sognato, aveva notato un piccolo cantiere. Non se l'era sognato: trovare una scala sarebbe stato il massimo, ma dovette accontentarsi di un tavolone non piú lungo di due metri. In verità si trattava di due tavoloni giustapposti per la lunghezza da una serie di listelli di legno inchiodati. Poteva riuscire. Sudando copiosamente il maresciallo riuscí a portare la sua «scala» sotto la finestra. Incastrò il tavolone nel selciato badando a tenere i listelli nel lato utile perché fungessero da pioli. La salita fu difficoltosa, i centimetri di spessore dei listelli erano troppo pochi per la punta delle sue scarpe. Cadde un paio di volte ferendosi le mani che non abbandonavano la presa ai lati del tavolone. Ma proseguí con testardaggine finché non sentí il piano del davanzale della finestra. Con uno sforzo estremo tirò su il ginocchio. Aveva paura solo di un infarto in quel momento. Aveva paura di non vivere abbastanza per riuscire a penetrare in quella casa.

Quando si sentí abbastanza stabile da tirar su anche l'altra gamba diede un colpo di reni verso l'alto e si trovò in ginocchio davanti al telaio, distrutto dal tempo, della finestra.

La prima sensazione che lo aggredí fu l'odore di marcio. Come scoperchiare un pozzo nero. Qualche gatto aveva deciso di morire in quella casa. Abituandosi all'oscurità si poteva vedere che l'interno della stanza era completamente vuoto. Ancora una volta camminò rasente ai muri, non voleva rischiare che una falla nel pavimento lo facesse piombare di sotto. Non sentiva alcun rumore. Se Santino Pau si trovava in casa, non doveva muoversi perché il silenzio era assoluto. Gli occorsero minuti per aprire la porta della stanza e sbucare in un andito che finiva in una scala. A concentrarsi, si poteva sentire un fruscio, come un trascinamento, nel piano inferiore. Ma ora che il vento non era piú padrone dello spazio, il silenzio era diventato perfetto, talmente perfetto che udí con chiarezza i passi di Santino sotto di lui.

La cosa buffa era che il maresciallo Pili non sapeva esattamente per quale motivo si trovava in quella situazione. Durante la sua carriera di tutore dell'ordine non si era mai sognato di sparare contro qualcuno. E qualche volta, in barba ai regolamenti, aveva lasciato a casa la pistola d'ordinanza.

In questi pensieri conquistava i gradini, che l'avrebbero portato al piano inferiore, uno alla volta, fermandosi per frugare nel silenzio.

L'ultimo gradino posava su un'anticamera abbastanza spaziosa. Per quanto si poteva capire, questa parte della casa aveva un che di curato. La cassapanca di fianco al portoncino d'ingresso era ingombra di quotidiani ordinatamente impilati. Sulla parete di destra la porta chiusa di una stanza. A sinistra: un sottoscala delimitato da una tenda stampata con paesaggi svizzeri, a giudicare dalle vacche e tutto il resto. Sulla parete attigua due porte, chiuse anch'esse.

Il maresciallo Pili si portò a passo lentissimo verso la porta alla sua destra, la sfiorò con la mano prima di appoggiarvi l'orecchio: nessun rumore, nemmeno il piú impercettibile segno di vita. Decise di spostarsi verso le altre porte. Qualunque cosa volesse fare, andava fatta solo dopo aver capito dove si era rintanato Santino. Un leggero tremolio al ginocchio rivelò che lo sforzo fatto per raggiungere la finestra era stato superiore alle sue possibilità fisiche.

Ancora quel fruscio, come un passo strascicato, lo fece voltare, voltare di scatto verso la tenda del sottoscala.

E qualcosa si mosse, l'intera Svizzera si mosse, le vacche, i masi, le allegre contadine e i suonatori di corno si mossero, come spinti da una folata di tramontana che, attraverso una finestra spalancata, avesse invaso la stanza.

PARTE QUINTA

Il maresciallo Pili si rese conto di essere caduto a terra solo quando sentí il freddo del pavimento penetrargli nella schiena attraverso la giacca. Piú che una reazione il suo agitare le braccia fu un estremo tentativo per non cadere.

Il maresciallo si rese conto di essere caduto quando sentí il peso dell'uomo sopra di sé.

Capitolo nono

– Non accenda il riscaldamento per favore. Non riesco a sopportare l'aria viziata –. La dottoressa Comastri si voltò implorante verso Salvatore Corona.

Lui, che stava armeggiando col cursore dell'aria calda senza staccare lo sguardo dalla carreggiata davanti a sé, diede un colpo secco all'interruttore dell'impianto di riscaldamento che smise di ronzare.

– Non sono ancora sicura che sia una buona idea.

– Io sono sicuro di sí –. Salvatore Corona aveva un tono brusco.

Danila Comastri riprese a guardare davanti a sé, nell'oscurità assoluta della campagna.

– Provi a riposare, – tentò il giudice Corona, riprendendo la calma.

– Sarebbe bello! – disse lei con enfasi. – Ma non posso proprio farlo se ho l'impressione di viaggiare con una persona che può cadere in una crisi nervosa da un momento all'altro.

– Io lo conosco il maresciallo, dottoressa, lo conosco da anni. Io lo so che si è cacciato in un mare di guai!

– La stazione di Laconi è già stata avvertita: in qualunque modo arriveremo troppo tardi.

– Se io sarò là, non sarà troppo tardi!

Danila Comastri sorrise. – Questo mi piace di voi sardi, questo mi piace proprio: riuscite a passare dalla disperazione all'onnipotenza come se niente fosse.

– Senta dottoressa, lui non si è mai sottratto quando ce n'era bisogno. Non posso stare con le mani in mano, mentre quel pazzo rischia la vita. Lo capisce questo?

– Non solo lo capisco, – rispose lei col tono piú conciliante che aveva. – Ma lo ammiro: è il motivo per cui sono qui con lei!

– Basta con questo «lei», – propose Salvatore dopo qualche secondo di silenzio.

La macchina scivolava nella notte. Un buio fittissimo li avvolgeva. La dottoressa Comastri sentiva il disagio dell'oscurità perfetta.

Sorrise senza voltarsi per esorcizzare l'inquietudine. – Quello che non capisco, – disse all'improvviso, – è perché mai, questo Pau, ha deciso di farsi passare per morto tutti questi anni. Se anche avesse ucciso il fratello, perché prendere la sua identità?

Salvatore Corona ingranò la quinta marcia. – Non sempre si è quello che si vorrebbe essere: Santino rappresentava per il fratello quello che lui non era mai stato.

– Ma rischiare fino al punto da dare fuoco al municipio e aspettare trent'anni, perché? Avrebbe potuto scovare il bambino e farlo sparire da molto tempo...

– Certo, – ironizzò il giudice, – e firmare la sua condanna: crede che la madre sarebbe stata zitta? Crede che si sarebbe fatta la galera? Vede, dottoressa, si erano condannati da soli: ognuno pagava per la sua parte. Lui mantenendo in vita quel bambino, e lei facendo la galera per un delitto che non aveva commesso. Gli interessi sono arrivati dopo, gli appalti e tutto il resto sono solo storia comune.

– C'è un'altra cosa che mi sfugge, – incalzò Danila Comastri. – Perché Salvatora Fenu avrebbe spedito la lettera anonima a quella giornalista e avrebbe telefonato per rivelare dove aveva sepolto il corpo di Ines Ledda? Che interesse aveva? Poteva lasciar perdere: forse quel corpo non si sarebbe mai piú trovato.

– Me lo sono chiesto anch'io, e credo che l'abbia fatto per un motivo molto semplice, talmente semplice da sembrare assurdo: voleva prendere due piccioni con una fava, come suol dirsi. Voleva che si riprendessero le indagini sulle altre bambine scomparse e, allo stesso tempo, voleva che anche la morte di Ines Ledda fosse collegata a quelle. Sapeva molte cose Salvatora Fenu, fin da quando aveva portato qui il bambino quasi trent'anni fa e l'aveva fatto riconoscere da un moribondo a cui faceva assistenza.

– Cosí la morte della Ledda è stato un incidente!

– Chiamiamolo in questo modo. La bambina era rirnasta incinta. La donna non poteva permettere che «suo figlio» venisse messo in piazza con un'accusa di stupro. Poteva significare metterlo in pasto a Santino.

– A Cosimo, – corresse la dottoressa Comastri.

– A Cosimo.

– È una storia pazzesca, non credo che riuscirò a dimenticarla.

– Lo sa qual è la cosa buffa? – Il giudice Corona si voltò per un attimo verso la dottoressa Comastri. – La cosa buffa è che si è trattato d'amore. Ha sentito anche lei il dottor Martis parlare della sua paziente; e lo stesso dicasi per la Fenu: doveva amare molto il suo ragazzo, in fondo gli era stata madre a tutti gli effetti.

– Penso che questo sia vero. Quello che mi spaventa è la mole di lavoro che ancora resta da fare. Il ragazzo andrà incriminato comunque; bisognerà fare controlli a tappeto nell'ufficio del sindaco; controllare la lista dei finanziatori di una serie di imprese edili, sarà un disastro!

– Bisognerà stanare la bestia, prima che sia ancora in grado di nuocere!

La luce dei fari dava un colore grigiastro alla vegetazione che debordava dai lati della carreggiata. L'auto scivolava verso l'interno percorrendo la statale sinuosa. Un'aria gelida e odorosa penetrava nell'abitacolo.

La dottoressa Comastri aspirò profondamente quel profumo.

– Adoro la Sardegna, – disse con trasporto.

– Ha deciso? – chiese il giudice prendendo dolcemente una curva.

La dottoressa Comastri si prese un po' di tempo per riflettere. – Non voglio rispondere ora, dottore, sono troppo emozionata e ho paura.
– Basta con questo «dottore», siamo due adulti e abbiamo un nome mi pare.
Le fronde dei noccioli sembravano lambire l'abitacolo dell'auto.

Capitolo decimo

Il caldo afoso aveva macchiato di sudore la canottiera del maresciallo Pili. Entrare in macchina era stata un'impresa non da poco. Questo succedeva perché non gli davano mai retta: volevano che parcheggiasse dove c'era l'ombra, ma non pensavano mai a dove sarebbe stata l'ombra al momento di rientrare in macchina. La situazione era peggiorata dal fatto che la cognata del maresciallo aveva una cucina nient'affatto estiva. Insomma era una giornata storta. Per tutto il pomeriggio precedente Agnese, sua moglie, aveva fatto e disfatto i bagagli di Loredana, sua figlia. Senonché la bambina si era rifiutata di rimanere al mare con gli zii e i cuginetti. Una sfacchinata sotto la canicola per portarcela, con la prospettiva di viaggiare dopo pranzo per arrivare a Nuoro prima delle quattro, ora in cui avrebbe dovuto prendere servizio. Il vino rosso non si accorda con i trenta gradi all'ombra, ci starebbe meglio una siesta. Ma tant'è: occorreva rimettersi in macchina, sotto il sole a picco, con la bambina che piangeva per la delusione, e quel pranzo degno di un Capodanno sullo stomaco. E il vino nella testa che sciacquettava nel cervello e nella gola a ogni curva. Il camion si prese l'intera carreggiata, comparendo dopo un curvone a una velocità superiore al massimo consentito. Nicola Pili sterzò con violenza. Sentí nella fiancata dell'auto lo stridio dei pneumatici del camion che sfrecciava. Il muso dell'auto si impuntò verso un muretto di protezione sbrecciato da chissà quale altro incidente. Fu tutto istantaneo, talmente istantaneo che nessuno ebbe il tempo di capire dove finisse la scarpata. Solo il tonfo e l'esplosione del parabrezza, annunciarono che si era approdati da qualche parte, venti metri sotto la carreggiata. Il maresciallo restò immobile al posto di guida. Voltandosi leggermente poteva vedere Agnese riversa con la testa all'indietro e i capillari impazziti sul suo viso per il contatto con migliaia di schegge del cristallo in frantumi. Agnese faceva lunghi respiri profondi. – Non ti spaventare, – gli disse, – sono i vetri –. Non voleva muoversi. – Loredana, – disse.

Il maresciallo sentiva male al costato e alla schiena, aveva freddo ora, ma, per il resto, sembrava tutto a posto: poteva muovere le gambe. Si voltò con un lamento. Lo sportello posteriore destro era spalancato. Il sedile era vuoto. Allora cominciò a sentire male al petto, ma si trattava dei battiti accelerati che impegnavano il costato sicuramente fratturato in piú punti. Lo sportello al suo fianco non si apriva. Con mossa febbricitante tentò di forzarlo. Una spallata lo spalancò. Finalmente fu in grado di uscire. – Loredana! – gridò cercando di trovare un equilibrio stabile. – Loredana!

Gli rispose un uggiolío poco distante, come il lamento di un cucciolo di gatto. Tenendosi per il fianco tentò di raggiungere quel lamento...

Aprí gli occhi. Poco distante da lui una candela emetteva una luce fioca. Oltre l'area illuminata il lamento proseguiva. Si trattava di un pianto gutturale.

Constatare che aveva le mani legate non lo sorprese piú di tanto. – Loredana! – chiamò.

Dall'altro capo della stanza Cosimo Pau emise un altro lamento.

La candela cominciò a diffondere il suo chiarore per tutta la stanza. Era di fronte a lui, dall'altro capo della stanza, seduto per terra. Aveva la sua pistola d'ordinanza fra le mani.

– Non è bellissima? – sospirò Cosimo voltandosi di lato verso la parete del caminetto.

Il maresciallo si voltò automaticamente seguendo il movimento dell'altro.

Quello che vide gli fece digrignare i denti. Sentí che i suoi reni non avevano retto e l'orina bollente gli stava inzuppando i calzoni.

La bambina conservava una parvenza umana nonostante il suo corpo sembrasse il frutto di un'imbalsamazione malriuscita. Le labbra rinsecchite scoprivano la chiostra dei denti in un orrendo sorriso. I capelli allisciati erano riportati in bande regolari fino a coprire quello che restava di due seni appena accennati. Era imbrigliata a una sedia, con le caviglie tenute strette da uno spago che era ormai abbondantemente penetrato oltre la pelle, fino all'osso. Le mani appoggiate alle ginocchia mostravano unghie lunghissime di un biancore brillante.

Cosimo sorrise. – La mia Lina, – disse, tenendo la pistola puntata verso il maresciallo. – L'ho ritrovata! È bella come allora, ha i capelli lunghi...

Lo stomaco del maresciallo agiva per conto suo costringendolo ad affrontare profondi conati. – Grazia Mereu... – farfugliò cercando di respirare profondamente.

Gli occhi di Cosimo si rabbuiarono. Cominciò ad agitare la pistola. – Nessuno me la porterà via, – piagnucolava come un bambino.

– È inutile che agiti quella pistola: è scarica, – lo informò il maresciallo tentando di non guardare verso il cadavere della bambina. – È inutile. Verranno a prenderti, te la porteranno via!

Cosimo, con un balzo in avanti, si mise in piedi a coprire col suo corpo i poveri resti di Grazia Mereu.

– Lo sai come si dice in questi casi? Meglio morti. Cosí si dice dalle nostre parti, perché piuttosto che fare tutto il male che hai fatto sarebbe stato meglio che tu fossi morto prima di nascere!

Cosimo si illuminò, assunse un'espressione di smaccata felicità. – Ora sembra un prete, maresciallo –. Era la prima volta che pareva riconoscerlo. – Non dovreb-

be mentire, non è affatto una bella cosa mentire. Lo sa che chi dice le bugie finisce all'inferno?
– E dove avrei mentito? – chiese lui tentando di mantenere saldo il tono di voce.
– Sulla pistola, tanto per cominciare: è carica. E poi sul fatto che verranno a prendermi...
Non riuscí a finire la frase.

Capitolo undicesimo

La piazzetta era ingombra di macchine della polizia. Il giudice Corona fu costretto a parcheggiare qualche metro piú indietro. La dottoressa Comastri lo seguiva a fatica mentre cercava di raggiungere il centro dello spiazzo. Il portoncino della casa era spalancato. I lampeggianti delle macchine della polizia davano all'atmosfera un che di irreale. - È morto, - disse un agente, dopo le presentazioni di rito.

La dottoressa Comastri vide che il giudice si afflosciava sul cofano di una delle pantere.

- È meglio che non entri, - la bloccò l'agente, - non è un bello spettacolo.

Danila Comastri lo ignorò proseguendo verso l'interno della casa.

Il cadavere di Cosimo Pau era riverso a terra, lo sparo a bruciapelo in pieno volto l'aveva proiettato all'indietro facendogli travolgere una sedia. Al buio pareva che il corpo fosse caduto su una pila di stracci.

- Ha fatto tutto da solo: si è sparato in faccia, - disse il maresciallo Pili alle sue spalle, mentre si massaggiava i polsi. - Abbiamo trovato Grazia Mereu, - continuò indicando l'ammasso informe sotto al corpo di Cosimo Pau.

Capitolo dodicesimo

Maria Vittoria chiuse il giornale. Uno di quegli articoli l'aveva scritto lei.
Ora che era tutto passato, magari Alberto avrebbe deciso che non era piú necessario nascondersi.
Bisognava aspettare. Comunque aveva iniziato a nevicare, Alberto sarebbe stato contento.

Giuseppina consegnò la sua lettera di dimissioni con una strana leggerezza. Pensava che sarebbe stato piú difficile. Aspettò il momento propizio: poca gente in redazione.

Eugenio attese che Lina finisse di riunire le sue poche cose. Le fece indossare un cappotto fuori moda che la rendeva ancora piú minuta. La donna lo guardò senza parlare, se aveva paura non traspariva dai suoi occhi, ma dalle sue mani.
– Hai un figlio che ha bisogno di te, – disse Eugenio con dolcezza, circondandole la spalla con un braccio.
La donna accennò col capo.

Il maresciallo Pili tentò di mettere i fiori sulla tomba della sua bambina in modo tale che il vento non li portasse via. I fiocchi impazziti della prima neve dell'anno facevano l'effetto di un'immagine televisiva sintonizzata male.

Il commissario Curreli si preparò alla vacanza piú lunga della sua vita.

Lina uscí dalla prigione. Sembrava piccolissima accanto al dottor Martis. Cominciava a nevicare.

– È uscita, possiamo andare –. Salvatore Corona si apprestò a mettere in moto. – Novità? – chiese, vedendo che Danila Comastri sembrava piú interessata alle pagine politiche del quotidiano che stava sfogliando, piuttosto che al motivo per cui si erano appostati davanti alle supercarceri.

Danila Comastri diede uno sguardo distratto oltre il finestrino: se l'aspettava piú alta Lina Piredda.

– Novità importanti? – domandò ancora una volta Salvatore Corona.

– Mh, – si limitò a rispondere lei. – Roba da non credere: tra un poco il nostro paese avrà un nuovo partito politico.

– Fumerei una sigaretta... – disse lui per niente interessato all'argomento.

– Se ne vuoi una delle mie... Ma non si possono definire veramente sigarette.

– È una di quelle con poca nicotina?

– Ultraleggere, qualcosa in piú che superleggere. Perché ridi?

– No, niente. Pensavo alla morte dei bei vizi di un tempo: la parvenza dei vizi senza la sostanza, insomma. Bacco, tabacco... – aggiunse guardando altrove. – Roba andata ormai, ora ci sono le sigarette ultraleggere e le bibite analcoliche.

La dottoressa Comastri richiuse con precisione il quotidiano dopo un'ultima sconsolata scorsa. – Ci rimane sempre Venere, – disse tirando fuori il braccio dal finestrino aperto dell'auto, per acchiappare i fiocchi di neve con la mano.

*Stampato per conto della Casa editrice Einaudi
presso Mondadori Printing S.p.A., Stabilimento N.S.M., Cles (Trento)*

C.L. 15202

Edizione						Anno			
3	4	5	6	7	8	2002	2003	2004	2005

Einaudi Tascabili

1. Omero, *Odissea*. Versione di Rosa Calzecchi Onesti. Testo a fronte (13ª ed.).
2. Levi (Primo), *Se questo è un uomo. La tregua* (26ª ed.).
3. Least Heat-Moon, *Strade blu. Un viaggio dentro l'America* (10ª ed.).
4. Morante, *Aracoeli. Romanzo* (10ª ed.).
5. Virgilio, *Eneide*. Introduzione e traduzione di Rosa Calzecchi Onesti. Testo a fronte (10ª ed.).
6. *Storia d'Italia. I caratteri originali*. A cura di Ruggiero Romano e Corrado Vivanti (2 volumi).
7. Levi (Carlo), *L'Orologio* (3ª ed.).
8. Bloch (Marc), *I re taumaturghi. Studi sul carattere sovrannaturale attribuito alla potenza dei re particolarmente in Francia e in Inghilterra* (5ª ed.).
9. Packard, *I persuasori occulti* (7ª ed.).
10. Amado, *Teresa Batista stanca di guerra* (15ª ed.).
11. Buñuel, *Sette film* (L'età dell'oro. Nazarin. Viridiana. L'angelo sterminatore. Simone del deserto. La via lattea. Il fascino discreto della borghesia) (2ª ed.).
12. *I Vangeli apocrifi*. A cura di Marcello Craveri (11ª ed.).
13. Sciascia, *Il giorno della civetta* (5ª ed.).
14. Sciascia, *Il contesto. Una parodia* (2ª ed.).
15. Sciascia, *Todo modo* (2ª ed.).
16. Fitzgerald, *Tenera è la notte* (11ª ed.).
17. Schulberg, *I disincantati*.
18. Sartre, *La nausea* (12ª ed.).
19. Bataille, *L'azzurro del cielo* (2ª ed.).
20. Musil, *I turbamenti del giovane Törless* (7ª ed.).
21. Mann, *La morte a Venezia* (7ª ed.).
22. Shirer, *Storia del Terzo Reich* (2 volumi) (5ª ed.).
23. Frank, *Diario* (13ª ed.).
24. Rigoni Stern, *Il sergente nella neve. Ritorno sul Don* (12ª ed.).
25. Fenoglio, *Una questione privata. I ventitre giorni della città di Alba* (12ª ed.).
26. Deakin, *La brutale amicizia. Mussolini, Hitler e la caduta del fascismo italiano* (2 volumi).
27. Nerval, *Le figlie del fuoco*.
28. Rimbaud, *Opere*. Testo a fr. (5ª ed.).
29. Walser, *L'assistente* (3ª ed.).
30. Vassalli, *La notte della cometa. Il romanzo di Dino Campana* (9ª ed.).
31. Svevo, *La coscienza di Zeno e «continuazioni»* (3ª ed.).
32. Pavese, *Il carcere* (3ª ed.).
33. Pavese, *Il compagno* (10ª ed.).
34. Pavese, *La casa in collina* (14ª ed.).
35. Omero, *Iliade*. Versione di Rosa Calzecchi Onesti. Testo a fronte (9ª ed.).
36. Tolstoj, *Guerra e pace* (2 volumi) (8ª ed.).
37. Codino, *Introduzione a Omero* (2ª ed.).
38. De Roberto, *I Viceré* (6ª ed.).
39. Jovine, *Signora Ava*.
40. Levi (Carlo), *Cristo si è fermato a Eboli* (11ª ed.).
41. Rea, *Gesú, fate luce*.
42. Tornabuoni, *'90 al cinema*.
43. Gino & Michele - Molinari, *Anche le formiche nel loro piccolo s'incazzano* (18ª ed.).
44. Balzac, *Splendori e miserie delle cortigiane* (2ª ed.).
45. Proust, *Contro Sainte-Beuve*.

Proust, *Alla ricerca del tempo perduto*:
46. *La strada di Swann* (2 volumi).
47. *All'ombra delle fanciulle in fiore* (3 volumi).
48. *I Guermantes* (3 volumi).
49. *Sodoma e Gomorra* (2 volumi).

50 *La prigioniera* (2 volumi).
51 *Albertine scomparsa*.
52 *Il tempo ritrovato* (2 volumi).
53 *I Vangeli* nella traduzione di Niccolò Tommaseo. A cura di Cesare Angelini.
54 *Atti degli Apostoli*. A cura di Cesare Angelini.
55 Holl, *Gesú in cattiva compagnia*.
56 Volponi, *Memoriale* (4ª ed.).
57 Levi (Primo), *La chiave a stella* (10ª ed.).
58 Volponi, *Le mosche del capitale* (2ª ed.).
59 Levi (Primo), *I sommersi e i salvati* (13ª ed.).
60 *I padri fondatori. Da Jahvè a Voltaire*.
61 Poe, *Auguste Dupin investigatore e altre storie*.
62 Soriano, *Triste, solitario y final* (9ª ed.).
63 Dürrenmatt, *Un requiem per il romanzo giallo. La promessa. La panne* (4ª ed.).
64 Biasion, *Sagapò* (3ª ed.).
65 Fenoglio, *Primavera di bellezza* (5ª ed.).
66 Rimanelli, *Tiro al piccione*.
67 Soavi, *Un banco di nebbia*.
68 Conte, *Gli Slavi* (5ª ed.).
69 Schulz, *Le botteghe color cannella*.
70 Serge, *L'Anno primo della rivoluzione russa*.
71 Ripellino, *Praga magica* (10ª ed.).
72 Vasari, *Le vite de' piú eccellenti architetti, pittori, et scultori italiani, da Cimabue insino a' tempi nostri*. A cura di Luciano Bellosi e Aldo Rossi (2 volumi) (6ª ed.).
73 Amado, *Gabriella garofano e cannella* (12ª ed.).
74 Lane, *Storia di Venezia* (8ª ed.).
75 *Tirature '91*. A cura di Vittorio Spinazzola.
76 Tornabuoni, *'91 al cinema*.
77 Ramondino-Müller, *Dadapolis*.
78 De Filippo, *Tre commedie* (2ª ed.).
79 Milano, *Storia degli ebrei in Italia* (4ª ed.).
80 Todorov, *La conquista dell'America* (10ª ed.).
81 Melville, *Billy Budd e altri racconti* (2ª ed.).
82 Yourcenar, *Care memorie* (10ª ed.).
83 Murasaki, *Storia di Genji. Il principe splendente* (2 volumi) (3ª ed.).
84 Jullian, *Oscar Wilde*;
85 Brontë, *Cime tempestose* (8ª ed.).
86 Andersen, *Fiabe* (7ª ed.).
87 Harris, *Buono da mangiare* (8ª ed.).
88 Mann, *I Buddenbrook* (7ª ed.).
89 Yourcenar, *Archivi del Nord* (7ª ed.).
90 Prescott, *La Conquista del Messico* (3ª ed.).
91 *Beowulf* (6ª ed.).
92 Stajano, *Il sovversivo. L'Italia nichilista*.
93 Vassalli, *La chimera* (14ª ed.).
94 *Le meraviglie del possibile. Antologia della fantascienza* (4ª ed.).
95 Vargas Llosa, *La guerra della fine del mondo* (4ª ed.).
96 Levi (Primo), *Se non ora, quando?* (9ª ed.).
97 Vaillant, *La civiltà azteca* (4ª ed.).
98 Amado, *Jubiabá* (6ª ed.).
99 Boccaccio, *Decameron* (2 volumi) (7ª ed.).
100 Ghirelli, *Storia di Napoli* (3ª ed.).
101 Volponi, *La strada per Roma* (3ª ed.).
102 McEwan, *Bambini nel tempo* (9ª ed.).
103 Cooper, *L'ultimo dei Mohicani* (4ª ed.).
104 Petrarca, *Canzoniere* (7ª ed.).
105 Yourcenar, *Quoi? L'Eternité* (5ª ed.).
106 Brecht, *Poesie* (5ª ed.).
107 Ben Jelloun, *Creatura di sabbia* (9ª ed.).
108 Pevsner, Fleming, Honour, *Dizionario di architettura* (8ª ed.).
109 James, *Racconti di fantasmi* (6ª ed.).
110 Grimm, *Fiabe* (8ª ed.).
111 *L'arte della cucina in Italia*. A cura di Emilio Faccioli.
112 Keller, *Enrico il Verde* (2ª ed.).
113 Maltese, *Storia dell'arte in Italia 1785-1943* (2ª ed.).
114 Ben Jelloun, *Notte fatale* (8ª ed.).
115 Fruttero-Lucentini, *Il quarto libro della fantascienza* (2ª ed.).

116 Ariosto, *Orlando furioso* (2 volumi) (7ª ed.).
117 Boff, *La teologia, la Chiesa, i poveri*.
118 Pirandello, *Sei personaggi in cerca d'autore* (3ª ed.).
119 James, *Ritratto di signora* (6ª ed.).
120 Abulafia, *Federico II* (8ª ed.).
121 Dostoevskij, *Delitto e castigo* (11ª ed.).
122 Masters, *Antologia di Spoon River* (9ª ed.).
123 Verga, *Mastro-don Gesualdo* (3ª ed.).
124 Ostrogorsky, *Storia dell'impero bizantino* (6ª ed.).
125 Beauvoir (de), *I Mandarini* (5ª ed.).
126 Yourcenar, *Come l'acqua che scorre* (8ª ed.).
127 Tasso, *Gerusalemme liberata* (6ª ed.).
128 Dostoevskij, *I fratelli Karamazov* (9ª ed.).
129 Honour, *Neoclassicismo* (3ª ed.).
130 De Felice, *Storia degli ebrei italiani* (5ª ed.).
131 Goldoni, *Memorie* (2ª ed.).
132 Stendhal, *Il rosso e il nero* (5ª ed.).
133 Runciman, *Storia delle crociate* (2 volumi) (4ª ed.).
134 Balzac (de), *La Fille aux yeux d'or* (Serie bilingue) (2ª ed.).
135 Mann, *Tonio Kröger* (Serie bilingue) (4ª ed.).
136 Joyce, *The Dead* (Serie bilingue) (2ª ed.).
137 *Poesia italiana del Novecento*. A cura di Edoardo Sanguineti (2 volumi) (4ª ed.).
138 Ellison, *Uomo invisibile*.
139 Rabelais, *Gargantua e Pantagruele* (6ª ed.).
140 Savigneau, *Marguerite Yourcenar* (2ª ed.).
141 Scholem, *Le grandi correnti della mistica ebraica* (3ª ed.).
142 Wittkower, *Arte e architettura in Italia, 1600-1750* (7ª ed.).
143 Revelli, *La guerra dei poveri* (3ª ed.).
144 Tolstoj, *Anna Karenina* (7ª ed.).
145 *Storie di fantasmi*. A cura di Fruttero e Lucentini (3ª ed.).
146 Foucault, *Sorvegliare e punire* (7ª ed.).

147 Truffaut, *Autoritratto* (2ª ed.).
148 Maupassant (de), *Racconti dell'incubo* (4ª ed.).
149 Dickens, *David Copperfield* (4ª ed.).
150 Pirandello, *Il fu Mattia Pascal* (7ª ed.).
151 Isherwood, *Mr Norris se ne va* (2ª ed.).
152 Zevi, *Saper vedere l'architettura* (3ª ed.).
153 Yourcenar, *Pellegrina e straniera* (3ª ed.).
154 Soriano, *Mai più pene né oblio. Quartieri d'inverno* (4ª ed.).
155 Yates, *L'arte della memoria* (4ª ed.).
156 Pasolini, *Petrolio* (6ª ed.).
157 Conrad, *The Shadow-Line* (Serie bilingue) (4ª ed.).
158 Stendhal, *L'Abbesse de Castro* (Serie bilingue) (2ª ed.).
159 Monelli, *Roma 1943* (2ª ed.).
160 Mila, *Breve storia della musica* (7ª ed.).
161 Whitman, *Foglie d'erba* (6ª ed.).
162 Rigoni Stern, *Storia di Tönle. L'anno della vittoria* (9ª ed.).
163 Partner, *I Templari* (8ª ed.).
164 Kawabata, *Bellezza e tristezza* (3ª ed.).
165 Carpi, *Diario di Gusen* (2ª ed.).
166 Perodi, *Fiabe fantastiche* (2ª ed.).
167 *La scultura raccontata da Rudolf Wittkower* (3ª ed.).
168 N. Ginzburg, *Cinque romanzi brevi* (6ª ed.).
169 Leopardi, *Canti* (5ª ed.).
170 Fellini, *Fare un film* (2ª ed.).
171 Pirandello, *Novelle* (3ª ed.).
172 Publio Ovidio Nasone, *Metamorfosi* (7ª ed.).
173 *Il sogno della Camera Rossa. Romanzo cinese del secolo XVIII* (3ª ed.).
174 Dostoevskij, *I demoni* (8ª ed.).
175 Yourcenar, *Il Tempo, grande scultore* (4ª ed.).
176 Vassalli, *Marco e Mattio* (6ª ed.).
177 Barthes, *Miti d'oggi* (4ª ed.).
178 Hoffmann, *Racconti notturni* (3ª ed.).
179 Fenoglio, *Il partigiano Johnny* (8ª ed.).

180 Ishiguro, *Quel che resta del giorno* (14ª ed.).
181 Cervantes, *Don Chisciotte della Mancia* (2 voll.) (7ª ed.).
182 O'Connor, *Il cielo è dei violenti* (2ª ed.).
183 Gambetta, *La mafia siciliana*.
184 Brecht, *Leben des Galilei* (Serie bilingue) (7ª ed.).
185 Melville, *Bartleby, the Scrivener* (Serie bilingue) (3ª ed.).
186 Vercors, *Le silence de la mer* (Serie bilingue) (3ª ed.).
187 «*Una frase, un rigo appena*». *Racconti brevi e brevissimi*.
188 Queneau, *Zazie nel metró* (8ª ed.).
189 Tournier, *Venerdí o il limbo del Pacifico* (2ª ed.).
190 Viganò, *L'Agnese va a morire* (6ª ed.).
191 Dostoevskij, *L'idiota* (10ª ed.).
192 Shakespeare, *I capolavori*. Vol. I° (3ª ed.)
193 Shakespeare, *I capolavori*. Vol. II° (3ª ed.)
194 Allen, *Come si diventa nazisti* (3ª ed.).
195 Gramsci, *Vita attraverso le lettere* (2ª ed.).
196 Gogol', *Le anime morte* (3ª ed.).
197 Wright, *Ragazzo negro* (5ª ed.).
198 Maupassant, *Racconti del crimine* (2ª ed.).
199 *Lettere di condannati a morte della Resistenza italiana* (3ª ed.).
200 Mila, *Brahms e Wagner*.
201 Renard, *Pel di Carota* (2ª ed.).
202 Beccaria, *Dei delitti e delle pene* (2ª ed.).
203 Levi P., *Il sistema periodico* (7ª ed.).
204 Ginzburg (Natalia), *La famiglia Manzoni* (5ª ed.).
205 Paumgartner, *Mozart*.
206 Adorno, *Minima moralia* (4ª ed.).
207 Zola, *Germinale* (4ª ed.).
208 Kieślowski-Piesiewicz, *Decalogo* (2ª ed.).
209 Beauvoir (de), *Memorie d'una ragazza perbene* (6ª ed.).
210 Leopardi, *Memorie e pensieri d'amore*.
211 McEwan, *Il giardino di cemento* (8ª ed.).
212 Pavese, *Racconti* (7ª ed.).
213 Sanvitale, *Madre e figlia* (3ª ed.).
214 Jovine, *Le terre del Sacramento* (3ª ed.).
215 Ben Jelloun, *Giorno di silenzio a Tangeri* (5ª ed.).
216 Volponi, *Il pianeta irritabile*.
217 Hayes, *La ragazza della Via Flaminia*.
218 Malamud, *Il commesso* (2ª ed.).
219 Defoe, *Fortune e sfortune della famosa Moll Flanders* (2ª ed.).
220 Böll, *Foto di gruppo con signora* (4ª ed.).
221 Biamonti, *Vento largo* (2ª ed.).
222 Lovercraft, *L'orrendo richiamo*.
223 Malerba, *Storiette e Storiette tascabili*.
224 Mainardi, *Lo zoo aperto*.
225 Verne, *Il giro del mondo in ottanta giorni* (2ª ed.).
226 Mastronardi, *Il maestro di Vigevano* (2ª ed.).
227 Vargas Llosa, *La zia Julia e lo scribacchino* (4ª ed.).
228 Rousseau, *Il contratto sociale* (4ª ed.).
229 Mark Twain, *Le avventure di Tom Sawyer* (2ª ed.).
230 Jung, *Il problema dell'inconscio nella psicologia moderna*.
231 Mancinelli, *Il fantasma di Mozart e altri racconti* (2ª ed.).
232 West, *Il giorno della locusta* (2ª ed.).
233 Mark Twain, *Le avventure di Huckleberry Finn* (2ª ed.).
234 Lodoli, *I principianti* (2ª ed.).
235 Voltaire, *Il secolo di Luigi XIV*.
236 Thompson, *La civiltà Maja* (4ª ed.)
237 Tolstoj, *I quattro libri di lettura* (2ª ed.).
238 Morante, *Menzogna e sortilegio* (5ª ed.).
239 Wittkower, *Principi architettonici nell'età dell'Umanesimo* (4ª ed.).
240 Somerset Maugham, *Storie di spionaggio e di finzioni*.
241 *Fiabe africane* (2ª ed.).
242 Pasolini, *Vita attraverso le lettere*.
243 Romano, *La penombra che abbiamo attraversato* (2ª ed.).
244 Della Casa, *Galateo* (2ª ed.).
245 Byatt, *Possessione. Una storia romantica* (7ª ed.).

246 Strassburg, *Tristano*.
247 Ben Jelloun, *A occhi bassi* (5ª ed.).
248 Morante, *Lo scialle andaluso* (4ª ed.).
249 Pirandello, *Uno, nessuno e centomila* (4ª ed.).
250 Soriano, *Un'ombra ben presto sarai* (5ª ed.).
251 McEwan, *Cani neri* (7ª ed.).
252 Cerami, *Un borghese piccolo piccolo* (2ª ed.).
253 Morante, *Il mondo salvato dai ragazzini e altri poemi* (3ª ed.).
254 Fallada, *Ognuno muore solo* (2ª ed.).
255 Beauvoir (de), *L'età forte* (3ª ed.).
256 Alighieri, *Rime* (2ª ed.).
257 Macchia, *Il mito di Parigi. Saggi e motivi francesi* (2ª ed.).
258 De Filippo, *Cantata dei giorni dispari I* (2ª ed.).
259 Ben Jelloun, *L'amicizia* (7ª ed.).
260 *Lettere dei condannati a morte della Resistenza europea*.
261 Stajano, *Un eroe borghese* (3ª ed.).
262 Spinella, *Memoria della Resistenza* (2ª ed.).
263 Foscolo, *Ultime lettere di Jacopo Ortis* (4ª ed.).
264 Schliemann, *La scoperta di Troia* (3ª ed.).
265 Dostoevskij, *Umiliati e offesi* (6ª ed.).
266 Ishiguro, *Un pallido orizzonte di colline* (2ª ed.).
267 Morante, *La Storia* (8ª ed.).
268 Romano (Lalla), *Maria* (3ª ed.).
269 Levi Pisetzky, *Il costume e la moda nella società italiana*.
270 Salmon, *Il Sannio e i Sanniti* (3ª ed.).
271 Benjamin, *Angelus Novus. Saggi e frammenti* (5ª ed.).
272 Bolis, *Il mio granello di sabbia* (2ª ed.).
273 Matthiae, *Ebla. Un impero ritrovato* (2ª ed.).
274 Sanvitale, *Il figlio dell'Impero*.
275 Maupassant, *Racconti d'amore* (4ª ed.).
276 Céline, *Casse-pipe* (Serie bilingue) (2ª ed.).
277 *Racconti del sabato sera*.
278 Boiardo, *Orlando innamorato* (2 voll.)
279 Woolf, *A Room of One's Own* (Serie bilingue) (4ª ed.).
280 Hoffmann, *Il vaso d'oro*.
281 Bobbio, *Il futuro della democrazia* (2ª ed.).
282 Mancinelli, *I dodici abati di Challant. Il miracolo di santa Odilia. Gli occhi dell'imperatore* (7ª ed.).
283 Soriano, *La resa del leone* (2ª ed.).
284 De Filippo, *Cantata dei giorni dispari II*.
285 Gobetti, *La Rivoluzione Liberale* (4ª ed.).
286 Wittkower, *Palladio e il palladianesimo*.
287 Sartre, *Il muro* (5ª ed.).
288 D'Annunzio, *Versi d'amore*.
289 D'Annunzio, *Alcione*.
290 Caldwell, *La via del tabacco*.
291 Tadini, *La tempesta*.
292 Morante, *L'isola di Arturo* (7ª ed.).
293 Pirandello, *L'esclusa*.
294 Voltaire, *Dizionario filosofico* (2ª ed.).
295 Fenoglio, *Diciotto racconti*.
296 Hardy, *Tess dei d'Uberville* (3ª ed.).
297 N. Ginzburg, *Famiglia* (2ª ed.).
298 Stendhal, *La Certosa di Parma* (5ª ed.).
299 Yehoshua, *L'amante* (10ª ed.).
300 Beauvoir, *La forza delle cose* (2ª ed.).
301 Ceram, *Civiltà sepolte* (6ª ed.).
302 Loy, *Le strade di polvere* (4ª ed.).
303 Piumini, *Lo stralisco*.
304 Rigoni, *Amore di confine* (3ª ed.).
305 Rodinson, *Maometto*.
306 Biamonti, *L'angelo di Avrigue*.
307 Antonioni, *Quel bowling sul Tevere* (2ª ed.).
308 Lodi, *Il paese sbagliato. Diario di un'esperienza didattica*.
309 Machiavelli, *Il Principe* (5ª ed.).
310 Seneca, *Dialoghi morali* (2ª ed.).
311 Dickens, *Casa Desolata* (5ª ed.).
312 Saba, *Ernesto* (3ª ed.).
313 Lawrence, *Donne innamorate*.
314 Pirro, *Celluloide*.
315 Ramondino, *Althénopis*.
316 Rodari, *I cinque libri* (5ª ed.).
317 *I Nibelunghi* (3ª ed.).
318 Bobbio, *Stato, governo, società* (2ª ed.).
319 La Fontaine, *Favole*.
320 Artusi, *La scienza in cucina e l'arte di mangiar bene*.

321 Romano (Lalla), *Una giovinezza inventata* (3ª ed.).
322 De Filippo, *Cantata dei giorni dispari III*.
323 Hilberg, *La distruzione degli Ebrei d'Europa* (2 vol.)
324 Kafka, *Il processo* (Serie Scrittori tradotti da scrittori).
325 Queneau, *I fiori blu* (Serie Scrittori tradotti da scrittori) (7ª ed.).
326 Gogol', *Racconti di Pietroburgo* (Serie Scrittori tradotti da scrittori).
327 James, *Giro di vite* (Serie Scrittori tradotti da scrittori).
328 Borges, *Finzioni* (1935-1944) (Serie Scrittori tradotti da scrittori) (7ª ed.).
329 Radiguet, *Il diavolo in corpo* (Serie Scrittori tradotti da scrittori).
330 De Felice, *Mussolini il rivoluzionario 1883-1920* (2ª ed.).
331 De Felice, *Mussolini il fascista*
   I. *La conquista del potere 1921-1925* (2ª ed.).
332 De Felice, *Mussolini il fascista*
   II. *L'organizzazione dello stato fascista 1925-1929*.
333 Hawthorne, *La lettera scarlatta* (7ª ed.).
334 Orengo, *Dogana d'amore*.
335 Vassalli, *Il Cigno* (2ª ed.).
336 Böll, *Vai troppo spesso a Heidelberg*.
337 Maiello, *Storia del calendario*.
338 Cesare, *La guerra gallica* (2ª ed.).
339 McEwan, *Lettera a Berlino* (3ª ed.).
340 Schneider, *Le voci del mondo* (5ª ed.).
341 De Felice, *Mussolini il duce*
   I. *Gli anni del consenso 1929-1936* (2ª ed.).
342 De Felice, *Mussolini il fascista*
   II. *Lo Stato totalitario 1936-1940* (2ª ed.).
343 Cervantes, *La gitanilla* (Serie bilingue).
344 Dostoevskij, *Notti bianche* (Serie bilingue) (3ª ed.).
345 N. Ginzburg, *Tutti i nostri ieri* (3ª ed.).
346 Breton, *Antologia dello humor nero*.
347 Maupassant, *Una vita* (Serie Scrittori tradotti da scrittori).
348 Pessoa, *Il marinaio* (Serie Scrittori tradotti da scrittori) (5ª ed.).
349 Stevenson, *Lo strano caso del Dr. Jekyll e del Sig. Hyde* (Serie Scrittori tradotti da scrittori) (2ª ed.).
350 London, *Il richiamo della foresta* (Serie Scrittori tradotti da scrittori).
351 Burgess, *Arancia meccanica* (9ª ed.).
352 Byatt, *Angeli e insetti* (2ª ed.).
353 Wittkower, *Nati sotto Saturno* (4ª ed.).
354 Least Heat-Moon, *Prateria. Una mappa in profondità* (2ª ed.).
355 Soriano, *Artisti, pazzi e criminali* (2ª ed.).
356 Saramago, *L'anno della morte di Ricardo Reis* (6ª ed.).
357 Le Goff, *La nascita del Purgatorio* (2ª ed.).
358 Del Giudice, *Lo stadio di Wimbledon* (2ª ed.).
359 Flaubert, *Bouvard e Pécuchet* (2ª ed.).
360 Pinter, *Teatro*. Vol. I (2ª ed.).
361 *Lettere al primo amore*.
362 Yehoshua, *Il signor Mani* (7ª ed.).
363 Goethe, *Le affinità elettive* (5ª ed.).
364 Maraini, *L'età del malessere* (8ª ed.).
365 Maugham, *Racconti dei Mari del Sud* (3ª ed.).
366 McCarthy, *Cavalli selvaggi* (4ª ed.).
367 Antonelli, Delogu, De Luca, *Fuori tutti* (Stile libero).
368 Kerouac, Dylan, Ginsberg, Burroughs, Ferlinghetti e altri, *Battuti & Beati. I Beat raccontati dai Beat* (Stile libero) (2ª ed.).
369 Norman X e Monique Z, *Norman e Monique. La storia segreta di un amore nato nel cyberspazio* (Stile libero).
370 Cerami, *Consigli a un giovane scrittore* (Stile libero) (7ª ed.).
371 Puig, *Il bacio della donna ragno* (2ª ed.).
372 Purdy, *Rose e cenere*.
373 Benjamin, *Sull'hascisch* (2ª ed.).
374 Levi (Primo), *I racconti* (4ª ed.).
375 De Carlo, *Yucatan* (7ª ed.).
376 Gandhi, *Teoria e pratica della nonviolenza*.
377 Ellis, *Meno di zero* (6ª ed.).

378 Ben Jelloun, *Lo scrivano* (3ª ed.).
379 Hugo, *Notre-Dame de Paris* (5ª ed.).
380 Bardo Thödol, *Libro dei morti tibetano* (2ª ed.).
381 Mancinelli, *I tre cavalieri del Graal* (4ª ed.).
382 Roberto Benigni, *E l'alluce fu* (Stile libero) (7ª ed.).
383 Gibson, Ferret, Cadigan, Di Filippo, Sterling, Swanwick, Rucker e altri, *Cuori elettrici. Antologia essenziale del cyberpunk* (Stile libero).
384 Cortázar, *Bestiario* (2ª ed.).
385 Frame, *Un angelo alla mia tavola* (5ª ed.).
386 L. Romano, *Le parole tra noi leggere* (4ª ed.).
387 Fenoglio, *La paga del sabato* (2ª ed.).
388 Maupassant, *Racconti di vita parigina* (2ª ed.).
389 aa.vv., *Fantasmi di Terra, Aria, Fuoco e Acqua*. A cura di Malcolm Skey.
390 Queneau, *Pierrot amico mio*.
391 Magris, *Il mito absburgico* (3ª ed.).
392 Briggs, *Fiabe popolari inglesi*.
393 Bulgakov, *Il Maestro e Margherita* (6ª ed.).
394 A. Gobetti, *Diario partigiano*.
395 De Felice, *Mussolini l'alleato 1940-43*
 I. *Dalla guerra «breve» alla guerra lunga*.
396 De Felice, *Mussolini l'alleato 1940-43*
 II. *Crisi e agonia del regime*.
397 James, *Racconti italiani*.
398 Lane, *I mercanti di Venezia* (2ª ed.).
399 McEwan, *Primo amore, ultimi riti. Fra le lenzuola e altri racconti* (3ª ed.).
400 aa.vv., *Gioventú cannibale* (Stile libero) (6ª ed.).
401 Verga, *I Malavoglia*.
402 O'Connor, *I veri credenti* (Stile libero) (4ª ed.).
403 Mutis, *La Neve dell'Ammiraglio* (2ª ed.).
404 De Carlo, *Treno di panna* (6ª ed.).
405 Mutis, *Ilona arriva con la pioggia* (2ª ed.).
406 Rigoni Stern, *Arboreto salvatico* (3ª ed.).
407 Poe, *I racconti*. Vol. I (Serie Scrittori tradotti da scrittori).
408 Poe, *I racconti*. Vol. II (Serie Scrittori tradotti da scrittori).
409 Poe, *I racconti*. Vol. III (Serie Scrittori tradotti da scrittori).
410 Pinter, *Teatro*. Vol. II (2ª ed.).
411 Grahame, *Il vento nei salici*.
412 Ghosh, *Le linee d'ombra*.
413 Vojnovič, *Vita e straordinarie avventure del soldato Ivan Čonkin*.
414 Cerami, *La lepre*.
415 Cantarella, *I monaci di Cluny* (3ª ed.).
416 Auster, *Moon Palace* (3ª ed.).
417 Antelme, *La specie umana*.
418 Yehoshua, *Cinque stagioni* (3ª ed.).
419 Mutis, *Un bel morir*.
420 Fenoglio, *La malora* (4ª ed.).
421 Gawronski, *Guida al volontariato* (Stile libero).
422 Banks, *La legge di Bone*.
423 Kafka, *Punizioni* (Serie bilingue).
424 Melville, *Benito Cereno* (Serie bilingue).
425 P. Levi, *La tregua* (8ª ed.).
426 Revelli, *Il mondo dei vinti*.
427 aa.vv., *Saggezza stellare* (Stile libero).
428 McEwan, *Cortesie per gli ospiti* (4ª ed.).
429 Grasso, *Il bastardo di Mautàna*.
430 Soriano, *Pensare con i piedi* (3ª ed.).
431 Ben Jelloun, *Le pareti della solitudine*.
432 Albertino, *Benissimo!* (Stile libero).
433 *Il libro delle preghiere* (4ª ed.).
434 Malamud, *Uomo di Kiev*.
435 Saramago, *La zattera di pietra* (4ª ed.).
436 N. Ginzburg, *La città e la casa* (2ª ed.).
437 De Carlo, *Uccelli da gabbia e da voliera* (6ª ed.).
438 Cooper, *Frisk* (Stile libero) (3ª ed.).
439 Barnes, *Una storia del mondo in 10 capitoli e ½* (2ª ed.).
440 Mo Yan, *Sorgo rosso*.
441 Catullo, *Le poesie*.
442 Rigoni Stern, *Le stagioni di Giacomo* (2ª ed.).

443 Mancinelli, *I casi del capitano Flores. Il mistero della sedia a rotelle* (2ª ed.).

444 Ammaniti, *Branchie* (Stile libero) (5ª ed.).

445 Lodoli, *Diario di un millennio che fugge.*

446 McCarthy, *Oltre il confine* (3ª ed.).

447 Gardiner, *La civiltà egizia* (2ª ed.).

448 Voltaire, *Zadig* (Serie bilingue).

449 Poe, *The Fall of the House of Usher and other Tales* (Serie bilingue).

450 Arena, Decaro, Troisi, *La smorfia* (Stile libero).

451 Rosselli, *Socialismo liberale.*

452 Byatt, *Tre storie fantastiche.*

453 Dostoevskij, *L'adolescente.*

454 Carver, *Il mestiere di scrivere* (Stile libero) (4ª ed.).

455 Ellis, *Le regole dell'attrazione* (2ª ed.).

456 Loy, *La bicicletta.*

457 Lucarelli, *Almost Blue* (Stile libero) (8ª ed.).

458 Pavese, *Il diavolo sulle colline* (2ª ed.).

459 Hume, *Dialoghi sulla religione naturale.*

460 *Le mille e una notte.* Edizione a cura di Francesco Gabrieli (4 volumi in cofanetto).

461 Arguedas, *I fiumi profondi.*

462 Queneau, *La domenica della vita.*

463 Leonzio, *Il volo magico.*

464 Pazienza, *Paz* (Stile libero) (5ª ed.).

465 Musil, *L'uomo senza qualità* (2 v.) (3ª ed.).

466 Dick, *Cronache del dopobomba* (Vertigo).

467 Royle, *Smembramenti* (Vertigo).

468 Skipp-Spector, *In fondo al tunnel* (Vertigo).

469 McDonald, *Forbici vince carta vince pietra* (Vertigo).

470 Maupassant, *Racconti di vita militare.*

471 P. Levi, *La ricerca delle radici.*

472 Davidson, *La civiltà africana.*

473 Duras, *Il pomeriggio del signor Andesmas. Alle dieci e mezzo di sera, d'estate.*

474 Vargas Llosa, *La Casa Verde.*

475 Grass, *La Ratta.*

476 Yu Hua, *Torture* (Stile libero).

477 Vinci, *Dei bambini non si sa niente* (Stile libero) (4ª ed.).

478 Bobbio, *L'età dei diritti.*

479 Cortázar, *Storie di cronopios e di famas.*

480 Revelli, *Il disperso di Marburg.*

481 Faulkner, *L'urlo e il furore.*

482 McCoy, *Un bacio e addio* (Vertigo).

483 Cerami, *Fattacci* (Stile libero).

484 Dickens, *Da leggersi all'imbrunire* (2ª ed.).

485 Auster, *L'invenzione della solitudine* (3ª ed.).

486 Nove, *Puerto Plata Market* (Stile libero) (3ª ed.).

487 Fo, *Mistero buffo* (Stile libero) (3ª ed.).

488 Höss, *Comandante ad Auschwitz* (3ª ed.).

489 Amado, *Terre del finimondo* (2ª ed.).

490 Benigni-Cerami, *La vita è bella* (Stile libero) (3ª ed.).

491 *Lunario dei giorni di quiete.* A cura di Guido Davico Bonino (3ª ed.).

492 Fo, *Manuale minimo dell'attore* (Stile libero).

493 O'Connor, *Cowboys & Indians* (Stile libero).

494 *L'agenda di Mr Bean* (Stile libero).

495 P. Levi, *L'altrui mestiere.*

496 Manchette, *Posizione di tiro* (Vertigo).

497 Rucher, *Su e giú per lo spazio* (Vertigo).

498 Vargas Llosa, *La città e i cani.*

499 Zoderer, *L'«italiana».*

500 Pavese, *Le poesie.*

501 Goethe, *I dolori del giovane Werther.*

502 Yehoshua, *Un divorzio tardivo* (4ª ed.).

503 Vassalli, *Cuore di pietra.*

504 Lucarelli, *Il giorno del lupo* (Stile libero) (4ª ed.).

505 *Quel che ho da dirvi. Autoritratto delle ragazze e dei ragazzi italiani.* A cura di Caliceti e Mozzi (Stile libero).

506 Dickens, *Grandi speranze*.
507 Boncinelli, *I nostri geni*.
508 Brecht, *I capolavori* (2 volumi).
509 Mancinelli, *I casi del capitano Flores. Killer presunto*.
510 Auster, *Trilogia di New York* (4ª ed.).
511 Saramago, *Cecità* (5ª ed.).
512 Dumas, *I tre moschettieri*.
513 Borges, *Elogio dell'ombra*.
514 Womak, *Futuro zero* (Vertigo).
515 Landsale, *La notte del drive-in* (Vertigo).
516 Fo, *Marino libero! Marino è innocente* (Stile libero).
517 Rigoni Stern, *Uomini, boschi e api* (3ª ed.).
518 Acitelli, *La solitudine dell'ala destra* (Stile libero).
519 Merini, *Fiore di poesia* (3ª ed.).
520 Borges, *Manuale di zoologia fantastica*.
521 Neruda, *Confesso che ho vissuto* (2ª ed.).
522 Stein, *La civiltà tibetana* (2ª ed.).
523 Albanese, Santin, Serra, Solari, *Giú al Nord* (Stile libero).
524 Ovidio, *Versi e precetti d'amore*.
525 Amado, *Cacao* (2ª ed.).
526 Queneau, *Troppo buoni con le donne*.
527 Pisón, *Strade secondarie* (Stile libero).
528 Maupassant, *Racconti di provincia*.
529 Pavese, *La bella estate* (4ª ed.).
530 Ben Jelloun, *Lo specchio delle falene*.
531 Stancanelli, *Benzina* (Stile libero) (2ª ed.).
532 Ellin, *Specchio delle mie brame* (Vertigo).
533 Marx, *Manifesto del Partito Comunista* (3ª ed.).
534 Del Giudice, *Atlante occidentale*.
535 Soriano, *Fútbol* (4ª ed.).
536 De Beauvoir, *A conti fatti*.
537 Vargas Llosa, *Lettere a un aspirante romanziere* (Stile libero).
538 aa.vv., *Schermi dell'incubo* (Vertigo).
539 Nove, *Superwoobinda* (Stile libero) (2ª ed.).
540 Revelli, *L'anello forte*.
541 Lermontov, *L'eroe del nostro tempo* (Serie bilingue).
542 Behn, *Oroonoko* (Serie bilingue).
543 McCarthy, *Meridiano di sangue*.
544 Proust, *La strada di Swann*.
545 Vassalli, *L'oro del mondo*.
546 Defoe, *Robinson Crusoe* (2ª ed.).
547 Madieri, *Verde acqua. La radura*.
548 Amis, *Treno di notte*.
549 Magnus, *Lo sconosciuto* (Stile libero) (2ª ed.).
550 aa.vv., *Acidi scozzesi* (Stile libero).
551 Romano, *Tetto murato*.
552 Frank, *Diario*. Edizione integrale. (4ª ed.).
553 Pavese, *Tra donne sole* (2ª ed.).
554 Banks, *Il dolce domani*.
555 Roncaglia, *Il jazz e il suo mondo*.
556 Turgenev, *Padri e figli*.
557 Mollica, *Romanzetto esci dal mio petto*.
558 Metraux, *Gli Inca*.
559 *Zohar. Il libro dello splendore*.
560 Auster, *Mr Vertigo*.
561 De Felice, *Mussolini l'alleato 1943-45*.
    II. *La guerra civile*.
562 Robbe-Grillet, *La gelosia*.
563 Metter, *Ritratto di un secolo*.
564 Vargas Llosa, *Conversazione nella «Catedral»*.
565 Wallace, *La ragazza con i capelli strani* (Stile libero) (3ª ed.).
566 Enzensberger, *Il mago dei numeri* (4ª ed.).
567 Roth, *Operazione Shylock*.
568 Barnes, *Amore, ecc.*
569 Zolla, *Il dio dell'ebbrezza* (Stile libero).
570 Evangelisti, *Metallo urlante* (Vertigo).
571 Manchette, *Fatale* (Vertigo).
572 De Filippo, *Cantata dei giorni pari*.

573 Sfiga all'OK-Corral. A cura di Stefano Bartezzaghi (Stile libero) (2ª ed.).

574 Spettri da ridere. A cura di Malcolm Skey.

575 Yehoshua, Ritorno dall'India (3ª ed.).

576 Lunario dei giorni d'amore. A cura di Guido Davico Bonino (2ª ed.).

577 Ricci, Striscia la tivú (Stile libero).

578 Ginzburg, Le piccole virtú (2ª ed.).

579 Hugo, I miserabili (2 volumi).

580 I fioretti di san Francesco.

581 Ovadia, L'ebreo che ride (Stile libero) (5ª ed.).

582 Pirro, Soltanto un nome sui titoli di testa.

583 Labranca, Cialtron Hescon (Stile libero).

584 Burton, La morte malinconica del bambino ostrica e altre storie (Stile libero) (3ª ed.).

585 Dickens, Tempi difficili.

586 Letteratura e poesia dell'antico Egitto. A cura di Edda Bresciani.

587 Mancinelli, I casi del capitano Flores. Persecuzione infernale.

588 Vinci, In tutti i sensi come l'amore (Stile libero) (3ª ed.).

589 Baudelaire, I fiori del male e altre poesie (Poesia) (2ª ed.).

590 Vacca, Consigli a un giovane manager (Stile libero).

591 Amado, Sudore.

592 Desai, Notte e nebbia a Bombay.

593 Fortunato, Amore, romanzi e altre scoperte.

594 Mattotti e Piersanti, Stigmate (Stile libero).

595 Keown, Buddhismo.

596 Solomon, Ebraismo.

597 Blissett, Q (Stile libero) (4ª ed.).

598 Solženicyn, Una giornata di Ivan Denisovič. La casa di Matrjona. Alla stazione.

599 Conrad, Vittoria.

600 Pavese, Dialoghi con Leucò (2ª ed.).

601 Mozzi, Fantasmi e fughe (Stile libero).

602 Hilberg, La distruzione degli Ebrei d'Europa. Nuova edizione riveduta e ampliata (2 voll.).

603 Fois, Ferro recente.

604 Borges-Casares, Cronache di Bustos Domecq.

605 Nora K. - Hösle, Aristotele e il dinosauro. La filosofia spiegata a una ragazzina (Stile libero) (2ª ed.).

606 Merini, Favole Orazioni Salmi.

607 Lane Fox, Alessandro Magno.

608 Stuart, Zona di guerra (Stile libero).

609 Márquez, Cronaca di una morte annunciata.

610 Hemingway, I quarantanove racconti.

611 Dostoesvkij, Il giocatore.

612 Zaimoglu, Schiuma (Stile libero).

613 DeLillo, Rumore bianco (2ª ed.).

614 Dick, In terra ostile (Vertigo).

615 Lucarelli, Mistero blu (Stile libero).

616 Nesse-Williams, Perché ci ammaliamo (Grandi Tascabili).

617 Lavie, Il meraviglioso mondo del sonno (Grandi Tascabili).

618 Naouri, Le figlie e le loro madri (Grandi Tascabili).

619 Boccadoro, Musica Cœlestis (Stile libero con CD).

620 Bevilacqua, Beat & Be bop (Stile libero con CD).

621 Hrabal, Una solitudine troppo rumorosa (2ª ed.).

622 McEwan, L'amore fatale (4ª ed.).

623 James, Daisy Miller (Serie bilingue).

624 Conrad, Cuore di tenebra (Serie bilingue).

625 Marìas, Un cuore cosí bianco (2ª ed.).

626 Burgess, Trilogia malese.

627 Saramago, Viaggio in Portogallo (3ª ed.).

628 Romano, *Inseparabile*.
629 Ginzburg, *Lessico famigliare* (2ª ed.).
630 Bassani, *Il giardino dei Finzi-Contini* (2ª ed.).
631 Auster, *Mr Vertigo* (2ª ed.).
632 Brautigan, *102 racconti zen* (Stile libero) (2ª ed.).
633 Goethe, *Cento poesie* (Poesia).
634 McCarthy, *Il buio fuori*.
635 Despentes, *Scopami* (Stile libero).
636 Denti, *Lasciamoli leggere*.
637 *Passione fatale*. A cura di Guido Davico Bonino (2ª ed.).
638 Roth, *Il teatro di Sabbath*.
639 Battisti, *L'orma rossa* (Vertigo).
640 Moncure March e Spiegelman, *The Wild Party* (Stile libero).
641 Šalamov, *Racconti* (2 voll.).
642 Beauvoir (de), *Una donna spezzata* (2ª ed.).
643 San Paolo, *Le lettere*.
644 Rigoni Stern, *Sentieri sotto la neve*.
645 Borges, *Evaristo Carriego*.
646 D'Arzo, *Casa d'altri e altri racconti*.
647 Grass, *Il Rombo*.
648 Raphael, *Eyes Wide Open* (Stile libero).
649 aa.vv., *Sepolto vivo*.
650 Benigni-Cerami, *La vita è bella* (Stile libero con videocassetta).
651 Odifreddi, *Il Vangelo secondo la Scienza* (5ª ed.).
652 Ruthven, *Islām*.
653 Knott, *Induismo*.
654 De Carlo, *Due di due* (3ª ed.).
655 Bunker, *Cane mangia cane* (Stile libero).
656 Olievenstein, *Nascita della vecchiaia* (Grandi Tascabili).
657 Thomas, *Ritratto dell'artista da cucciolo*.
658 Beckett, *Le poesie* (Poesia).
659 Paolini - Ponte Di Pino, *Quaderno del Vajont* (Stile libero con videocassetta) (5ª ed.).
660 Magris, *L'anello di Clarisse*.
661 Stendhal, *Armance*.
662 Albanese, *Giú al Nord* (Stile libero con videocassetta).
663 Lodoli, *Fuori dal cinema*.
664 Melville, *Clarel*.
665 Englander, *Per alleviare insopportabili impulsi* (3ª ed.).
666 Richardson, *Che cos'è l'intelligenza* (Grandi Tascabili).
667 Wieviorka, *Auschwitz spiegato a mia figlia* (3ª ed.).
668 *Lunario di fine millennio*. A cura di Guido Davico Bonino.
669 Amado, *I padroni della terra*.
670 *Poesie di Dio*. A cura di Enzo Bianchi (2ª ed.).
671 Wall, *Perché proviamo dolore* (Grandi Tascabili).
672 Le Goff, *San Luigi*.
673 *Mistica ebraica*. A cura di Giulio Busi ed Elena Loewenthal.
674 Byatt, *La Torre di Babele*.
675 *I libri della Bibbia. Esodo*.
676 *I libri della Bibbia. Vangelo secondo Luca*.
677 *I libri della Bibbia. Cantico dei Cantici*.
678 Grossman, *Vedi alla voce: amore*.
679 Lennon, *Vero amore* (Stile libero).
680 *Antologia della poesia italiana. Duecento*. Diretta da C. Segre e C. Ossola.
681 *Antologia della poesia italiana. Trecento*. Diretta da C. Segre e C. Ossola.
682 Cerami-Piovani, *Canti di scena* (Stile libero con CD).
683 De Simone, *La gatta Cenerentola* (Stile libero con videocassetta) (2ª ed.).
684 Fo, *Lu Santo Jullare Françesco*. A cura di Franca Rame (Stile libero con videocassetta) (2ª ed.).
685 De André, *Parole e canzoni* (Stile libero con videocassetta).
686 Garboli, *Trenta poesie famigliari di Giovanni Pascoli*.
687 Yehoshua, *Viaggio alla fine del millennio*.

688 Fortunato, *L'arte di perdere peso*.
689 Estep, *Diario di un'idiota emotiva* (Stile libero).
690 Mollica, *Fellini. Parole e disegni* (Stile libero).
691 Gras-Rouillard-Teixidor, *L'universo fenicio*.
692 Marías, *Domani nella battaglia pensa a me*.
693 Hirigoyen, *Molestie morali* (Grandi Tascabili).
694 De Cataldo, *Teneri assassini* (Stile libero).
695 Blisset, *Totò, Peppino e la guerra psichica. Mind invaders* (Stile libero).
696 Wilde, *Il ritratto di Dorian Gray*.
697 Cantoni-Ovadia, *Ballata di fine millennio* (Stile libero con CD).
698 Desai, *In custodia*.
699 Fenoglio, *Un giorno di fuoco*.
700 Muhammad Ali, *Quando eravamo re* (Stile libero con videocassetta).
701 *Il libro di David Rubinowicz*.
702 *I libri della Bibbia. Genesi*.
703 *I libri della Bibbia. Lettera ai romani*.
704 Nori, *Bassotuba non c'è* (Stile libero).
705 Almodóvar, *Tutto su mia madre* (Stile libero).
706 Vassalli, *3012. L'anno del profeta*.
707 Svevo, *Una vita*.
708 McEwan, *Amsterdam*.
709 Lobo Antunes, *In culo al mondo*.
710 *Io, Pierre Rivière*. A cura di Michel Foucault.
711 Wallace, *Brevi interviste con uomini schifosi* (Stile libero).
712 Lussu, *Un anno sull'Altipiano*.
713 Keshavjee, *Il Re, il Saggio e il Buffone*.
714 Scarpa, *Cos'è questo fracasso* (Stile libero).
715 Roth, *Lamento di Portnoy*.
716 Pavese, *Il mestiere di vivere*.
717 Maupassant, *Boule de suif* (Serie bilingue).
718 Rea, *L'ultima lezione*.
719 Pacoda, *Hip Hop italiano* (Stile libero con CD).
720 Eldredge, *La vita in bilico* (Grandi Tascabili).
721 Ragazzoni, *Buchi nella sabbia e pagine invisibili. Poesie e prose*.
722 Beccaria, *I nomi del mondo*.
723 Onofri, *Registro di classe* (Stile libero).
724 Blisset, *Q* (Stile libero). Nuova edizione.
725 Kristof, *Trilogia della città di K*.
726 Lucarelli, *Guernica* (Stile libero).
727 Manchette, *Nada* (Stile libero).
728 Coetzee, *Aspettando i barbari*.
729 Clausewitz, *Della guerra*.
730 Boncinelli, *Le forme della vita* (Grandi Tascabili).
731 Del Giudice, *Staccando l'ombra da terra*.
732 *I libri della Bibbia. Vangelo secondo Matteo*.
733 *I libri della Bibbia. Qohélet o l'Ecclesiaste*.
734 Bevilacqua, *La polvere sull'erba*.
735 Nietzsche, *Le poesie*.
736 Rigoni, *Notturno bus* (Stile libero).
737 Adinolfi, *Mondo exotico* (Stile libero).
738 De Carlo, *Macno*.
739 Landi, *Manuale per l'allevamento del piccolo consumatore* (Stile libero).
740 Fois, *Meglio morti*.
741 Angot, *L'incesto* (Stile libero).
742 *Topolino Noir*.